PINHOK™
LANGUAGES

Introduction

This Book

This vocabulary book contains more than 3000 words and phrases and is organized by topic to make it easier for you to pick what to learn first. On top of that, the second half of the book contains two index sections that can be used as basic dictionaries to look up words in either of the two languages. This book is well suited for learners of all levels who are looking for an extensive resource to improve their vocabulary or are interested in learning vocabularies in one particular area of interest.

How to use this book

Not sure where to start? We suggest you first work your way through the verbs, adjectives and phrases chapters in part one of the book. This will give you a great base for further studying and already enough vocabulary for basic communication. The dictionaries in part two and three can be used whenever needed to look up words you hear on the street, English words you want to know the translation for or simply to learn some new words.

Some final thoughts

Vocabulary books have been around for centuries and as with so many things that have been around for some time, they are not very fashionable and a bit boring, but they usually work very well. Together with the basic dictionary parts, this vocabulary book is a great resource to support you throughout the process of learning and comes in particularly handy at times when there is no internet to look up words and phrases.

Pinhok Languages

Pinhok Languages strives to create language learning products that support learners around the world in their mission of learning a new language. In doing so, we combine best practice from various fields and industries to come up with innovative products and material.

The Pinhok Team hopes this book can help you with your learning process and gets you to your goal faster. Should you be interested in finding out more about us, please go to our website www.pinhok.com. For feedback, error reports, criticism or simply a quick "hi", please also go to our website and use the contact form.

Disclaimer of Liability

Table of Contents

Topics

Animals: 7
Sport: 12
Geography: 17
Numbers: 25
Body: 31
Adjective: 35
Verb: 41
House: 47
Food: 54
Life: 65
Transport: 73
Culture: 79
School: 84
Nature: 91
Clothes: 103
Chemist: 108
City: 110
Health: 116
Business: 122
Things: 131
Phrases: 135

Index

English - Bengali: 140
Bengali - English: 195

Animals

Mammals

dog	কুকুর (kukura)
cat	বিড়াল (biṛāla)
rabbit	খরগোশ (kharagōśa)
cow	গরু (garu)
sheep	ভেড়া (bhēṛā)
pig	শূকর (śūkara)
horse	ঘোড়া (ghōṛā)
monkey	বানর (bānara)
bear	ভালুক (bhāluka)
lion	সিংহ (sinha)
tiger	বাঘ (bāgha)
panda	পান্ডা (pānḍā)
giraffe	জিরাফ (jirāpha)
camel	উট (uṭa)
elephant	হাতি (hāti)
wolf	নেকড়ে (nēkaṛē)
rat	ধেড়ে ইঁদুর (dhēṛē im̐dura)
mouse (animal)	ইঁদুর (im̐dura)
zebra	জেব্রা (jēbrā)
hippo	জলহস্তী (jalahastī)
polar bear	মেরু ভালুক (mēru bhāluka)
rhino	গণ্ডার (gaṇḍāra)
kangaroo	ক্যাঙ্গারু (kyāṅgāru)
leopard	চিতাবাঘ (citābāgha)
cheetah	চিতা (citā)
donkey	গাধা (gādhā)
ant-eater	পিপীলিকাভোজী প্রাণী (pipīlikābhōjī prāṇī)

buffalo	মহিষ (mahiṣa)
deer	হরিণ (hariṇa)
squirrel	কাঠবিড়ালী (kāṭhabiṛālī)
elk	এলক (ēlaka)
piglet	শূকর ছানা (śūkara chānā)
bat	বাদুড় (bāduṛa)
fox	শিয়াল (śiẏāla)
hamster	হ্যামস্টার (hyāmasṭāra)
guinea pig	গিনিপিগ (ginipiga)
koala	কোয়ালা (kōẏālā)
lemur	লেমুর (lēmura)
meerkat	মিরক্যাট (mirakyāṭa)
raccoon	র‍্যাকুন (rayākuna)
tapir	টাপির (ṭāpira)
bison	বাইসন (bā'isana)
goat	ছাগল (chāgala)
llama	লামা (lāmā)
red panda	লাল পান্ডা (lāla pānḍā)
bull	ষাঁড় (ṣām̐ṛa)
hedgehog	কাঁটাচুয়া (kām̐ṭācuẏā)
otter	ভোঁদড় (bhōm̐daṛa)

Birds

pigeon	কবুতর (kabutara)
duck	হাঁস (hām̐sa)
seagull	গাংচিল (gāñcila)
chicken (animal)	মুরগি (muragi)
cockerel	মোরগ (mōraga)
goose	রাজহাঁস (rājahām̐sa)
owl	পেঁচা (pēm̐cā)

swan	রাজহাঁস (rājahām̐sa)
penguin	পেঙ্গুইন (pēṅgu'ina)
crow	কাক (kāka)
turkey	টার্কি (ṭārki)
ostrich	উটপাখী (uṭapākhī)
stork	সারস (sārasa)
chick	মুরগির ছানা (muragira chānā)
eagle	ঈগল (īgala)
raven	দাঁড়কাক (dām̐ṛakāka)
peacock	ময়ূর (maẏūra)
pelican	পেলিক্যান (pēlikyāna)
parrot	টিয়া (ṭiẏā)
magpie	দোয়েল (dōẏēla)
flamingo	কানঠুটি (kānaṭhuṭi)
falcon	বাজপাখি (bājapākhi)

Insects

fly	মাছি (māchi)
butterfly	প্রজাপতি (prajāpati)
bug	পোকা (pōkā)
bee	মৌমাছি (maumāchi)
mosquito	মশা (maśā)
ant	পিঁপড়া (pim̐paṛā)
dragonfly	ফড়িং (phaṛiṁ)
grasshopper	ঘাসফড়িং (ghāsaphaṛiṁ)
caterpillar	শুঁয়াপোকা (śum̐ẏāpōkā)
wasp	বোলতা (bōlatā)
moth	মথ (matha)
bumblebee	ভ্রমর (bhramara)
termite	উইপোকা (u'ipōkā)

cricket	ঝিঁঝিঁ পোকা (jhim̐jhim̐ pōkā)
ladybird	লেডিবার্ড (lēḍibārḍa)
praying mantis	প্রেয়িং ম্যান্টিস (prēẏiṁ myānṭisa)

Marine Animals

fish (animal)	মাছ (mācha)
whale	তিমি (timi)
shark	হাঙর (hāṅara)
dolphin	ডলফিন (ḍalaphina)
seal	সিল (sila)
jellyfish	জেলিফিশ (jēliphiśa)
squid	স্কুইড (sku'iḍa)
octopus	অক্টোপাস (akṭōpāsa)
turtle	কচ্ছপ (kacchapa)
sea horse	সী হর্স (sī harsa)
sea lion	সী লায়ন (sī lāẏana)
walrus	সিন্ধুঘোটক (sindhughōṭaka)
shell	খোল (khōla)
starfish	তারামাছ (tārāmācha)
killer whale	শিকারি তিমি (śikāri timi)
crab	কাঁকড়া (kām̐karā)
lobster	গলদা (galadā)

Reptiles & More

snail	শামুক (śāmuka)
spider	মাকড়সা (mākaṛasā)
frog	ব্যাঙ (byāṅa)
snake	সাপ (sāpa)
crocodile	কুমির (kumira)
tortoise	কচ্ছপ (kacchapa)

scorpion	কাঁকড়াবিছা (kām̐kaṛābichā)
lizard	টিকটিকি (ṭikaṭiki)
chameleon	গিরগিটি (giragiṭi)
tarantula	ট্যারান্টুলা (ṭyārānṭulā)
gecko	টিকটিকি (ṭikaṭiki)
dinosaur	ডাইনোসর (ḍā'inōsara)

Sport

Summer

tennis	টেনিস (ṭēnisa)
badminton	ব্যাডমিন্টন (byāḍaminṭana)
boxing	মুষ্টিযুদ্ধ (muṣṭiyud'dha)
golf	গলফ (galapha)
running	দৌড় (dauṛa)
cycling	সাইক্লিং (sā'ikliṁ)
gymnastics	জিমন্যাস্টিকস (jiman'yāsṭikasa)
table tennis	টেবিল টেনিস (ṭēbila ṭēnisa)
weightlifting	ভারোত্তোলন (bhārōttōlana)
long jump	দীর্ঘ লম্ফ (dīrgha lampha)
triple jump	ট্রিপল জাম্প (ṭripala jāmpa)
modern pentathlon	আধুনিক পেন্টাথলন (ādhunika pēnṭāthalana)
rhythmic gymnastics	রিদমিক জিমন্যাস্টিকস (ridamika jiman'yāsṭikasa)
hurdles	হার্ডেলস (hārḍēlasa)
marathon	ম্যারাথন (myārāthana)
pole vault	পোল ভল্ট (pōla bhalṭa)
high jump	উচ্চ লম্ফ (ucca lampha)
shot put	শট পুট (śaṭa puṭa)
javelin throw	বর্শা নিক্ষেপ (barśā nikṣēpa)
discus throw	চাকতি নিক্ষেপ (cākati nikṣēpa)
karate	ক্যারাটে (kyārāṭē)
triathlon	ট্রায়াথলন (ṭrāẏāthalana)
taekwondo	তায়কোয়ান্দো (tāẏakōẏāndō)
sprint	স্প্রিন্ট (sprinṭa)
show jumping	শো জাম্পিং (śō jāmpiṁ)
shooting	শ্যুটিং (śyuṭiṁ)
wrestling	কুস্তি (kusti)

mountain biking	মাউন্টেন বাইকিং (mā'unṭēna bā'ikiṁ)
judo	জুডো (juḍō)
hammer throw	হাতুড়ি নিক্ষেপ (hāturi nikṣēpa)
fencing	ফেন্সিং (phēnsiṁ)
archery	ধনুর্বিদ্যা (dhanurbidyā)
track cycling	ট্র্যাক সাইক্লিং (ṭryāka sā'ikliṁ)

Winter

skiing	স্কিইং (ski'iṁ)
snowboarding	স্নোবোর্ডিং (snōbōrḍiṁ)
ice skating	আইস স্কেটিং (ā'isa skēṭiṁ)
ice hockey	আইস হকি (ā'isa haki)
figure skating	ফিগার স্কেটিং (phigāra skēṭiṁ)
curling	কার্লিং (kārliṁ)
Nordic combined	নর্ডিক কম্বাইন্ড (narḍika kambā'inḍa)
biathlon	বায়াথলন (bāẏāthalana)
luge	লিউজ (li'uja)
bobsleigh	ববস্লেই (babaslē'i)
short track	শর্ট ট্র্যাক (śarṭa ṭryāka)
skeleton	স্কেলিটন (skēliṭana)
ski jumping	স্কি জাম্পিং (ski jāmpiṁ)
cross-country skiing	ক্রস-কান্ট্রি স্কিইং (krasa-kānṭri ski'iṁ)
ice climbing	আইস ক্লাইম্বিং (ā'isa klā'imbiṁ)
freestyle skiing	ফ্রিস্টাইল স্কিইং (phrisṭā'ila ski'iṁ)
speed skating	স্পীড স্কেটিং (spīḍa skēṭiṁ)

Team

football	ফুটবল (phuṭabala)
basketball	বাস্কেটবল (bāskēṭabala)
volleyball	ভলিবল (bhalibala)

cricket	ক্রিকেট (krikēṭa)
baseball	বেসবল (bēsabala)
rugby	রাগবি (rāgabi)
handball	হ্যান্ডবল (hyānḍabala)
polo	পোলো (pōlō)
lacrosse	ল্যাক্রোস (lyākrōsa)
field hockey	ফিল্ড হকি (philḍa haki)
beach volleyball	বীচ ভলিবল (bīca bhalibala)
Australian football	অস্ট্রেলিয়ান ফুটবল (asṭrēliẏāna phuṭabala)
American football	আমেরিকান ফুটবল (āmērikāna phuṭabala)

Water

swimming	সাঁতার (sām̐tāra)
water polo	ওয়াটার পোলো (ōẏāṭāra pōlō)
diving (into the water)	ডাইভিং (ḍā'ibhiṁ)
surfing	সার্ফিং (sārphiṁ)
rowing	রোয়িং (rōẏiṁ)
synchronized swimming	সিনক্রোনাইজড সাঁতার (sinakrōnā'ijaḍa sām̐tāra)
diving (under the water)	ডাইভিং (ḍā'ibhiṁ)
windsurfing	উইন্ডসার্ফিং (u'inḍasārphiṁ)
sailing	সেইলিং (sē'iliṁ)
waterskiing	ওয়াটারস্কিইং (ōẏāṭāraski'iṁ)
rafting	র‍্যাফটিং (rayāphaṭiṁ)
cliff diving	ক্লিফ ডাইভিং (klipha ḍā'ibhiṁ)
canoeing	ক্যানোয়িং (kyānōẏiṁ)

Motor

car racing	কার রেসিং (kāra rēsiṁ)
rally racing	র‍্যালি রেসিং (rayāli rēsiṁ)
motorcycle racing	মোটরসাইকেল রেসিং (mōṭarasā'ikēla rēsiṁ)

motocross	মোটোক্রস (mōṭōkrasa)
Formula 1	ফর্মুলা ওয়ান (pharmulā ōẏāna)
kart	কার্ট রেসিং (kārṭa rēsiṁ)
jet ski	জেট স্কি (jēṭa ski)

Other

hiking	হাইকিং (hā'ikiṁ)
mountaineering	পর্বতারোহণ (parbatārōhaṇa)
snooker	স্নুকার (snukāra)
parachuting	প্যারাসুটিং (pyārāsuṭiṁ)
poker	পোকার (pōkāra)
dancing	নাচ (nāca)
bowling	বোলিং (bōliṁ)
skateboarding	স্কেট বোর্ডিং (skēṭa bōrḍiṁ)
chess	দাবা (dābā)
bodybuilding	বডিবিল্ডিং (baḍibilḍiṁ)
yoga	যোগব্যায়াম (yōgabyāẏāma)
ballet	ব্যালে (byālē)
bungee jumping	বাঞ্জি জাম্পিং (bāñji jāmpiṁ)
climbing	ক্লাইম্বিং (klā'imbiṁ)
roller skating	রোলার স্কেটিং (rōlāra skēṭiṁ)
breakdance	ব্রেকড্যান্স (brēkaḍyānsa)
billiards	বিলিয়ার্ড (biliẏārḍa)

Gym

warm-up	ওয়ার্ম-আপ (ōẏārma-āpa)
stretching	স্ট্রেচিং (sṭrēciṁ)
sit-ups	সিট-আপস (siṭa-āpasa)
push-up	পুশ-আপ (puśa-āpa)
squat	স্কোয়াট (skōẏāṭa)

treadmill	ট্রেডমিল (ṭrēḍamila)
bench press	বেঞ্চ প্রেস (bēñca prēsa)
exercise bike	এক্সারসাইজ বাইক (ēksārasā'ija bā'ika)
cross trainer	ক্রস ট্রেইনার (krasa ṭrē'ināra)
circuit training	সার্কিট ট্রেনিং (sārkiṭa ṭrēniṁ)
Pilates	পাইলেটস (pā'ilēṭasa)
leg press	লেগ প্রেস (lēga prēsa)
aerobics	এরোবিকস (ērōbikasa)
dumbbell	ডাম্বেল (ḍāmbēla)
barbell	বারবেল (bārabēla)
sauna	সাউনা (sā'unā)

Geography

Europe

United Kingdom	যুক্তরাজ্য (yuktarājya)
Spain	স্পেন (spēna)
Italy	ইতালি (itāli)
France	ফ্রান্স (phrānsa)
Germany	জার্মানি (jārmāni)
Switzerland	সুইজারল্যান্ড (su'ijāralyānḍa)
Albania	আলবেনিয়া (ālabēniẏā)
Andorra	অ্যান্ডোরা (ayānḍōrā)
Austria	অস্ট্রিয়া (asṭriẏā)
Belgium	বেলজিয়াম (bēlajiẏāma)
Bosnia	বসনিয়া (basaniẏā)
Bulgaria	বুলগেরিয়া (bulagēriẏā)
Denmark	ডেনমার্ক (ḍēnamārka)
Estonia	এস্তোনিয়া (ēstōniẏā)
Faroe Islands	ফ্যারো দ্বীপপুঞ্জ (phyārō dbīpapuñja)
Finland	ফিনল্যান্ড (phinalyānḍa)
Gibraltar	জিব্রাল্টার (jibrālṭāra)
Greece	গ্রীস (grīsa)
Ireland	আয়ারল্যান্ড (āẏāralyānḍa)
Iceland	আইসল্যান্ড (ā'isalyānḍa)
Kosovo	কসোভো (kasōbhō)
Croatia	ক্রোয়েশিয়া (krōẏēśiẏā)
Latvia	লাটভিয়া (lāṭabhiẏā)
Liechtenstein	লিচেনস্টেইন (licēnasṭē'ina)
Lithuania	লিথুয়ানিয়া (lithuẏāniẏā)
Luxembourg	লুক্সেমবার্গ (luksēmabārga)
Malta	মাল্টা (mālṭā)

Macedonia	ম্যাসেডোনিয়া (myāsēḍōniẏā)
Moldova	মলদোভা (maladōbhā)
Monaco	মোনাকো (mōnākō)
Montenegro	মন্টিনিগ্রো (manṭinigrō)
Netherlands	নেদারল্যান্ডস (nēdāralyānḍasa)
Norway	নরওয়ে (nara'ōẏē)
Poland	পোল্যান্ড (pōlyānḍa)
Portugal	পর্তুগাল (partugāla)
Romania	রোমানিয়া (rōmāniẏā)
San Marino	সান মারিনো (sāna mārinō)
Sweden	সুইডেন (su'iḍēna)
Serbia	সার্বিয়া (sārbiẏā)
Slovakia	স্লোভাকিয়া (slōbhākiẏā)
Slovenia	স্লোভেনিয়া (slōbhēniẏā)
Czech Republic	চেক প্রজাতন্ত্র (cēka prajātantra)
Turkey	তুরস্ক (turaska)
Ukraine	ইউক্রেন (i'ukrēna)
Hungary	হাঙ্গেরি (hāṅgēri)
Vatican City	ভ্যাটিকান সিটি (bhyāṭikāna siṭi)
Belarus	বেলারুশ (bēlāruśa)
Cyprus	সাইপ্রাস (sā'iprāsa)

Asia

China	চীন (cīna)
Russia	রাশিয়া (rāśiẏā)
India	ভারত (bhārata)
Singapore	সিঙ্গাপুর (siṅgāpura)
Japan	জাপান (jāpāna)
South Korea	দক্ষিণ কোরিয়া (dakṣiṇa kōriẏā)
Afghanistan	আফগানিস্তান (āphagānistāna)

Armenia	আর্মেনিয়া (ārmēniẏā)
Azerbaijan	আজারবাইজান (ājārabā'ijāna)
Bahrain	বাহরাইন (bāharā'ina)
Bangladesh	বাংলাদেশ (bānlādēśa)
Bhutan	ভুটান (bhuṭāna)
Brunei	ব্রুনেই (brunē'i)
Georgia	জর্জিয়া (jarjiẏā)
Hong Kong	হংকং (haṅkaṁ)
Indonesia	ইন্দোনেশিয়া (indōnēśiẏā)
Iraq	ইরাক (irāka)
Iran	ইরান (irāna)
Israel	ইসরায়েল (isarāẏēla)
Yemen	ইয়েমেন (iẏēmēna)
Jordan	জর্দান (jardāna)
Cambodia	কম্বোডিয়া (kambōḍiẏā)
Kazakhstan	কাজাখস্তান (kājākhastāna)
Qatar	কাতার (kātāra)
Kyrgyzstan	কিরগিজস্তান (kiragijastāna)
Kuwait	কুয়েত (kuẏēta)
Laos	লাওস (lā'ōsa)
Lebanon	লেবানন (lēbānana)
Macao	ম্যাকাও (myākā'ō)
Malaysia	মালয়েশিয়া (mālaẏēśiẏā)
Maldives	মালদ্বীপ (māladbīpa)
Mongolia	মঙ্গোলিয়া (maṅgōliẏā)
Burma	বার্মা (bārmā)
Nepal	নেপাল (nēpāla)
North Korea	উত্তর কোরিয়া (uttara kōriẏā)
Oman	ওমান (ōmāna)
East Timor	পূর্ব তিমুর (pūrba timura)

Pakistan	পাকিস্তান (pākistāna)
Palestine	ফিলিস্তিন (philistina)
Philippines	ফিলিপাইন (philipā'ina)
Saudi Arabia	সৌদি আরব (saudi āraba)
Sri Lanka	শ্রীলঙ্কা (śrīlaṅkā)
Syria	সিরিয়া (siriẏā)
Tajikistan	তাজিকিস্তান (tājikistāna)
Taiwan	তাইওয়ান (tā'i'ōẏāna)
Thailand	থাইল্যান্ড (thā'ilyānḍa)
Turkmenistan	তুর্কমেনিস্তান (turkamēnistāna)
Uzbekistan	উজবেকিস্তান (ujabēkistāna)
United Arab Emirates	সংযুক্ত আরব আমিরাত (sanyukta āraba āmirāta)
Vietnam	ভিয়েতনাম (bhiẏētanāma)

America

The United States of America	মার্কিন যুক্তরাষ্ট্র (mārkina yuktarāṣṭra)
Mexico	মেক্সিকো (mēksikō)
Canada	কানাডা (kānāḍā)
Brazil	ব্রাজিল (brājila)
Argentina	আর্জেন্টিনা (ārjēnṭinā)
Chile	চিলি (cili)
Antigua and Barbuda	অ্যান্টিগুয়া ও বার্বুডা (ayānṭiguẏā ō bārbuḍā)
Aruba	আরুবা (ārubā)
The Bahamas	বাহামা দ্বীপপুঞ্জ (bāhāmā dbīpapuñja)
Barbados	বার্বাডোস (bārbāḍōsa)
Belize	বেলিজ (bēlija)
Bolivia	বলিভিয়া (balibhiẏā)
Cayman Islands	কেইম্যান দ্বীপপুঞ্জ (kē'imyāna dbīpapuñja)
Costa Rica	কোস্টা রিকা (kōsṭā rikā)
Dominica	ডোমিনিকা (ḍōminikā)

Dominican Republic	ডোমিনিকান প্রজাতন্ত্র (ḍōminikāna prajātantra)
Ecuador	ইকুয়েডর (ikuẏēḍara)
El Salvador	এল সালভাদোর (ēla sālabhādōra)
Falkland Islands	ফকল্যান্ড দ্বীপপুঞ্জ (phakalyānḍa dbīpapuñja)
Grenada	গ্রেনাডা (grēnāḍā)
Greenland	গ্রিনল্যান্ড (grinalyānḍa)
Guatemala	গুয়াতেমালা (guẏātēmālā)
Guyana	গায়ানা (gāẏānā)
Haiti	হাইতি (hā'iti)
Honduras	হন্ডুরাস (hanḍurāsa)
Jamaica	জ্যামাইকা (jyāmā'ikā)
Colombia	কলম্বিয়া (kalambiẏā)
Cuba	কিউবা (ki'ubā)
Montserrat	মন্টসেরাট (manṭasērāṭa)
Nicaragua	নিকারাগুয়া (nikārāguẏā)
Panama	পানামা (pānāmā)
Paraguay	প্যারাগুয়ে (pyārāguẏē)
Peru	পেরু (pēru)
Puerto Rico	পুয়ের্তো রিকো (puẏērtō rikō)
Saint Kitts and Nevis	সেন্ট কিট্স ও নেভিস (sēnṭa kiṭsa ō nēbhisa)
Saint Lucia	সেন্ট লুসিয়া (sēnṭa lusiẏā)
Saint Vincent and the Grenadines	সেন্ট ভিনসেন্ট ও গ্রেনাডাইন দ্বীপপুঞ্জ (sēnṭa bhinasēnṭa ō grēnāḍā'ina dbīpapuñja)
Suriname	সুরিনাম (surināma)
Trinidad and Tobago	ত্রিনিদাদ ও টোবাগো (trinidāda ō ṭōbāgō)
Uruguay	উরুগুয়ে (uruguẏē)
Venezuela	ভেনেজুয়েলা (bhēnējuẏēlā)

Africa

South Africa	দক্ষিণ আফ্রিকা (dakṣiṇa āphrikā)

Nigeria	নাইজেরিয়া (nā'ijēriẏā)
Morocco	মরক্কো (marakkō)
Libya	লিবিয়া (libiẏā)
Kenya	কেনিয়া (kēniẏā)
Algeria	আলজেরিয়া (ālajēriẏā)
Egypt	মিশর (miśara)
Ethiopia	ইথিওপিয়া (ithi'ōpiẏā)
Angola	অ্যাঙ্গোলা (ayāṅgōlā)
Benin	বেনিন (bēnina)
Botswana	বতসোয়ানা (batasōẏānā)
Burkina Faso	বুর্কিনা ফাসো (burkinā phāsō)
Burundi	বুরুন্ডি (burunḍi)
Democratic Republic of the Congo	গণতান্ত্রিক কঙ্গো প্রজাতন্ত্র (gaṇatāntrika kaṅgō prajātantra)
Djibouti	জিবুতি (jibuti)
Equatorial Guinea	ইকোয়েটোরিয়াল গিনি (ikōẏēṭōriẏāla gini)
Ivory Coast	আইভরি কোস্ট (ā'ibhari kōsṭa)
Eritrea	ইরিত্রিয়া (iritriẏā)
Gabon	গ্যাবন (gyābana)
The Gambia	গাম্বিয়া (gāmbiẏā)
Ghana	ঘানা (ghānā)
Guinea	গিনি (gini)
Guinea-Bissau	গিনি-বিসাউ (gini-bisā'u)
Cameroon	ক্যামেরুন (kyāmēruna)
Cape Verde	কেপ ভার্দে (kēpa bhārdē)
Comoros	কমোরোস (kamōrōsa)
Lesotho	লেসোথো (lēsōthō)
Liberia	লাইবেরিয়া (lā'ibēriẏā)
Madagascar	মাদাগাস্কার (mādāgāskāra)
Malawi	মালাউই (mālā'u'i)

Mali	মালি (māli)
Mauritania	মৌরিতানিয়া (mauritāniẏā)
Mauritius	মরিশাস (mariśāsa)
Mozambique	মোজাম্বিক (mōjāmbika)
Namibia	নামিবিয়া (nāmibiẏā)
Niger	নাইজার (nā'ijāra)
Republic of the Congo	কঙ্গো প্রজাতন্ত্র (kaṅgō prajātantra)
Rwanda	রুয়ান্ডা (ruẏānḍā)
Zambia	জাম্বিয়া (jāmbiẏā)
São Tomé and Príncipe	সাঁউ তুমি ও প্রিন্সিপি (sām̐u tumi ō prinsipi)
Senegal	সেনেগাল (sēnēgāla)
Seychelles	সেশেল (sēśēla)
Sierra Leone	সিয়েরা লিওন (siẏērā li'ōna)
Zimbabwe	জিম্বাবুয়ে (jimbābuẏē)
Somalia	সোমালিয়া (sōmāliẏā)
Sudan	সুদান (sudāna)
South Sudan	দক্ষিণ সুদান (dakṣiṇa sudāna)
Swaziland	সোয়াজিল্যান্ড (sōẏājilyānḍa)
Tanzania	তানজানিয়া (tānajāniẏā)
Togo	টোগো (ṭōgō)
Chad	চাদ (cāda)
Tunisia	তিউনিসিয়া (ti'unisiẏā)
Uganda	উগান্ডা (ugānḍā)
Central African Republic	মধ্য আফ্রিকান প্রজাতন্ত্র (madhya āphrikāna prajātantra)

Oceania

Australia	অস্ট্রেলিয়া (asṭrēliẏā)
New Zealand	নিউজিল্যান্ড (ni'ujilyānḍa)
Fiji	ফিজি (phiji)

American Samoa	আমেরিকান সামোয়া (āmērikāna sāmōẏā)
Cook Islands	কুক দ্বীপপুঞ্জ (kuka dbīpapuñja)
French Polynesia	ফ্রেঞ্চ পলিনেশিয়া (phrēñca palinēśiẏā)
Kiribati	কিরিবাতি (kiribāti)
Marshall Islands	মার্শাল দ্বীপপুঞ্জ (mārśāla dbīpapuñja)
Micronesia	মাইক্রোনেশিয়া (mā'ikrōnēśiẏā)
Nauru	নাউরু (nā'uru)
New Caledonia	নিউ ক্যালিডোনিয়া (ni'u kyāliḍōniẏā)
Niue	নিউয়ে (ni'uẏē)
Palau	পালাউ (pālā'u)
Papua New Guinea	পাপুয়া নিউ গিনি (pāpuẏā ni'u gini)
Solomon Islands	সলোমন দ্বীপপুঞ্জ (salōmana dbīpapuñja)
Samoa	সামোয়া (sāmōẏā)
Tonga	টোঙ্গা (ṭōṅgā)
Tuvalu	টুভালু (ṭubhālu)
Vanuatu	ভানুয়াটু (bhānuẏāṭu)

Numbers

0-20

0	শূন্য (śūn'ya)
1	এক (ēka)
2	দুই (du'i)
3	তিন (tina)
4	চার (cāra)
5	পাঁচ (pām̐ca)
6	ছয় (chaẏa)
7	সাত (sāta)
8	আট (āṭa)
9	নয় (naẏa)
10	দশ (daśa)
11	এগারো (ēgārō)
12	বারো (bārō)
13	তেরো (tērō)
14	চৌদ্দ (caudda)
15	পনেরো (panērō)
16	ষোলো (ṣōlō)
17	সতেরো (satērō)
18	আঠারো (āṭhārō)
19	উনিশ (uniśa)
20	বিশ (biśa)

21-100

21	একুশ (ēkuśa)
22	বাইশ (bā'iśa)
26	ছাব্বিশ (chābbiśa)

30	ত্রিশ (triśa)
31	একত্রিশ (ēkatriśa)
33	তেত্রিশ (tētriśa)
37	সাঁইত্রিশ (sām̐itriśa)
40	চল্লিশ (calliśa)
41	একচল্লিশ (ēkacalliśa)
44	চুয়াল্লিশ (cuẏālliśa)
48	আটচল্লিশ (āṭacalliśa)
50	পঞ্চাশ (pañcāśa)
51	একান্ন (ēkānna)
55	পঞ্চান্ন (pañcānna)
59	ঊনষাট (ūnaṣāṭa)
60	ষাট (ṣāṭa)
61	একষট্টি (ēkaṣaṭṭi)
62	বাষট্টি (bāṣaṭṭi)
66	ছেষট্টি (chēṣaṭṭi)
70	সত্তর (sattara)
71	একাত্তর (ēkāttara)
73	তিয়াত্তর (tiẏāttara)
77	সাতাত্তর (sātāttara)
80	আশি (āśi)
81	একাশি (ēkāśi)
84	চুরাশি (curāśi)
88	আটাশি (āṭāśi)
90	নব্বই (nabba'i)
91	একানব্বই (ēkānabba'i)
95	পঁচানব্বই (pam̐cānabba'i)
99	নিরানব্বই (nirānabba'i)
100	একশত (ēkaśata)

101-1000

101	একশত এক (ēkaśata ēka)
105	একশ পাঁচ (ēkaśa pām̐ca)
110	একশ দশ (ēkaśa daśa)
151	একশ একান্ন (ēkaśa ēkānna)
200	দুইশত (du'iśata)
202	দুইশ দুই (du'iśa du'i)
206	দুইশ ছয় (du'iśa chaẏa)
220	দুইশ বিশ (du'iśa biśa)
262	দুইশ বাষট্টি (du'iśa bāṣaṭṭi)
300	তিনশত (tinaśata)
303	তিনশ তিন (tinaśa tina)
307	তিনশ সাত (tinaśa sāta)
330	তিনশ ত্রিশ (tinaśa triśa)
373	তিনশ তিয়াত্তর (tinaśa tiẏāttara)
400	চারশত (cāraśata)
404	চারশ চার (cāraśa cāra)
408	চারশ আট (cāraśa āṭa)
440	চারশ চল্লিশ (cāraśa calliśa)
484	চারশ চুরাশি (cāraśa curāśi)
500	পাঁচশত (pām̐caśata)
505	পাঁচশ পাঁচ (pām̐caśa pām̐ca)
509	পাঁচশ নয় (pām̐caśa naẏa)
550	পাঁচশ পঞ্চাশ (pām̐caśa pañcāśa)
595	পাঁচশ পঁচানব্বই (pām̐caśa pam̐cānabba'i)
600	ছয়শত (chaẏaśata)
601	ছয়শ এক (chaẏaśa ēka)
606	ছয়শ ছয় (chaẏaśa chaẏa)
616	ছয়শ ষোলো (chaẏaśa ṣōlō)
660	ছয়শ ষাট (chaẏaśa ṣāṭa)

700	সাতশত (sātaśata)
702	সাতশ দুই (sātaśa du'i)
707	সাতশ সাত (sātaśa sāta)
727	সাতশ সাতাশ (sātaśa sātāśa)
770	সাতশ সত্তর (sātaśa sattara)
800	আটশত (āṭaśata)
803	আটশ তিন (āṭaśa tina)
808	আটশ আট (āṭaśa āṭa)
838	আটশ আটত্রিশ (āṭaśa āṭatriśa)
880	আটশ আশি (āṭaśa āśi)
900	নয়শত (naẏaśata)
904	নয়শ চার (naẏaśa cāra)
909	নয়শ নয় (naẏaśa naẏa)
949	নয়শ উনপঞ্চাশ (naẏaśa unapañcāśa)
990	নয়শ নব্বই (naẏaśa nabba'i)
1000	এক হাজার (ēka hājāra)

1001-10000

1001	এক হাজার এক (ēka hājāra ēka)
1012	এক হাজার বারো (ēka hājāra bārō)
1234	এক হাজার দুইশো চৌত্রিশ (ēka hājāra du'iśō cautriśa)
2000	দুই হাজার (du'i hājāra)
2002	দুই হাজার দুই (du'i hājāra du'i)
2023	দুই হাজার তেইশ (du'i hājāra tē'iśa)
2345	দুই হাজার তিনশ পঁয়তাল্লিশ (du'i hājāra tinaśa paṁẏatālliśa)
3000	তিন হাজার (tina hājāra)
3003	তিন হাজার তিন (tina hājāra tina)
3034	তিন হাজার চৌত্রিশ (tina hājāra cautriśa)
3456	তিন হাজার চারশ ছাপ্পান্ন (tina hājāra cāraśa chāppānna)

4000	চার হাজার (cāra hājāra)
4004	চার হাজার চার (cāra hājāra cāra)
4045	চার হাজার পঁয়তাল্লিশ (cāra hājāra pam̐ýatālliśa)
4567	চার হাজার পাঁচশ সাতষট্টি (cāra hājāra pām̐caśa sātaṣaṭṭi)
5000	পাঁচ হাজার (pām̐ca hājāra)
5005	পাঁচ হাজার পাঁচ (pām̐ca hājāra pām̐ca)
5056	পাঁচ হাজার ছাপ্পান্ন (pām̐ca hājāra chāppānna)
5678	পাঁচ হাজার ছয়শ আটাত্তর (pām̐ca hājāra chaẏaśa āṭāttara)
6000	ছয় হাজার (chaẏa hājāra)
6006	ছয় হাজার ছয় (chaẏa hājāra chaẏa)
6067	ছয় হাজার সাতষট্টি (chaẏa hājāra sātaṣaṭṭi)
6789	ছয় হাজার সাতশ উননব্বই (chaẏa hājāra sātaśa unanabba'i)
7000	সাত হাজার (sāta hājāra)
7007	সাত হাজার সাত (sāta hājāra sāta)
7078	সাত হাজার আটাত্তর (sāta hājāra āṭāttara)
7890	সাত হাজার আটশ নব্বই (sāta hājāra āṭaśa nabba'i)
8000	আট হাজার (āṭa hājāra)
8008	আট হাজার আট (āṭa hājāra āṭa)
8089	আট হাজার উননব্বই (āṭa hājāra unanabba'i)
8901	আট হাজার নয়শ এক (āṭa hājāra naẏaśa ēka)
9000	নয় হাজার (naẏa hājāra)
9009	নয় হাজার নয় (naẏa hājāra naẏa)
9012	নয় হাজার বারো (naẏa hājāra bārō)
9090	নয় হাজার নব্বই (naẏa hājāra nabba'i)
10.000	দশ হাজার (daśa hājāra)

> 10000

10.001	দশ হাজার এক (daśa hājāra ēka)

20.020	বিশ হাজার বিশ (biśa hājāra biśa)
30.300	ত্রিশ হাজার তিনশত (triśa hājāra tinaśata)
44.000	চুয়াল্লিশ হাজার (cuẏālliśa hājāra)
100.000	এক লক্ষ (ēka lakṣa)
500.000	পাঁচ লক্ষ (pām̐ca lakṣa)
1.000.000	দশ লক্ষ (daśa lakṣa)
6.000.000	ষাট লক্ষ (ṣāṭa lakṣa)
10.000.000	এক কোটি (ēka kōṭi)
70.000.000	সাত কোটি (sāta kōṭi)
100.000.000	দশ কোটি (daśa kōṭi)
800.000.000	আশি কোটি (āśi kōṭi)
1.000.000.000	একশত কোটি (ēkaśata kōṭi)
9.000.000.000	নয়শত কোটি (naẏaśata kōṭi)
10.000.000.000	এক হাজার কোটি (ēka hājāra kōṭi)
20.000.000.000	দুই হাজার কোটি (du'i hājāra kōṭi)
100.000.000.000	দশ হাজার কোটি (daśa hājāra kōṭi)
300.000.000.000	ত্রিশ হাজার কোটি (triśa hājāra kōṭi)
1.000.000.000.000	এক লক্ষ কোটি (ēka lakṣa kōṭi)

Body

Head

nose	নাক (nāka)
eye	চোখ (cōkha)
ear	কান (kāna)
mouth	মুখ (mukha)
tooth	দাঁত (dām̐ta)
lip	ঠোঁট (ṭhōm̐ṭa)
hair	চুল (cula)
beard	দাড়ি (dāṛi)
forehead	কপাল (kapāla)
eyebrow	ভ্রু (bhru)
eyelashes	চোখের পাপড়ি (cōkhēra pāpaṛi)
pupil	চোখের মণি (cōkhēra maṇi)
cheek	গাল (gāla)
chin	থুতনি (thutani)
dimple	টোল (ṭōla)
wrinkle	বলিরেখা (balirēkhā)
freckles	ছুলি (chuli)
tongue	জিহ্বা (jihbā)
nostril	নাসারন্ধ্র (nāsārandhra)
temple	কপালের পার্শ্বদেশ (kapālēra pārśbadēśa)

Body Parts

head	মাথা (māthā)
arm	বাহু (bāhu)
hand	হাত (hāta)
leg	পা (pā)

knee	হাঁটু (hām̐ṭu)
foot	পা (pā)
belly	পেট (pēṭa)
belly button	নাভি (nābhi)
bosom	স্তন (stana)
chest	বুক (buka)
elbow	কনুই (kanu'i)
nipple	স্তনের বোঁটা (stanēra bōm̐ṭā)
shoulder	কাঁধ (kām̐dha)
neck	ঘাড় (ghāṛa)
bottom	নিতম্ব (nitamba)
nape	ঘাড় (ghāṛa)
back (part of body)	পিঠ (piṭha)
waist	কোমর (kōmara)

Hand & Foot

finger	আঙুল (āṅula)
thumb	বুড়ো আঙ্গুল (buṛō āṅgula)
fingernail	হাতের নখ (hātēra nakha)
toe	পায়ের আঙুল (pāẏēra āṅula)
heel	গোড়ালি (gōṛāli)
palm	হাতের তালু (hātēra tālu)
wrist	কব্জি (kabji)
fist	মুষ্টি (muṣṭi)
Achilles tendon	অ্যাকিলিস টেন্ডন (ayākilisa ṭēnḍana)
index finger	তর্জনী (tarjanī)
middle finger	মধ্যমা (madhyamā)
ring finger	অনামিকা (anāmikā)
little finger	কনিষ্ঠা (kaniṣṭhā)

Bones & More

bone (part of body)	হাড় (hāṛa)
muscle	পেশী (pēśī)
tendon	কণ্ডরা (kaṇḍarā)
vertebra	কশেরুকা (kaśērukā)
pelvis	শ্রোণীচক্র (śrōṇīcakra)
breastbone	বুকের হাড় (bukēra hāṛa)
rib	পাঁজর (pām̐jara)
collarbone	কণ্ঠাস্থি (kaṇṭhāsthi)
skeleton	কঙ্কাল (kaṅkāla)
skull	মাথার খুলি (māthāra khuli)
shoulder blade	কাঁধের হাড় (kām̐dhēra hāṛa)
kneecap	হাঁটুর হাড় (hām̐ṭura hāṛa)
cartilage	তরুণাস্থি (taruṇāsthi)
jawbone	চোয়ালের হাড় (cōẏālēra hāṛa)
nasal bone	নাকের হাড় (nākēra hāṛa)
spine	মেরুদণ্ড (mērudaṇḍa)
ankle	গোড়ালি (gōṛāli)
bone marrow	অস্থি মজ্জা (asthi majjā)

Organs

heart	হৃৎপিণ্ড (hr̥ṯpiṇḍa)
lung	ফুসফুস (phusaphusa)
liver	যকৃৎ (yakr̥ṯ)
kidney	বৃক্ক (br̥kka)
vein	শিরা (śirā)
artery	ধমনী (dhamanī)
stomach	পাকস্থলী (pākasthalī)
intestine	অন্ত্র (antra)

bladder	মূত্রাশয় (mūtrāśaẏa)
brain	মস্তিষ্ক (mastiṣka)
anus	মলদ্বার (maladbāra)
appendix	অ্যাপেন্ডিক্স (ayāpēnḍiksa)
spleen	প্লীহা (plīhā)
oesophagus	খাদ্যনালী (khādyanālī)
nerve	স্নায়ু (snāẏu)
spinal cord	সুষুম্না কাণ্ড (suṣumnā kāṇḍa)
pancreas	অগ্ন্যাশয় (agn'yāśaẏa)
gall bladder	পিত্তথলি (pittathali)
colon	বৃহদন্ত্র (br̥hadantra)
small intestine	ক্ষুদ্রান্ত্র (kṣudrāntra)
windpipe	শ্বাসনালী (śbāsanālī)
diaphragm	মধ্যচ্ছদা (madhyacchadā)
duodenum	ডিওডেনাম (ḍi'ōḍēnāma)

Reproduction

testicle	অণ্ডকোষ (aṇḍakōṣa)
penis	শিশ্ন (śiśna)
prostate	প্রোস্টেট (prōsṭēṭa)
ovary	ডিম্বাশয় (ḍimbāśaẏa)
oviduct	ডিম্বনালী (ḍimbanālī)
uterus	জরায়ু (jarāẏu)
ovum	ডিম্বাণু (ḍimbāṇu)
sperm	শুক্রাণু (śukrāṇu)
scrotum	অণ্ডকোষ (aṇḍakōṣa)
clitoris	ভগাঙ্কুর (bhagāṅkura)
vagina	যোনি (yōni)

Adjective

Colours

white	সাদা (sādā)
black	কালো (kālō)
grey	ধূসর (dhūsara)
green	সবুজ (sabuja)
blue	নীল (nīla)
red	লাল (lāla)
pink	গোলাপী (gōlāpī)
orange (colour)	কমলা (kamalā)
purple	বেগুনী (bēgunī)
yellow	হলুদ (haluda)
brown	বাদামী (bādāmī)
beige	বেইজ (bē'ija)

Basics

heavy	ভারী (bhārī)
light (weight)	হালকা (hālakā)
correct	সঠিক (saṭhika)
difficult	কঠিন (kaṭhina)
easy	সহজ (sahaja)
wrong	ভুল (bhula)
many	অনেক (anēka)
few	অল্প (alpa)
new	নতুন (natuna)
old (not new)	পুরাতন (purātana)
slow	ধীর (dhīra)
quick	দ্রুত (druta)

poor	দরিদ্র (daridra)
rich	ধনী (dhanī)
funny	হাস্যকর (hāsyakara)
boring	বিরক্তিকর (biraktikara)
fair	ন্যায্য (n'yāyya)
unfair	অন্যায্য (an'yāyya)

Feelings

good	ভালো (bhālō)
bad	খারাপ (khārāpa)
weak	দুর্বল (durbala)
happy	সুখী (sukhī)
sad	দুঃখিত (duḥkhita)
strong	শক্তিশালী (śaktiśālī)
angry	ক্রুদ্ধ (krud'dha)
healthy	সুস্থ (sustha)
sick	অসুস্থ (asustha)
hungry	ক্ষুধার্ত (kṣudhārta)
thirsty	তৃষ্ণার্ত (tr̥ṣṇārta)
full (from eating)	ভরা (bharā)
proud	গর্বিত (garbita)
lonely	একাকী (ēkākī)
tired	ক্লান্ত (klānta)
safe (adjective)	নিরাপদ (nirāpada)

Space

short (length)	খাটো (khāṭō)
long	লম্বা (lambā)
round	বৃত্তাকার (br̥ttākāra)
small	ছোট (chōṭa)

big	বড় (baṛa)
square (adjective)	চতুর্ভূজাকৃতির (caturbhūjākr̥tira)
twisting	মোচড়ানো (mōcaṛānō)
straight (line)	সোজা (sōjā)
high	উচু (ucu)
low	নিচু (nicu)
steep	খাড়া (khāṛā)
flat	সমতল (samatala)
shallow	অগভীর (agabhīra)
deep	গভীর (gabhīra)
broad	প্রশস্ত (praśasta)
narrow	সংকীর্ণ (saṅkīrṇa)
huge	বিশাল (biśāla)

Place

right	ডান (ḍāna)
left	বাম (bāma)
above	উপরে (uparē)
back (position)	পিছনে (pichanē)
front	সামনে (sāmanē)
below	নিচে (nicē)
here	এখানে (ēkhānē)
there	সেখানে (sēkhānē)
close	কাছে (kāchē)
far	দূরে (dūrē)
inside	ভিতরে (bhitarē)
outside	বাইরে (bā'irē)
beside	পাশে (pāśē)
north	উত্তর (uttara)
east	পূর্ব (pūrba)

south	দক্ষিণ (dakṣiṇa)
west	পশ্চিম (paścima)

Things

cheap	সস্তা (sastā)
expensive	দামী (dāmī)
full (not empty)	পূর্ণ (pūrṇa)
hard	কঠিন (kaṭhina)
soft	নরম (narama)
empty	খালি (khāli)
light (colour)	আলো (ālō)
dark	অন্ধকার (andhakāra)
clean	পরিষ্কার (pariṣkāra)
dirty	নোংরা (nōnrā)
boiled	সিদ্ধ (sid'dha)
raw	কাঁচা (kām̐cā)
strange	অদ্ভুত (adbhuta)
sour	টক (ṭaka)
sweet	মিষ্টি (miṣṭi)
salty	নোনতা (nōnatā)
hot (spicy)	ঝাল (jhāla)
juicy	রসালো (rasālō)

People

short (height)	খাটো (khāṭō)
tall	লম্বা (lambā)
slim	পাতলা (pātalā)
young	তরুণ (taruṇa)
old (not young)	বৃদ্ধ (bṛd'dha)
plump	নিটোল (niṭōla)

skinny	চর্মসার (carmasāra)
chubby	গোলগাল (gōlagāla)
cute	আকর্ষণীয় (ākarṣaṇīẏa)
clever	চালাক (cālāka)
evil	মন্দ (manda)
well-behaved	ভদ্র (bhadra)
cool	দারুণ (dāruṇa)
worried	চিন্তিত (cintita)
surprised	বিস্মিত (bismita)
sober	মার্জিত (mārjita)
drunk	মাতাল (mātāla)
blind	অন্ধ (andha)
mute	বাকশক্তিহীন (bākaśaktihīna)
deaf	বধির (badhira)
guilty	দোষী (dōṣī)
friendly	বন্ধুভাবাপন্ন (bandhubhābāpanna)
busy	ব্যস্ত (byasta)
bloody	রক্তাক্ত (raktākta)
pale	ফ্যাকাশে (phyākāśē)
strict	কঠোর (kaṭhōra)
holy	পবিত্র (pabitra)
beautiful	সুন্দর (sundara)
silly	বোকা (bōkā)
crazy	পাগল (pāgala)
ugly	কুৎসিত (kuṯsita)
handsome	সুদর্শন (sudarśana)
greedy	লোভী (lōbhī)
generous	উদার (udāra)
brave	সাহসী (sāhasī)
shy	লাজুক (lājuka)

lazy	অলস (alasa)
sexy	সেক্সি (sēksi)
stupid	নির্বোধ (nirbōdha)

Outside

cold (adjective)	ঠান্ডা (ṭhānḍā)
hot (temperature)	গরম (garama)
warm	উষ্ণ (uṣṇa)
silent	নীরব (nīraba)
quiet	শান্ত (śānta)
loud	জোরে (jōrē)
wet	ভিজা (bhijā)
dry	শুষ্ক (śuṣka)
windy	ঝড়ো (jhaṛō)
cloudy	মেঘলা (mēghalā)
foggy	কুয়াশাচ্ছন্ন (kuẏāśācchanna)
rainy	বৃষ্টিবহুল (bṛṣṭibahula)
sunny	রৌদ্রজ্জ্বল (raudrajjbala)

Verb

Basics

to open (e.g. a door)	খোলা (khōlā)
to close	বন্ধ করা (bandha karā)
to sit	বসা (basā)
to turn on	চালু করা (cālu karā)
to turn off	বন্ধ করা (bandha karā)
to stand	দাঁড়ানো (dām̐ṛānō)
to lie	শুয়ে থাকা (śuẏē thākā)
to come	আসা (āsā)
to think	চিন্তা করা (cintā karā)
to know	জানা (jānā)
to fail	ব্যর্থ হওয়া (byartha ha'ōẏā)
to win	জেতা (jētā)
to lose	হারা (hārā)
to live	বাঁচা (bām̐cā)
to die	মরা (marā)

Action

to take	নেওয়া (nē'ōẏā)
to put	রাখা (rākhā)
to find	খোঁজা (khōm̐jā)
to smoke	ধূমপান করা (dhūmapāna karā)
to steal	চুরি করা (curi karā)
to kill	মেরে ফেলা (mērē phēlā)
to fly	ওড়া (ōṛā)
to carry	বহন করা (bahana karā)
to rescue	উদ্ধার করা (ud'dhāra karā)

to burn	পোড়ানো (pōṛānō)
to injure	আঘাত করা (āghāta karā)
to attack	আক্রমণ করা (ākramaṇa karā)
to defend	প্রতিহত করা (pratihata karā)
to fall	পড়ে যাওয়া (paṛē yā'ōẏā)
to vote	ভোট দেওয়া (bhōṭa dē'ōẏā)
to choose	বেছে নেওয়া (bēchē nē'ōẏā)
to gamble	জুয়া খেলা (juẏā khēlā)
to shoot	গুলি করা (guli karā)
to saw	দেখা (dēkhā)
to drill	ড্রিল করা (ḍrila karā)
to hammer	হাতুড়ি মারা (hāturi mārā)

Body

to eat	খাওয়া (khā'ōẏā)
to drink	পান করা (pāna karā)
to talk	কথা বলা (kathā balā)
to laugh	উচ্চরবে হাসা (uccarabē hāsā)
to cry	কাঁদা (kām̐dā)
to sing	গান গাওয়া (gāna gā'ōẏā)
to walk	হাঁটা (hām̐ṭā)
to watch	দেখা (dēkhā)
to work	কাজ করা (kāja karā)
to breathe	শ্বাস নেওয়া (śbāsa nē'ōẏā)
to smell	শোঁকা (śōm̐kā)
to listen	শোনা (śōnā)
to lose weight	ওজন কমা (ōjana kamā)
to gain weight	ওজন বাড়া (ōjana bāṛā)
to shrink	সঙ্কুচিত করা (saṅkucita karā)
to grow	বড় হওয়া (baṛa ha'ōẏā)

to smile	স্মিত হাসা (smita hāsā)
to whisper	ফিসফিস করে কথা বলা (phisaphisa karē kathā balā)
to touch	স্পর্শ করা (sparśa karā)
to shiver	কাঁপা (kām̐pā)
to bite	কামড়ানো (kāmaṛānō)
to swallow	গেলা (gēlā)
to faint	অজ্ঞান হওয়া (ajñāna ha'ōẏā)
to stare	তাকানো (tākānō)
to kick	লাথি মারা (lāthi mārā)
to shout	চেঁচানো (cēm̐cānō)
to spit	থুতু ফেলা (thutu phēlā)
to vomit	বমি করা (bami karā)

Interaction

to ask	জিজ্ঞাসা করা (jijñāsā karā)
to answer	উত্তর দেওয়া (uttara dē'ōẏā)
to help	সাহায্য করা (sāhāyya karā)
to like	পছন্দ করা (pachanda karā)
to love	ভালবাসা (bhālabāsā)
to give (somebody something)	দেওয়া (dē'ōẏā)
to marry	বিয়ে করা (biẏē karā)
to meet	দেখা করা (dēkhā karā)
to kiss	চুম্বন করা (cumbana karā)
to argue	তর্ক করা (tarka karā)
to share	ভাগ করে নেওয়া (bhāga karē nē'ōẏā)
to warn	সতর্ক করা (satarka karā)
to follow	অনুসরণ করা (anusaraṇa karā)
to hide	লুকানো (lukānō)
to bet	বাজি ধরা (bāji dharā)
to feed	খাওয়ানো (khā'ōẏānō)

to threaten	হুমকি দেওয়া (humaki dē'ōẏā)
to give a massage	মাসাজ করা (māsāja karā)

Movements

to run	দৌড়ানো (dauṛānō)
to swim	সাঁতার কাটা (sām̐tāra kāṭā)
to jump	লাফানো (lāphānō)
to lift	উপরে তোলা (uparē tōlā)
to pull (... open)	টানা (ṭānā)
to push (... open)	ঠেলা (ṭhēlā)
to press (a button)	চাপ দেওয়া (cāpa dē'ōẏā)
to throw	ছুঁড়ে ফেলা (chum̐ṛē phēlā)
to crawl	হামাগুড়ি দেওয়া (hāmāguṛi dē'ōẏā)
to fight	লড়াই করা (laṛā'i karā)
to catch	লুফে নেওয়া (luphē nē'ōẏā)
to hit	আঘাত করা (āghāta karā)
to climb	চড়া (caṛā)
to roll	গড়ানো (gaṛānō)
to dig	খনন করা (khanana karā)

Business

to buy	ক্রয় করা (kraẏa karā)
to pay	অর্থপ্রদান করা (arthapradāna karā)
to sell	বিক্রয় করা (bikraẏa karā)
to study	পড়াশোনা করা (paṛāśōnā karā)
to practice	অভ্যাস করা (abhyāsa karā)
to call	ফোন করা (phōna karā)
to read	পড়া (paṛā)
to write	লেখা (lēkhā)
to calculate	হিসাব করা (hisāba karā)

to measure	পরিমাপ করা (parimāpa karā)
to earn	অর্জন করা (arjana karā)
to look for	সন্ধান করা (sandhāna karā)
to cut	কাটা (kāṭā)
to count	গণনা করা (gaṇanā karā)
to scan	স্ক্যান করা (skyāna karā)
to print	প্রিন্ট করা (prinṭa karā)
to copy	কপি করা (kapi karā)
to fix	সাঁটা (sām̐ṭā)
to quote	উদ্ধৃত করা (ud'dhr̥ta karā)
to deliver	প্রদান করা (pradāna karā)

Home

to sleep	ঘুমানো (ghumānō)
to dream	স্বপ্ন দেখা (sbapna dēkhā)
to wait	অপেক্ষা করা (apēkṣā karā)
to clean	পরিষ্কার করা (pariṣkāra karā)
to wash	ধোয়া (dhōẏā)
to cook	রান্না করা (rānnā karā)
to play	খেলা (khēlā)
to travel	ভ্রমণ করা (bhramaṇa karā)
to enjoy	উপভোগ করা (upabhōga karā)
to bake	বেক করা (bēka karā)
to fry	ভাজা (bhājā)
to boil	সেদ্ধ করা (sēd'dha karā)
to pray	প্রার্থনা করা (prārthanā karā)
to rest	বিশ্রাম নেওয়া (biśrāma nē'ōẏā)
to lock	তালাবন্ধ করা (tālābandha karā)
to open (unlock)	খোলা (khōlā)
to celebrate	উদযাপন করা (udayāpana karā)

to dry	শুকনো করা (śukanō karā)
to fish	মাছ ধরা (mācha dharā)
to take a shower	স্নান করা (snāna karā)
to iron	ইস্ত্রি করা (istri karā)
to vacuum	ভ্যাকুয়াম করা (bhyākuẏāma karā)
to paint	রঙ করা (raṅa karā)

House

Parts

door	দরজা (darajā)
window (building)	জানলা (jānalā)
wall	প্রাচীর (prācīra)
roof	ছাদ (chāda)
elevator	এলিভেটর (ēlibhēṭara)
stairs	সিঁড়ি (sim̐ṛi)
toilet (at home)	টয়লেট (ṭaẏalēṭa)
attic	চিলেকোঠা (cilēkōṭhā)
basement	বেজমেন্ট (bējamēnṭa)
solar panel	সৌর প্যানেল (saura pyānēla)
chimney	চিমনি (cimani)
fifth floor	ছয় তলা (chaẏa talā)
first floor	দুই তলা (du'i talā)
ground floor	নিচতলা (nicatalā)
first basement floor	প্রথম বেজমেন্ট মেঝে (prathama bējamēnṭa mējhē)
second basement floor	দ্বিতীয় বেজমেন্ট মেঝে (dbitīẏa bējamēnṭa mējhē)
living room	বসার ঘর (basāra ghara)
bedroom	শোবার ঘর (śōbāra ghara)
kitchen	রান্নাঘর (rānnāghara)
corridor	বারান্দা (bārāndā)
front door	সামনের দরজা (sāmanēra darajā)
bathroom	বাথরুম (bātharuma)
workroom	কাজের ঘর (kājēra ghara)
nursery	শিশুদের ঘর (śiśudēra ghara)
floor	মেঝে (mējhē)
ceiling	সিলিং (siliṁ)
garage door	গ্যারেজের দরজা (gyārējēra darajā)

garage	গ্যারেজ (gyārēja)
garden	বাগান (bāgāna)
balcony	ব্যালকনি (byālakani)
terrace	ছাদ (chāda)

Devices

TV set	টিভি সেট (ṭibhi sēṭa)
remote control	রিমোট কন্ট্রোল (rimōṭa kanṭrōla)
security camera	নিরাপত্তা ক্যামেরা (nirāpattā kyāmērā)
rice cooker	রাইস কুকার (rā'isa kukāra)
router	রাউটার (rā'uṭāra)
heating	হিটিং (hiṭiṁ)
washing machine	ওয়াশিং মেশিন (ōẏāśiṁ mēśina)
fridge	ফ্রিজ (phrija)
freezer	ফ্রিজার (phrijāra)
microwave	মাইক্রোওয়েভ (mā'ikrō'ōẏēbha)
oven	ওভেন (ōbhēna)
cooker	কুকার (kukāra)
cooker hood	কুকার হুড (kukāra huḍa)
dishwasher	ডিশওয়াশার (ḍiśa'ōẏāśāra)
kettle	কেটলি (kēṭali)
mixer	মিক্সার (miksāra)
electric iron	বৈদ্যুতিক ইস্ত্রি (baidyutika istri)
toaster	টোস্টার (ṭōsṭāra)
hairdryer	হেয়ার ড্রায়ার (hēẏāra ḍrāẏāra)
ironing table	ইস্ত্রি করার টেবিল (istri karāra ṭēbila)
vacuum cleaner	ভ্যাকুয়াম ক্লিনার (bhyākuẏāma klināra)
coffee machine	কফি মেশিন (kaphi mēśina)
air conditioner	এয়ার কন্ডিশনার (ēẏāra kanḍiśanāra)
satellite dish	স্যাটেলাইট ডিশ (syāṭēlā'iṭa ḍiśa)

fan	পাখা (pākhā)
radiator	রেডিয়েটর (rēḍiẏēṭara)
sewing machine	সেলাই মেশিন (sēlā'i mēśina)

Kitchen

spoon	চামচ (cāmaca)
fork	কাঁটাচামচ (kām̐ṭācāmaca)
knife	ছুরি (churi)
plate	প্লেট (plēṭa)
bowl	বাটি (bāṭi)
glass	গ্লাস (glāsa)
cup (for cold drinks)	কাপ (kāpa)
garbage bin	ময়লার ঝুড়ি (maẏalāra jhuṛi)
chopstick	চপস্টিক (capasṭika)
light bulb	বৈদ্যুতিক বাল্ব (baidyutika bālba)
pan	কড়াই (kaṛā'i)
pot	পাত্র (pātra)
ladle	হাতা (hātā)
cup (for hot drinks)	কাপ (kāpa)
teapot	চায়ের পাত্র (cāẏēra pātra)
grater	আঁচড়া (ām̐caṛā)
cutlery	ছুরি-কাঁটা-চামচ (churi-kām̐ṭā-cāmaca)
tap	কল (kala)
sink	সিঙ্ক (siṅka)
wooden spoon	কাঠের চামচ (kāṭhēra cāmaca)
chopping board	চপিং বোর্ড (capiṁ bōrḍa)
sponge	স্পঞ্জ (spañja)
corkscrew	কর্কস্ক্রু (karkaskru)

Bedroom

bed	বিছানা (bichānā)
alarm clock	এলার্ম ঘড়ি (ēlārma ghaṛi)
curtain	পর্দা (pardā)
bedside lamp	বেডসাইড ল্যাম্প (bēḍasā'iḍa lyāmpa)
wardrobe	ওয়্যারড্রোব (ōẏyāraḍrōba)
drawer	ড্রয়ার (ḍraẏāra)
bunk bed	বাংক বেড (bāṅka bēḍa)
desk	ডেস্ক (ḍēska)
cupboard	আলমারি (ālamāri)
shelf	তাক (tāka)
blanket	কম্বল (kambala)
pillow	বালিশ (bāliśa)
mattress	জাজিম (jājima)
night table	নাইট টেবিল (nā'iṭa ṭēbila)
cuddly toy	নরম খেলনা (narama khēlanā)
bookshelf	বুকশেলফ (bukaśēlapha)
lamp	বাতি (bāti)
safe (for money)	সিন্দুক (sinduka)
baby monitor	বেবি মনিটর (bēbi maniṭara)

Bathroom

broom	ঝাড়ু (jhāṛu)
shower	শাওয়ার (śā'ōẏāra)
mirror	আয়না (āẏanā)
scale	পাল্লা (pāllā)
bucket	বালতি (bālati)
toilet paper	টয়লেট পেপার (ṭaẏalēṭa pēpāra)
basin	বেসিন (bēsina)

towel	তোয়ালে (tōẏālē)
tile	টাইল (ṭā'ila)
toilet brush	টয়লেট ব্রাশ (ṭaẏalēṭa brāśa)
soap	সাবান (sābāna)
bath towel	গোসলের তোয়ালে (gōsalēra tōẏālē)
bathtub	বাথটাব (bāthaṭāba)
shower curtain	শাওয়ার কার্টেন (śā'ōẏāra kārṭēna)
laundry	লন্ড্রি (lanḍri)
laundry basket	লন্ড্রি ঝুড়ি (lanḍri jhuṛi)
peg	কাপড় আটকানোর ক্লিপ (kāpaṛa āṭakānōra klipa)
washing powder	ওয়াশিং পাউডার (ōẏāśiṁ pā'uḍāra)

Living room

chair	চেয়ার (cēẏāra)
table	টেবিল (ṭēbila)
clock	ঘড়ি (ghaṛi)
calendar	ক্যালেন্ডার (kyālēnḍāra)
picture	ছবি (chabi)
carpet	কার্পেট (kārpēṭa)
sofa	সোফা (sōphā)
power outlet	পাওয়ার আউটলেট (pā'ōẏāra ā'uṭalēṭa)
coffee table	কফি টেবিল (kaphi ṭēbila)
houseplant	ঘরে লাগানোর গাছ (gharē lāgānōra gācha)
shoe cabinet	জুতার তাক (jutāra tāka)
light switch	লাইট সুইচ (lā'iṭa su'ica)
stool	টুল (ṭula)
rocking chair	রকিং চেয়ার (rakiṁ cēẏāra)
door handle	দরজার হাতল (darajāra hātala)
tablecloth	টেবিল ক্লথ (ṭēbila klatha)
blind	খড়খড়ি (khaṛakhaṛi)

keyhole	চাবির ছিদ্র (cābira chidra)
smoke detector	স্মোক ডিটেক্টর (smōka ḍiṭēkṭara)

Garden

neighbour	প্রতিবেশী (pratibēśī)
axe	কুড়াল (kuṛāla)
saw	করাত (karāta)
ladder	মই (ma'i)
fence	বেড়া (bēṛā)
swimming pool (garden)	সুইমিং পুল (su'imiṁ pula)
deck chair	ডেক চেয়ার (ḍēka cēẏāra)
mailbox (for letters)	ডাকবাক্স (ḍākabāksa)
pond	পুকুর (pukura)
shed	চালা (cālā)
flower bed	বাগিচা (bāgicā)
lawn mower	লন মোয়ার (lana mōẏāra)
rake	রেক (rēka)
shovel	বেলচা (bēlacā)
water can	সেচনী (sēcanī)
wheelbarrow	ঠেলাগাড়ি (ṭhēlāgāṛi)
hose	পানির পাইপ (pānira pā'ipa)
pitchfork	পিচফর্ক (picapharka)
loppers	কেঁটে সাফ কাঁচি (kēm̐ṭē sāpha kām̐ci)
flower pot	ফুলের পাত্র (phulēra pātra)
hedge	হেজ (hēja)
tree house	ট্রি হাউজ (ṭri hā'uja)
hoe	নিড়ানি (niṛāni)
chainsaw	চেইন করাত (cē'ina karāta)
kennel	কুকুরের ঘর (kukurēra ghara)
bell	ঘণ্টা (ghaṇṭā)

greenhouse গ্রিনহাউজ (grinahā'uja)

Food

Dairy Products

egg	ডিম (ḍima)
milk	দুধ (dudha)
cheese	পনির (panira)
butter	মাখন (mākhana)
yoghurt	দই (da'i)
ice cream	আইসক্রিম (ā'isakrima)
cream (food)	দই (da'i)
sour cream	টক দই (ṭaka da'i)
whipped cream	হুইপড ক্রিম (hu'ipaḍa krima)
egg white	ডিমের সাদা অংশ (ḍimēra sādā anśa)
yolk	ডিমের কুসুম (ḍimēra kusuma)
boiled egg	সিদ্ধ ডিম (sid'dha ḍima)
buttermilk	ঘোল (ghōla)
feta	ফেটা (phēṭā)
mozzarella	মোজারেলা (mōjārēlā)
parmesan	পার্মেসান (pārmēsāna)
milk powder	গুঁড়ো দুধ (gum̐ṛō dudha)

Meat & Fish

meat	মাংস (mānsa)
fish (to eat)	মাছ (mācha)
steak	স্টেক (sṭēka)
sausage	সসেজ (sasēja)
bacon	বেকন (bēkana)
ham	হ্যাম (hyāma)
lamb	ভেড়ার মাংস (bhēṛāra mānsa)

pork	শূকরের মাংস (śūkarēra mānsa)
beef	গরুর মাংস (garura mānsa)
chicken (meat)	মুরগির মাংস (muragira mānsa)
turkey	টার্কির মাংস (ṭārkira mānsa)
salami	সালামি (sālāmi)
game	হরিণের মাংস (hariṇēra mānsa)
veal	বাছুরের মাংস (bāchurēra mānsa)
fat meat	চর্বিযুক্ত মাংস (carbiyukta mānsa)
lean meat	চর্বিহীন মাংস (carbihīna mānsa)
minced meat	মাংসের কিমা (mānsēra kimā)
salmon	স্যালমন মাছ (syālamana mācha)
tuna	টুনা (ṭunā)
sardine	সার্ডিন মাছ (sārḍina mācha)
fishbone	মাছের কাঁটা (māchēra kām̐ṭā)
bone (food)	হাড় (hāṛa)

Vegetables

lettuce	লেটুস (lēṭusa)
potato	আলু (ālu)
mushroom	মাশরুম (māśaruma)
garlic	রসুন (rasuna)
cucumber	শসা (śasā)
onion	পেঁয়াজ (pēm̐ẏāja)
corn	ভুট্টা (bhuṭṭā)
pea	মটরশুঁটি (maṭaraśum̐ṭi)
bean	শিম (śima)
celery	সেলারি (sēlāri)
okra	ঢেঁড়স (ḍhēm̐ṛasa)
bamboo (food)	বাঁশ (bām̐śa)
Brussels sprouts	ব্রাসেলস স্প্রাউট (brāsēlasa sprā'uṭa)

spinach	পালং শাক (pālaṁ śāka)
turnip cabbage	শালগম (śālagama)
broccoli	ব্রকলি (brakali)
cabbage	বাঁধাকপি (bām̐dhākapi)
artichoke	আর্টিচোক (ārṭicōka)
cauliflower	ফুলকপি (phulakapi)
pepper (vegetable)	মরিচ (marica)
chili	কাঁচা মরিচ (kām̐cā marica)
courgette	ধুন্দুল (dhundula)
radish	মূলা (mūlā)
carrot	গাজর (gājara)
sweet potato	মিষ্টি আলু (miṣṭi ālu)
aubergine	বেগুন (bēguna)
ginger	আদা (ādā)
spring onion	সবুজ পেঁয়াজ (sabuja pēm̐ẏāja)
leek	পলাণ্ডু (palāṇḍu)
truffle	কন্দজাতীয় ছত্রাক (kandajātīẏa chatrāka)
pumpkin	কুমড়া (kumaṛā)
lotus root	পদ্ম রুট (padma ruṭa)

Fruits & More

apple	আপেল (āpēla)
banana	কলা (kalā)
pear	নাশপাতি (nāśapāti)
tomato	টমেটো (ṭamēṭō)
orange (food)	কমলা (kamalā)
lemon	লেবু (lēbu)
strawberry	স্ট্রবেরি (sṭrabēri)
pineapple	আনারস (ānārasa)
water melon	তরমুজ (taramuja)

grapefruit	জাম্বুরা (jāmburā)
lime	পাতিলেবু (pātilēbu)
peach	পীচ (pīca)
apricot	এপ্রিকট (ēprikaṭa)
plum	বরই (bara'i)
cherry	চেরি (cēri)
blackberry	ব্ল্যাকবেরি (blyākabēri)
cranberry	ক্র্যানবেরি (kryānabēri)
blueberry	ব্লুবেরি (blubēri)
raspberry	রাস্পবেরি (rāspabēri)
currant	কিশমিশ (kiśamiśa)
sugar melon	বাঙ্গি (bāṅgi)
grape	আঙুর (āṅura)
avocado	অ্যাভোকাডো (ayābhōkāḍō)
kiwi	কিউই (ki'u'i)
lychee	লিচু (licu)
papaya	পেঁপে (pēm̐pē)
mango	আম (āma)
pistachio	পেস্তা বাদাম (pēstā bādāma)
cashew	কাজুবাদাম (kājubādāma)
peanut	চিনাবাদাম (cinābādāma)
hazelnut	হ্যাজেল নাট (hyājēla nāṭa)
walnut	আখরোট (ākharōṭa)
almond	বাদাম (bādāma)
coconut	নারকেল (nārakēla)
date (food)	খেজুর (khējura)
fig	ডুমুর (ḍumura)
raisin	কিশমিশ (kiśamiśa)
olive	জলপাই (jalapā'i)
pit	ফলের বীচি (phalēra bīci)

peel	খোসা (khōsā)
jackfruit	কাঁঠাল (kām̐ṭhāla)

Spices

salt	লবণ (labaṇa)
pepper (spice)	মরিচ (marica)
curry	তরকারি (tarakāri)
vanilla	ভ্যানিলা (bhyānilā)
nutmeg	জায়ফল (jāẏaphala)
paprika	মরিচের গুঁড়া (maricēra gum̐ṛā)
cinnamon	দারুচিনি (dārucini)
lemongrass	লেমন গ্রাস (lēmana grāsa)
fennel	মৌরি (mauri)
thyme	থাইম (thā'ima)
mint	পুদিনা (pudinā)
chive	পেঁয়াজজাতীয় গাছ (pēm̐ẏājajātīẏa gācha)
marjoram	মারজোরাম (mārajōrāma)
basil	তুলসী (tulasī)
rosemary	রোজমেরি (rōjamēri)
dill	শুলফা (śulaphā)
coriander	ধনিয়া (dhaniẏā)
oregano	ওরেগানো (ōrēgānō)

Products

flour	ময়দা (maẏadā)
sugar	চিনি (cini)
rice	চাল (cāla)
bread	পাউরুটি (pā'uruṭi)
noodle	নুডল (nuḍala)
oil	তেল (tēla)

soy	সয়া (saẏā)
wheat	গম (gama)
oat	ওট (ōṭa)
sugar beet	সুগার বিট (sugāra biṭa)
sugar cane	আখ (ākha)
rapeseed oil	রাইসরিষা তেল (rā'isariṣā tēla)
sunflower oil	সূর্যমুখীর তেল (sūryamukhīra tēla)
olive oil	জলপাই তেল (jalapā'i tēla)
peanut oil	চিনাবাদাম তেল (cinābādāma tēla)
soy milk	সয়াদুধ (saẏādudha)
corn oil	ভূট্টার তেল (bhūṭṭāra tēla)
vinegar	ভিনেগার (bhinēgāra)
yeast	খামির (khāmira)
baking powder	বেকিং পাউডার (bēkiṁ pā'uḍāra)
gluten	ময়দার আঠা (maẏadāra āṭhā)
tofu	টফু (ṭaphu)
icing sugar	শুষ্ক চিনি (śuṣka cini)
granulated sugar	দানাদার চিনি (dānādāra cini)
vanilla sugar	ভ্যানিলা চিনি (bhyānilā cini)
tobacco	তামাক (tāmāka)

Breakfast

honey	মধু (madhu)
jam	জ্যাম (jyāma)
peanut butter	পিনাট বাটার (pināṭa bāṭāra)
nut	বাদাম (bādāma)
oatmeal	ওটমিল (ōṭamila)
cereal	খাদ্যশস্য (khādyaśasya)
maple syrup	ম্যাপল সিরাপ (myāpala sirāpa)
chocolate cream	চকলেট ক্রিম (cakalēṭa krima)

porridge	জাউ (jā'u)
baked beans	সেদ্ধ শিম (sēd'dha śima)
scrambled eggs	ডিম ভুনা (ḍima bhunā)
muesli	মুসলি (musali)
fruit salad	ফলের সালাদ (phalēra sālāda)
dried fruit	শুকনো ফল (śukanō phala)

Sweet Food

cake	কেক (kēka)
cookie	কুকি (kuki)
muffin	মাফিন (māphina)
biscuit	বিস্কুট (biskuṭa)
chocolate	চকলেট (cakalēṭa)
candy	ক্যান্ডি (kyānḍi)
doughnut	ডোনাট (ḍōnāṭa)
brownie	ব্রাউনি (brā'uni)
pudding	পুডিং (puḍiṁ)
custard	কাস্টার্ড (kāsṭārḍa)
cheesecake	চীজ কেক (cīja kēka)
crêpe	ক্রেপ (krēpa)
croissant	ক্রয়স্যান্ট (kraẏasyānṭa)
pancake	প্যানকেক (pyānakēka)
waffle	ওয়াফল (ōẏāphala)
apple pie	আপেল পাই (āpēla pā'i)
marshmallow	মার্শম্যালো (mārśamyālō)
chewing gum	চুইংগাম (cu'iṅgāma)
fruit gum	ফ্রুট গাম (phruṭa gāma)
liquorice	যষ্টিমধু (yaṣṭimadhu)
caramel	ক্যারামেল (kyārāmēla)
candy floss	হাওয়াই মিঠাই (hā'ōẏā'i miṭhā'i)

nougat	ন্যুগাট (n'yugāṭa)

Drinks

water	পানি (pāni)
tea	চা (cā)
coffee	কফি (kaphi)
coke	কোক (kōka)
milkshake	মিল্ক শেক (milka śēka)
orange juice	কমলার রস (kamalāra rasa)
soda	সোডা (sōḍā)
tap water	কলের পানি (kalēra pāni)
black tea	ব্ল্যাক টী (blyāka ṭī)
green tea	গ্রিন টী (grina ṭī)
milk tea	দুধ চা (dudha cā)
hot chocolate	হট চকলেট (haṭa cakalēṭa)
cappuccino	কাপাচিনো (kāpācinō)
espresso	এসপ্রেসো (ēsaprēsō)
mocha	মোচা (mōcā)
iced coffee	বরফ কফি (barapha kaphi)
lemonade	লেমোনেড (lēmōnēḍa)
apple juice	আপেলের রস (āpēlēra rasa)
smoothie	স্মুদি (smudi)
energy drink	শক্তিবর্ধক পানীয় (śaktibardhaka pānīẏa)

Alcohol

wine	ওয়াইন (ōẏā'ina)
beer	বিয়ার (biẏāra)
champagne	শ্যাম্পেন (śyāmpēna)
red wine	লাল ওয়াইন (lāla ōẏā'ina)
white wine	সাদা ওয়াইন (sādā ōẏā'ina)

gin	জিন (jina)
vodka	ভদকা (bhadakā)
whiskey	হুইস্কি (hu'iski)
rum	রাম (rāma)
brandy	ব্র্যান্ডি (bryānḍi)
cider	সিডার (siḍāra)
tequila	টেকিলা (ṭēkilā)
cocktail	ককটেল (kakaṭēla)
martini	মার্টিনি (mārṭini)
liqueur	লিক্যুয়র (likyuẏara)
sake	জাপানি মদ (jāpāni mada)
sparkling wine	স্পার্কলিং ওয়াইন (spārkaliṁ ōẏā'ina)

Meals

soup	স্যুপ (syupa)
salad	সালাদ (sālāda)
dessert	ডেজার্ট (ḍējārṭa)
starter	স্টার্টার (sṭārṭāra)
side dish	সাইড ডিশ (sā'iḍa ḍiśa)
snack	জলখাবার (jalakhābāra)
breakfast	সকালের নাস্তা (sakālēra nāstā)
lunch	দুপুরের খাবার (dupurēra khābāra)
dinner	রাতের খাবার (rātēra khābāra)
picnic	পিকনিক (pikanika)
seafood	সীফুড (sīphuḍa)
street food	রাস্তার খাবার (rāstāra khābāra)
menu	মেনু (mēnu)
tip	বখশিশ (bakhaśiśa)
buffet	বুফে (buphē)

Western Food

pizza	পিজা (pijā)
spaghetti	স্প্যাঘেটি (spyāghēṭi)
potato salad	আলুর সালাদ (ālura sālāda)
mustard	সরিষা (sariṣā)
barbecue	কাবাব (kābāba)
steak	স্টেক (sṭēka)
roast chicken	মুরগীর রোস্ট (muragīra rōsṭa)
pie	পাই (pā'i)
meatball	মিটবল (miṭabala)
lasagne	লাজানিয়া (lājāniẏā)
fried sausage	ফ্রাইড সসেজ (phrā'iḍa sasēja)
skewer	শিক (śika)
goulash	গোলাস (gōlāsa)
roast pork	শুয়োরের রোস্ট (śuẏōrēra rōsṭa)
mashed potatoes	আলু ভর্তা (ālu bhartā)

Asian Food

sushi	সুশি (suśi)
spring roll	স্প্রিং রোল (spriṁ rōla)
instant noodles	ইনস্ট্যান্ট নুডুলস (inasṭyānṭa nuḍulasa)
fried noodles	ভাজা নুডলস (bhājā nuḍalasa)
fried rice	ফ্রাইড রাইস (phrā'iḍa rā'isa)
ramen	রামেন (rāmēna)
dumpling	ডাম্পলিং (ḍāmpaliṁ)
dim sum	ডিম সাম (ḍima sāma)
hot pot	হট পট (haṭa paṭa)
Beijing duck	বেইজিং ডাক (bē'ijiṁ ḍāka)

Fast Food

burger	বার্গার (bārgāra)
French fries	ফ্রেঞ্চ ফ্রাই (phrēñca phrā'i)
chips	চিপস (cipasa)
tomato sauce	টমেটো সস (ṭamēṭō sasa)
mayonnaise	মেয়নেজ (mēẏanēja)
popcorn	পপকর্ন (papakarna)
hamburger	হ্যামবার্গার (hyāmabārgāra)
cheeseburger	চীজ বার্গার (cīja bārgāra)
hot dog	হটডগ (haṭaḍaga)
sandwich	স্যান্ডউইচ (syānḍa'u'ica)
chicken nugget	চিকেন নাগেট (cikēna nāgēṭa)
fish and chips	মাছ এবং চিপস (mācha ēbaṁ cipasa)
kebab	কাবাব (kābāba)
chicken wings	চিকেন উইংস (cikēna u'insa)
onion ring	অনিয়ন রিং (aniẏana riṁ)
potato wedges	পটেটো ওয়েজেস (paṭēṭō ōẏējēsa)
nachos	নাচোস (nācōsa)

Life

Holiday

luggage	লাগেজ (lāgēja)
hotel	হোটেল (hōṭēla)
passport	পাসপোর্ট (pāsapōrṭa)
tent	তাঁবু (tām̐bu)
sleeping bag	স্লিপিং ব্যাগ (slipiṁ byāga)
backpack	ব্যাকপ্যাক (byākapyāka)
room key	ঘরের চাবি (gharēra cābi)
guest	অতিথি (atithi)
lobby	লবি (labi)
room number	রুম নম্বর (ruma nambara)
single room	সিঙ্গেল রুম (siṅgēla ruma)
double room	ডাবল রুম (ḍābala ruma)
dorm room	ছাত্রাবাস (chātrābāsa)
room service	রুম সার্ভিস (ruma sārbhisa)
minibar	মিনিবার (minibāra)
reservation	সংরক্ষণ (sanrakṣaṇa)
membership	সদস্যপদ (sadasyapada)
beach	সৈকত (saikata)
parasol	প্যারাসল (pyārāsala)
camping	ক্যাম্পিং (kyāmpiṁ)
camping site	ক্যাম্পিং সাইট (kyāmpiṁ sā'iṭa)
campfire	ক্যাম্প ফায়ার (kyāmpa phāẏāra)
air mattress	এয়ার ম্যাট্রেস (ēẏāra myāṭrēsa)
postcard	পোস্টকার্ড (pōsṭakārḍa)
diary	ডায়েরি (ḍāẏēri)
visa	ভিসা (bhisā)
hostel	ছাত্রাবাস (chātrābāsa)

booking	বুকিং (bukiṁ)
member	সদস্য (sadasya)

Time

second (time)	সেকেন্ড (sēkēnḍa)
minute	মিনিট (miniṭa)
hour	ঘন্টা (ghanṭā)
morning (6:00-9:00)	সকাল (sakāla)
noon	দুপুর (dupura)
evening	সন্ধ্যা (sandhyā)
morning (9:00-11:00)	সকাল (sakāla)
afternoon	বিকেল (bikēla)
night	রাত (rāta)
1:00	একটা বাজে (ēkaṭā bājē)
2:05	দুটো বেজে পাঁচ মিনিট (duṭō bējē pām̐ca miniṭa)
3:10	তিনটা বেজে দশ মিনিট (tinaṭā bējē daśa miniṭa)
4:15	চারটা বেজে পনেরো মিনিট (cāraṭā bējē panērō miniṭa)
5:20	পাঁচটা বেজে বিশ মিনিট (pām̐caṭā bējē biśa miniṭa)
6:25	ছয়টা বেজে পঁচিশ মিনিট (chaẏaṭā bējē pam̐ciśa miniṭa)
7:30	সাড়ে সাতটা (sāṛē sātaṭā)
8:35	আটটা বেজে পঁয়ত্রিশ মিনিট (āṭaṭā bējē pam̐ẏatriśa miniṭa)
9:40	দশটা বাজতে বিশ মিনিট বাকি (daśaṭā bājatē biśa miniṭa bāki)
10:45	এগারোটা বাজতে পনেরো মিনিট বাকি (ēgārōṭā bājatē panērō miniṭa bāki)
11:50	বারোটা বাজতে দশ মিনিট বাকি (bārōṭā bājatē daśa miniṭa bāki)
12:55	একটা বাজতে পাঁচ মিনিট বাকি (ēkaṭā bājatē pām̐ca miniṭa bāki)
one o'clock in the morning	রাত একটা (rāta ēkaṭā)

two o'clock in the afternoon	দুপুর দুটো (dupura duṭō)
half an hour	আধ ঘণ্টা (ādha ghaṇṭā)
quarter of an hour	এক ঘন্টার এক চতুর্থাংশ (ēka ghanṭāra ēka caturthānśa)
three quarters of an hour	এক ঘণ্টার তিন চতুর্থাংশ (ēka ghaṇṭāra tina caturthānśa)
midnight	মধ্যরাত্রি (madhyarātri)
now	এখন (ēkhana)

Date

the day before yesterday	গত পরশু (gata paraśu)
yesterday	গতকাল (gatakāla)
today	আজ (āja)
tomorrow	আগামীকাল (āgāmīkāla)
the day after tomorrow	আগামী পরশু (āgāmī paraśu)
spring	বসন্তকাল (basantakāla)
summer	গ্রীষ্মকাল (grīṣmakāla)
autumn	শরৎকাল (śaraṯkāla)
winter	শীতকাল (śītakāla)
Monday	সোমবার (sōmabāra)
Tuesday	মঙ্গলবার (maṅgalabāra)
Wednesday	বুধবার (budhabāra)
Thursday	বৃহস্পতিবার (br̥haspatibāra)
Friday	শুক্রবার (śukrabāra)
Saturday	শনিবার (śanibāra)
Sunday	রবিবার (rabibāra)
day	দিন (dina)
week	সপ্তাহ (saptāha)
month	মাস (māsa)
year	বছর (bachara)
January	জানুয়ারি (jānuẏāri)

February	ফেব্রুয়ারি (phēbruẏāri)
March	মার্চ (mārca)
April	এপ্রিল (ēprila)
May	মে (mē)
June	জুন (juna)
July	জুলাই (julā'i)
August	আগস্ট (āgasṭa)
September	সেপ্টেম্বর (sēpṭēmbara)
October	অক্টোবর (akṭōbara)
November	নভেম্বর (nabhēmbara)
December	ডিসেম্বর (ḍisēmbara)
century	শতাব্দী (śatābdī)
decade	দশক (daśaka)
millennium	সহস্রাব্দ (sahasrābda)
2014-01-01	দুই হাজার চৌদ্দ সালের পয়লা জানুয়ারি (du'i hājāra caudda sālēra paẏalā jānuẏāri)
2015-04-03	দুই হাজার পনের সালের তেসরা এপ্রিল (du'i hājāra panēra sālēra tēsarā ēprila)
2016-05-17	দুই হাজার ষোলো সালের সতেরই মে (du'i hājāra ṣōlō sālēra satēra'i mē)
1988-04-12	উনিশ শত অষ্টাশি সালের বারোই এপ্রিল (uniśa śata aṣṭāśi sālēra bārō'i ēprila)
1899-10-13	আঠারো নিরানব্বই সালের তেরোই অক্টোবর (āṭhārō nirānabba'i sālēra tērō'i akṭōbara)
2000-12-12	দুই হাজার সালের বারোই ডিসেম্বর (du'i hājāra sālēra bārō'i ḍisēmbara)
1900-11-11	উনিশ শত সালের এগারোই নভেম্বর (uniśa śata sālēra ēgārō'i nabhēmbara)
2010-07-14	দুই হাজার দশ সালের চৌদ্দ জুলাই (du'i hājāra daśa sālēra caudda julā'i)
1907-09-30	উনিশ শত সাত সালের ত্রিশে সেপ্টেম্বর (uniśa śata sāta sālēra triśē sēpṭēmbara)
2003-02-25	দুই হাজার তিন সালের পঁচিশে ফেব্রুয়ারি (du'i hājāra tina sālēra pam̐ciśē phēbruẏāri)

last week	গত সপ্তাহ (gata saptāha)
this week	এই সপ্তাহ (ē'i saptāha)
next week	পরের সপ্তাহ (parēra saptāha)
last year	গত বছর (gata bachara)
this year	এই বছর (ē'i bachara)
next year	পরের বছর (parēra bachara)
last month	গত মাস (gata māsa)
this month	এই মাস (ē'i māsa)
next month	পরের মাস (parēra māsa)
birthday	জন্মদিন (janmadina)
Christmas	বড়দিন (baṛadina)
New Year	নববর্ষ (nababarṣa)
Ramadan	রমজান (ramajāna)
Halloween	হ্যালোইন (hyālō'ina)
Thanksgiving	থ্যাঙ্কসগিভিং (thyāṅkasagibhiṁ)
Easter	ইস্টার (isṭāra)

Relatives

daughter	কন্যা (kan'yā)
son	পুত্র (putra)
mother	মা (mā)
father	বাবা (bābā)
wife	স্ত্রী (strī)
husband	স্বামী (sbāmī)
grandfather (paternal)	দাদা (dādā)
grandfather (maternal)	নানা (nānā)
grandmother (paternal)	দাদী (dādī)
grandmother (maternal)	নানী (nānī)
aunt	মাসি (māsi)
uncle	কাকা/মামা (kākā/māmā)

cousin (male)	তুতো ভাই (tutō bhā'i)
cousin (female)	তুতো বোন (tutō bōna)
big brother	বড় ভাই (baṛa bhā'i)
little brother	ছোট ভাই (chōṭa bhā'i)
big sister	বড় বোন (baṛa bōna)
little sister	ছোট বোন (chōṭa bōna)
niece	ভাইঝি (bhā'ijhi)
nephew	ভাইপো (bhā'ipō)
daughter-in-law	পুত্রবধু (putrabadhu)
son-in-law	জামাতা (jāmātā)
grandson	নাতি (nāti)
granddaughter	নাতনী (nātanī)
brother-in-law	শালা (śālā)
sister-in-law	শালী (śālī)
father-in-law	শ্বশুর (śbaśura)
mother-in-law	শাশুড়ি (śāśuṛi)
parents	মা-বাবা (mā-bābā)
parents-in-law	শ্বশুর ও শাশুড়ি (śbaśura ō śāśuṛi)
siblings	ভাইবোন (bhā'ibōna)
grandchild	নাতী-নাতনী (nātī-nātanī)
stepfather	সৎ বাবা (saṯ bābā)
stepmother	সৎ মা (saṯ mā)
stepdaughter	সৎ মেয়ে (saṯ mēẏē)
stepson	সৎ ছেলে (saṯ chēlē)
dad	বাবা (bābā)
mum	মা (mā)

Life

man	পুরুষ (puruṣa)
woman	নারী (nārī)

child	শিশু (śiśu)
boy	ছেলে (chēlē)
girl	মেয়ে (mēẏē)
baby	শিশু (śiśu)
love	ভালোবাসা (bhālōbāsā)
job	কাজ (kāja)
death	মরণ (maraṇa)
birth	জন্ম (janma)
infant	নবজাতক (nabajātaka)
birth certificate	জন্ম সনদ (janma sanada)
nursery	শিশুদের ঘর (śiśudēra ghara)
kindergarten	কিন্ডারগার্টেন (kinḍāragārṭēna)
primary school	প্রাথমিক বিদ্যালয় (prāthamika bidyālaẏa)
twins	যমজ (yamaja)
triplets	ত্রয়ী (traẏī)
junior school	জুনিয়র স্কুল (juniẏara skula)
high school	উচ্চ বিদ্যালয় (ucca bidyālaẏa)
friend	বন্ধু (bandhu)
girlfriend	মেয়ে বন্ধু (mēẏē bandhu)
boyfriend	ছেলে বন্ধু (chēlē bandhu)
university	বিশ্ববিদ্যালয় (biśbabidyālaẏa)
vocational training	বৃত্তিমূলক প্রশিক্ষণ (br̥ttimūlaka praśikṣaṇa)
graduation	স্নাতক (snātaka)
engagement	বাগদান (bāgadāna)
fiancé	বাগদত্ত (bāgadatta)
fiancée	বাগদত্তা (bāgadattā)
lovesickness	প্রেম রোগ (prēma rōga)
sex	যৌন সহবাস (yauna sahabāsa)
engagement ring	বাগদানের আংটি (bāgadānēra āṇṭi)
kiss	চুম্বন (cumbana)

wedding	বিবাহ (bibāha)
divorce	বিবাহবিচ্ছেদ (bibāhabicchēda)
groom	বর (bara)
bride	কনে (kanē)
wedding dress	বিয়ের পোশাক (biẏēra pōśāka)
wedding ring	বিয়ের আংটি (biẏēra ānṭi)
wedding cake	বিয়ের কেক (biẏēra kēka)
honeymoon	মধুচন্দ্রিমা (madhucandrimā)
funeral	অন্ত্যেষ্টিক্রিয়া (antyēṣṭikriẏā)
retirement	অবসর গ্রহণ (abasara grahaṇa)
coffin	কফিন (kaphina)
corpse	মৃতদেহ (mr̥tadēha)
urn	শবাধার (śabādhāra)
grave	কবর (kabara)
widow	বিধবা (bidhabā)
widower	বিপত্নীক (bipatnīka)
orphan	অনাথ (anātha)
testament	উইল (u'ila)
heir	উত্তরাধিকারী (uttarādhikārī)
heritage	ঐতিহ্য (aitihya)
gender	লিঙ্গ (liṅga)
cemetery	কবরস্থান (kabarasthāna)

Transport

Car

tyre	টায়ার (ṭāẏāra)
steering wheel	স্টিয়ারিং হুইল (sṭiẏāriṁ hu'ila)
throttle	থ্রটল (thraṭala)
brake	ব্রেক (brēka)
clutch	ক্লাচ (klāca)
horn	হর্ন (harna)
windscreen wiper	উইন্ডস্ক্রীন ওয়াইপার (u'inḍaskrīna ōẏā'ipāra)
battery	ব্যাটারি (byāṭāri)
rear trunk	পিছনের ট্রাঙ্ক (pichanēra ṭrāṅka)
wing mirror	উইং মিরর (u'iṁ mirara)
rear mirror	পিছনের মিরর (pichanēra mirara)
windscreen	গাড়ির সামনের কাঁচ (gāṛira sāmanēra kām̐ca)
bonnet	বনেট (banēṭa)
side door	সাইড ডোর (sā'iḍa ḍōra)
front light	সামনের লাইট (sāmanēra lā'iṭa)
bumper	বাম্পার (bāmpāra)
seatbelt	সিটবেল্ট (siṭabēlṭa)
diesel	ডিজেল (ḍijēla)
petrol	পেট্রল (pēṭrala)
back seat	পেছনের আসন (pēchanēra āsana)
front seat	সামনের আসন (sāmanēra āsana)
gear shift	গিয়ার শিফট (giẏāra śiphaṭa)
automatic	স্বয়ংক্রিয় (sbaẏaṅkriẏa)
dashboard	ড্যাশবোর্ড (ḍyāśabōrḍa)
airbag	এয়ারব্যাগ (ēẏārabyāga)
GPS	জিপিএস (jipi'ēsa)
speedometer	স্পীডোমিটার (spīḍōmiṭāra)

gear lever	গিয়ার লিভার (giẏāra libhāra)
motor	মোটর (mōṭara)
exhaust pipe	নিষ্কাশন নল (niṣkāśana nala)
hand brake	হ্যান্ড ব্রেক (hyānḍa brēka)
shock absorber	শক শোষক (śaka śōṣaka)
rear light	পেছনের লাইট (pēchanēra lā'iṭa)
brake light	ব্রেক লাইট (brēka lā'iṭa)

Bus & Train

train	রেলগাড়ি (rēlagāṛi)
bus	বাস (bāsa)
tram	ট্রাম (ṭrāma)
subway	পাতাল রেল (pātāla rēla)
bus stop	বাস স্টপ (bāsa sṭapa)
train station	রেল স্টেশন (rēla sṭēśana)
timetable	সময়সূচী (samaẏasūcī)
fare	ভাড়া (bhāṛā)
minibus	মিনিবাস (minibāsa)
school bus	স্কুলবাস (skulabāsa)
platform	প্ল্যাটফর্ম (plyāṭapharma)
locomotive	লোকোমোটিভ (lōkōmōṭibha)
steam train	বাষ্প রেল (bāṣpa rēla)
high-speed train	উচ্চ গতির ট্রেন (ucca gatira ṭrēna)
monorail	মনোরেল (manōrēla)
freight train	মালবাহী ট্রেন (mālabāhī ṭrēna)
ticket office	টিকিট অফিস (ṭikiṭa aphisa)
ticket vending machine	টিকেট ভেন্ডিং মেশিন (ṭikēṭa bhēnḍiṁ mēśina)
railtrack	রেল ট্র্যাক (rēla ṭryāka)

Plane

airport	বিমানবন্দর (bimānabandara)
emergency exit (on plane)	জরুরী বহির্গমন (jarurī bahirgamana)
helicopter	হেলিকপ্টার (hēlikapṭāra)
wing	ডানা (ḍānā)
engine	ইঞ্জিন (iñjina)
life jacket	লাইফ জ্যাকেট (lā'ipha jyākēṭa)
cockpit	ককপিট (kakapiṭa)
row	সারি (sāri)
window (in plane)	জানালা (jānālā)
aisle	করিডোর (kariḍōra)
glider	গ্লাইডার (glā'iḍāra)
cargo aircraft	মালবাহী বিমান (mālabāhī bimāna)
business class	বিজনেস ক্লাস (bijanēsa klāsa)
economy class	ইকোনমি ক্লাস (ikōnami klāsa)
first class	প্রথম শ্রেণী (prathama śrēṇī)
carry-on luggage	হাতে-বাহিত মালপত্র (hātē-bāhita mālapatra)
check-in desk	চেক-ইন ডেস্ক (cēka-ina ḍēska)
airline	এয়ারলাইন (ēẏāralā'ina)
control tower	কন্ট্রোল টাওয়ার (kanṭrōla ṭā'ōẏāra)
customs	শুল্ক বিভাগ (śulka bibhāga)
arrival	আগমন (āgamana)
departure	প্রস্থান (prasthāna)
runway	রানওয়ে (rāna'ōẏē)

Ship

harbour	বন্দর (bandara)
container	কন্টেইনার (kanṭē'ināra)
container ship	মালবাহী জাহাজ (mālabāhī jāhāja)

yacht	ইয়ট (iẏaṭa)
ferry	ফেরি (phēri)
anchor	নোঙ্গর (nōṅgara)
rowing boat	বাইচের নৌকা (bā'icēra naukā)
rubber boat	রাবারের নৌকা (rābārēra naukā)
mast	মাস্তুল (māstula)
life buoy	লাইফ বয়া (lā'ipha baẏā)
sail	পাল (pāla)
radar	রাডার (rāḍāra)
deck	ডেক (ḍēka)
lifeboat	লাইফ বোট (lā'ipha bōṭa)
bridge	ব্রিজ (brija)
engine room	ইঞ্জিন রুম (iñjina ruma)
cabin	কেবিন (kēbina)
sailing boat	পালতোলা নৌকা (pālatōlā naukā)
submarine	ডুবোজাহাজ (ḍubōjāhāja)
aircraft carrier	বিমানবাহী যুদ্ধজাহাজ (bimānabāhī yud'dhajāhāja)
cruise ship	প্রমোদ তরী (pramōda tarī)
fishing boat	মাছ ধরার নৌকা (mācha dharāra naukā)
pier	জেটি (jēṭi)
lighthouse	বাতিঘর (bātighara)
canoe	ডিঙ্গি নৌকা (ḍiṅgi naukā)

Infrastructure

road	রাস্তা (rāstā)
motorway	মোটরওয়ে (mōṭara'ōẏē)
petrol station	পেট্রোল স্টেশন (pēṭrōla sṭēśana)
traffic light	ট্রাফিক লাইট (ṭrāphika lā'iṭa)
construction site	নির্মাণ সাইট (nirmāṇa sā'iṭa)
car park	পার্কিং (pārkiṁ)

traffic jam	যানজট (yānajaṭa)
intersection	ছেদ (chēda)
toll	টোল (ṭōla)
overpass	ওভারপাস (ōbhārapāsa)
underpass	আন্ডারপাস (ānḍārapāsa)
one-way street	একমুখী রাস্তা (ēkamukhī rāstā)
pedestrian crossing	পথচারী পারাপার (pathacārī pārāpāra)
speed limit	গতিসীমা (gatisīmā)
roundabout	গোলচক্কর (gōlacakkara)
parking meter	পার্কিং মিটার (pārkiṁ miṭāra)
car wash	গাড়ী ধোয়া (gāṛī dhōẏā)
pavement	ফুটপাথ (phuṭapātha)
rush hour	ভিড়ের সময় (bhiṛēra samaẏa)
street light	রাস্তার লাইট (rāstāra lā'iṭa)

Others

car	গাড়ী (gāṛī)
ship	জাহাজ (jāhāja)
plane	বিমান (bimāna)
bicycle	সাইকেল (sā'ikēla)
taxi	ট্যাক্সি (ṭyāksi)
lorry	লরি (lari)
snowmobile	স্নোমোবাইল (snōmōbā'ila)
cable car	ক্যাবল কার (kyābala kāra)
classic car	ক্লাসিক গাড়ী (klāsika gāṛī)
limousine	লিমোজিন (limōjina)
motorcycle	মোটরসাইকেল (mōṭarasā'ikēla)
motor scooter	স্কুটার (skuṭāra)
tandem	ট্যাণ্ডেম (ṭyānḍēma)
racing bicycle	রেসিং সাইকেল (rēsiṁ sā'ikēla)

hot-air balloon	গরম বাতাস বেলুন (garama bātāsa bēluna)
caravan	কাফেলা (kāphēlā)
trailer	ট্রেইলার (ṭrē'ilāra)
child seat	শিশু আসন (śiśu āsana)
antifreeze fluid	জমাটবিরোধী তরল (jamāṭabirōdhī tarala)
jack	জ্যাক (jyāka)
chain	শিকল (śikala)
air pump	বায়ু পাম্প (bāẏu pāmpa)
tractor	ট্র্যাক্টর (ṭryākṭara)
combine harvester	কম্বাইন হার্ভেস্টার (kambā'ina hārbhēsṭāra)
excavator	খনক (khanaka)
road roller	রোড রোলার (rōḍa rōlāra)
crane truck	ক্রেন ট্রাক (krēna ṭrāka)
tank	ট্যাংক (ṭyāṅka)
concrete mixer	কংক্রিট মিক্সার (kaṅkriṭa miksāra)
forklift truck	ফর্কলিফট ট্রাক (pharkaliphaṭa ṭrāka)

Culture

Cinema & TV

TV	টিভি (ṭibhi)
cinema	সিনেমা (sinēmā)
ticket	টিকেট (ṭikēṭa)
comedy	কমেডি (kamēḍi)
thriller	রোমাঞ্চকর গল্প (rōmāñcakara galpa)
horror movie	ভৌতিক সিনেমা (bhautika sinēmā)
western film	পশ্চিমা সিনেমা (paścimā sinēmā)
science fiction	কল্পবিজ্ঞান (kalpabijñāna)
cartoon	কার্টুন (kārṭuna)
screen (cinema)	পর্দা (pardā)
seat	সীট (sīṭa)
news	খবর (khabara)
channel	চ্যানেল (cyānēla)
TV series	টিভি সিরিজ (ṭibhi sirija)

Instruments

violin	বেহালা (bēhālā)
keyboard (music)	কীবোর্ড (kībōrḍa)
piano	পিয়ানো (piẏānō)
trumpet	ট্রাম্পেট (ṭrāmpēṭa)
guitar	গিটার (giṭāra)
flute	বাঁশি (bām̐śi)
harp	বীণা (bīṇā)
double bass	ডাবল বেজ (ḍābala bēja)
viola	ভায়োলা (bhāẏōlā)
cello	সেলো (sēlō)

oboe	ওবো (ōbō)
saxophone	স্যাক্সোফোন (syāksōphōna)
bassoon	কাঠের বাঁশিবিশেষ (kāṭhēra bānśibiśēṣa)
clarinet	সানাই (sānā'i)
tambourine	খঞ্জনি (khañjani)
cymbals	মন্দিরা (mandirā)
snare drum	স্নেয়ার ড্রাম (snēẏāra ḍrāma)
kettledrum	কেটলড্রাম (kēṭalaḍrāma)
triangle	ট্রায়াঙ্গল (ṭrāẏāṅgala)
trombone	পিতলের বড় বাঁশি (pitalēra baṛa bām̐śi)
French horn	ফরাসি শিঙা (pharāsi śiṅā)
tuba	টুবা (ṭubā)
bass guitar	বেস গিটার (bēsa giṭāra)
electric guitar	বৈদ্যুতিক গিটার (baidyutika giṭāra)
drums	ড্রামস (ḍrāmasa)
organ	অর্গান (argāna)
xylophone	জাইলোফোন (jā'ilōphōna)
accordion	অ্যাকর্ডিয়ন (ayākarḍiẏana)
ukulele	ইউকুলেলে (i'ukulēlē)
harmonica	হারমোনিকা (hāramōnikā)

Music

opera	অপেরা (apērā)
orchestra	অর্কেস্ট্রা (arkēsṭrā)
concert	কনসার্ট (kanasārṭa)
classical music	উচ্চাঙ্গ সংগীত (uccāṅga saṅgīta)
pop	পপ (papa)
jazz	জ্যাজ (jyāja)
blues	ব্লুজ (bluja)
punk	পাঙ্ক (pāṅka)

rock (music)	রক (raka)
folk music	লোক সঙ্গীত (lōka saṅgīta)
heavy metal	হেভি মেটাল সঙ্গীত (hēbhi mēṭāla saṅgīta)
rap	র‍্যাপ (rayāpa)
reggae	রেগে (rēgē)
lyrics	গীতিকবিতা (gītikabitā)
melody	সুর (sura)
note (music)	সুর (sura)
clef	ক্লেফ (klēpha)
symphony	সিম্ফনি (simphani)

Arts

theatre	থিয়েটার (thiẏēṭāra)
stage	মঞ্চ (mañca)
audience	শ্রোতা (śrōtā)
painting	চিত্রকর্ম (citrakarma)
drawing	অঙ্কন (aṅkana)
palette	প্যালেট (pyālēṭa)
brush (to paint)	তুলি (tuli)
oil paint	তেল রং (tēla raṁ)
origami	অরিগ্যামি (arigyāmi)
pottery	মৃৎশিল্প (mr̥ṯśilpa)
woodwork	কাঠের কাজ (kāṭhēra kāja)
sculpting	খোদাই করা (khōdā'i karā)
cast	অভিনেতার দল (abhinētāra dala)
play	নাটক (nāṭaka)
script	লিপি (lipi)
portrait	প্রতিকৃতি (pratikr̥ti)

Dancing

ballet	ব্যালে (byālē)
Viennese waltz	ভিয়েনা ওয়াল্টজ (bhiẏēnā ōẏālṭaja)
tango	ট্যাঙ্গো (ṭyāṅgō)
Ballroom dance	বলরুম নাচ (balaruma nāca)
Latin dance	ল্যাটিন নাচ (lyāṭina nāca)
rock 'n' roll	রক এন রোল (raka ēna rōla)
waltz	ওয়াল্টজ (ōẏālṭaja)
quickstep	কুইকস্টেপ (ku'ikasṭēpa)
cha-cha	চা-চা (cā-cā)
jive	জাইভ (jā'ibha)
salsa	সালসা (sālasā)
samba	সাম্বা (sāmbā)
rumba	রাম্বা (rāmbā)

Writing

newspaper	সংবাদপত্র (sambādapatra)
magazine	ম্যাগাজিন (myāgājina)
advertisement	বিজ্ঞাপন (bijñāpana)
letter (like a, b, c)	বর্ণ (barṇa)
character	অক্ষর (akṣara)
text	পাঠ (pāṭha)
flyer	প্রচারপত্র (pracārapatra)
leaflet	লিফলেট (liphalēṭa)
comic book	কমিক বই (kamika ba'i)
article	প্রবন্ধ (prabandha)
photo album	ছবির এলবাম (chabira ēlabāma)
newsletter	সংবাদবাহী পত্র (sambādabāhī patra)
joke	কৌতুক (kautuka)

Sudoku	সুডোকু (suḍōku)
crosswords	ক্রসওয়ার্ড (krasa'ōẏārḍa)
caricature	ব্যঙ্গচিত্র (byaṅgacitra)
table of contents	সূচিপত্র (sūcipatra)
preface	ভূমিকা (bhūmikā)
content	বিষয়বস্তু (biṣaẏabastu)
heading	শিরোনাম (śirōnāma)
publisher	প্রকাশক (prakāśaka)
novel	উপন্যাস (upan'yāsa)
textbook	পাঠ্যপুস্তক (pāṭhyapustaka)
alphabet	বর্ণমালা (barṇamālā)

School

Basics

book	বই (ba'i)
dictionary	অভিধান (abhidhāna)
library	লাইব্রেরি (lā'ibrēri)
exam	পরীক্ষা (parīkṣā)
blackboard	ব্ল্যাকবোর্ড (blyākabōrḍa)
desk	ডেস্ক (ḍēska)
chalk	চক (caka)
schoolyard	স্কুলপ্রাঙ্গণ (skulaprāṅgaṇa)
school uniform	স্কুল ইউনিফর্ম (skula i'unipharma)
schoolbag	স্কুল ব্যাগ (skula byāga)
notebook	নোটবই (nōṭaba'i)
lesson	পাঠ (pāṭha)
homework	বাড়ির কাজ (bāṛira kāja)
essay	প্রবন্ধ (prabandha)
term	মেয়াদ (mēẏāda)
sports ground	খেলার মাঠ (khēlāra māṭha)
reading room	পড়ার ঘর (paṛāra ghara)

Subjects

history	ইতিহাস (itihāsa)
science	বিজ্ঞান (bijñāna)
physics	পদার্থবিজ্ঞান (padārthabijñāna)
chemistry	রসায়ন (rasāẏana)
art	চারুকলা (cārukalā)
English	ইংরেজি (inrēji)
Latin	ল্যাটিন (lyāṭina)

Spanish	স্প্যানিশ (spyāniśa)
Mandarin	ম্যান্ডারিন (myānḍārina)
Japanese	জাপানীজ (jāpānīja)
French	ফরাসি (pharāsi)
German	জার্মান (jārmāna)
Arabic	আরবী (ārabī)
literature	সাহিত্য (sāhitya)
geography	ভূগোল (bhūgōla)
mathematics	গণিত (gaṇita)
biology	জীববিজ্ঞান (jībabijñāna)
physical education	শারীরিক শিক্ষা (śārīrika śikṣā)
economics	অর্থনীতি (arthanīti)
philosophy	দর্শন (darśana)
politics	রাজনীতি (rājanīti)
geometry	জ্যামিতি (jyāmiti)

Stationery

pen	কলম (kalama)
pencil	পেন্সিল (pēnsila)
rubber	রাবার (rābāra)
scissors	কাঁচি (kām̐ci)
ruler	স্কেল (skēla)
hole puncher	ছিদ্র করার যন্ত্র (chidra karāra yantra)
paperclip	পেপার ক্লিপ (pēpāra klipa)
ball pen	বলপেন (balapēna)
glue	আঠা (āṭhā)
adhesive tape	আঠালো টেপ (āṭhālō ṭēpa)
stapler	স্ট্যাপলার (sṭyāpalāra)
oil pastel	তেল রঙের পেন্সিল (tēla raṅēra pēnsila)
ink	কালি (kāli)

coloured pencil	রং পেন্সিল (raṁ pēnsila)
pencil sharpener	পেন্সিল শার্পনার (pēnsila śārpanāra)
pencil case	পেন্সিল বক্স (pēnsila baksa)

Mathematics

result	ফল (phala)
addition	যোগ (yōga)
subtraction	বিয়োগ (biẏōga)
multiplication	গুণ (guṇa)
division	ভাগ (bhāga)
fraction	ভগ্নাংশ (bhagnānśa)
numerator	লব (laba)
denominator	হর (hara)
arithmetic	পাটীগণিত (pāṭīgaṇita)
equation	সমীকরণ (samīkaraṇa)
first	প্রথম (prathama)
second (2nd)	দ্বিতীয় (dbitīẏa)
third	তৃতীয় (tr̥tīẏa)
fourth	চতুর্থ (caturtha)
millimeter	মিলিমিটার (milimiṭāra)
centimeter	সেন্টিমিটার (sēnṭimiṭāra)
decimeter	ডেসিমিটার (ḍēsimiṭāra)
yard	গজ (gaja)
meter	মিটার (miṭāra)
mile	মাইল (mā'ila)
square meter	বর্গ মিটার (barga miṭāra)
cubic meter	ঘন মিটার (ghana miṭāra)
foot	ফুট (phuṭa)
inch	ইঞ্চি (iñci)
0%	শূন্য শতাংশ (śūn'ya śatānśa)

100%	একশো শতাংশ (ēkaśō śatānśa)
3%	তিন শতাংশ (tina śatānśa)

Geometry

circle	বৃত্ত (br̥tta)
square (shape)	বর্গক্ষেত্র (bargakṣētra)
triangle	ত্রিভুজ (tribhuja)
height	উচ্চতা (uccatā)
width	প্রস্থ (prastha)
vector	ভেক্টর (bhēkṭara)
diagonal	কর্ণ (karṇa)
radius	ব্যাসার্ধ (byāsārdha)
tangent	স্পর্শক (sparśaka)
ellipse	উপবৃত্ত (upabr̥tta)
rectangle	আয়তক্ষেত্র (āẏatakṣētra)
rhomboid	রম্বয়েড (rambaẏēḍa)
octagon	অষ্টভুজ (aṣṭabhuja)
hexagon	ষড়ভুজ (ṣaṛabhuja)
rhombus	রম্বস (rambasa)
trapezoid	ট্র্যাপিজয়েড (ṭryāpijaẏēḍa)
cone	কোণক (kōṇaka)
cylinder	সিলিন্ডার (silinḍāra)
cube	ঘনক্ষেত্র (ghanakṣētra)
pyramid	পিরামিড (pirāmiḍa)
straight line	সরলরেখা (saralarēkhā)
right angle	সমকোণ (samakōṇa)
angle	কোণ (kōṇa)
curve	বক্ররেখা (bakrarēkhā)
volume	আয়তন (āẏatana)
area	ক্ষেত্রফল (kṣētraphala)

sphere	গোলক (gōlaka)

Science

gram	গ্রাম (grāma)
kilogram	কিলোগ্রাম (kilōgrāma)
ton	টন (ṭana)
liter	লিটার (liṭāra)
volt	ভোল্ট (bhōlṭa)
watt	ওয়াট (ōẏāṭa)
ampere	অ্যাম্পিয়ার (ayāmpiẏāra)
laboratory	পরীক্ষাগার (parīkṣāgāra)
funnel	ফানেল (phānēla)
Petri dish	পেট্রি ডিশ (pēṭri ḍiśa)
microscope	অণুবীক্ষণ যন্ত্র (aṇubīkṣaṇa yantra)
magnet	চুম্বক (cumbaka)
pipette	পিপেট (pipēṭa)
filter	ছাঁকনি (chām̐kani)
pound	পাউন্ড (pā'unḍa)
ounce	আউন্স (ā'unsa)
milliliter	মিলিলিটার (mililiṭāra)
force	বল (bala)
gravity	মাধ্যাকর্ষণ (mādhyākarṣaṇa)
theory of relativity	আপেক্ষিক তত্ত্ব (āpēkṣika tattba)

University

lecture	লেকচার (lēkacāra)
canteen	ক্যান্টিন (kyānṭina)
scholarship	বৃত্তি (br̥tti)
graduation ceremony	স্নাতক সমাবর্তন (snātaka samābartana)
lecture theatre	লেকচার থিয়েটার (lēkacāra thiẏēṭāra)

bachelor	স্নাতক (snātaka)
master	মাস্টার্স (māsṭārsa)
PhD	পিএইচডি (pi'ē'icaḍi)
diploma	ডিপ্লোমা (ḍiplōmā)
degree	ডিগ্রী (ḍigrī)
thesis	গবেষণামূলক প্রবন্ধ (gabēṣaṇāmūlaka prabandha)
research	গবেষণা (gabēṣaṇā)
business school	বিজনেস স্কুল (bijanēsa skula)

Characters

full stop	দাঁড়ি (dām̐ṛi)
question mark	প্রশ্নবোধক চিহ্ন (praśnabōdhaka cihna)
exclamation mark	আশ্চর্যবোধক চিহ্ন (āścaryabōdhaka cihna)
space	খালি স্থান (khāli sthāna)
colon	কোলন (kōlana)
comma	কমা (kamā)
hyphen	হাইফেন (hā'iphēna)
underscore	আন্ডারস্কোর (ānḍāraskōra)
apostrophe	ঊর্ধকমা (ūrdhakamā)
semicolon	সেমিকোলন (sēmikōlana)
()	বন্ধনী (bandhanī)
/	স্ল্যাশ (slyāśa)
&	এবং (ēbaṁ)
...	ইত্যাদি (ityādi)
1 + 2	এক যোগ দুই (ēka yōga du'i)
2 x 3	দুই গুণ তিন (du'i guṇa tina)
3 - 2	তিন বিয়োগ দুই (tina biẏōga du'i)
1 + 1 = 2	এক যোগ এক সমান দুই (ēka yōga ēka samāna du'i)
4 / 2	চার ভাগ দুই (cāra bhāga du'i)
4^2	চারের বর্গফল (cārēra bargaphala)

6^3	ছয়ের ঘনফল (chaẏēra ghanaphala)
3 to the power of 5	তিন এর সূচক পাঁচ (tina ēra sūcaka pām̐ca)
3.4	তিন দশমিক চার (tina daśamika cāra)
www.pinhok.com	ডব্লিউ ডব্লিউ ডব্লিউ ডট পিনহক ডট কম (ḍabli'u ḍabli'u ḍabli'u ḍaṭa pinahaka ḍaṭa kama)
contact@pinhok.com	কন্টাক্ট অ্যাট পিনহক ডট কম (kanṭākṭa ayāṭa pinahaka ḍaṭa kama)
x < y	x y এর চেয়ে ছোট (x y ēra cēẏē chōṭa)
x > y	x y এর চেয়ে বড় (x y ēra cēẏē baṛa)
x >= y	x y এর চেয়ে বড় অথবা সমান (x y ēra cēẏē baṛa athabā samāna)
x <= y	x y এর চেয়ে ছোট অথবা সমান (x y ēra cēẏē chōṭa athabā samāna)

Nature

Elements

fire (general)	আগুন (āguna)
soil	মাটি (māṭi)
ash	ছাই (chā'i)
sand	বালি (bāli)
coal	কয়লা (kaẏalā)
diamond	হীরা (hīrā)
clay	কাদামাটি (kādāmāṭi)
chalk	চক (caka)
limestone	চুনাপাথর (cunāpāthara)
granite	গ্রানাইট (grānā'iṭa)
ruby	রুবি (rubi)
opal	ওপাল (ōpāla)
jade	জেড (jēḍa)
sapphire	স্যাফায়ার (syāphāẏāra)
quartz	কোয়ার্টজ (kōẏārṭaja)
calcite	ক্যালসাইট (kyālasā'iṭa)
graphite	গ্রাফাইট (grāphā'iṭa)
lava	লাভা (lābhā)
magma	ম্যাগমা (myāgamā)

Universe

planet	গ্রহ (graha)
star	তারা (tārā)
sun	সূর্য (sūrya)
earth	পৃথিবী (pr̥thibī)
moon	চাঁদ (cām̐da)

rocket	রকেট (rakēṭa)
Mercury	বুধ (budha)
Venus	শুক্র (śukra)
Mars	মঙ্গল (maṅgala)
Jupiter	বৃহস্পতি (br̥haspati)
Saturn	শনি (śani)
Neptune	নেপচুন (nēpacuna)
Uranus	ইউরেনাস (i'urēnāsa)
Pluto	প্লুটো (pluṭō)
comet	ধূমকেতু (dhūmakētu)
asteroid	গ্রহাণু (grahāṇu)
galaxy	ছায়াপথ (chāẏāpatha)
Milky Way	আকাশগঙ্গা (ākāśagaṅgā)
lunar eclipse	চন্দ্রগ্রহণ (candragrahaṇa)
solar eclipse	সূর্যগ্রহণ (sūryagrahaṇa)
meteorite	উল্কা (ulkā)
black hole	কৃষ্ণ গহ্বর (kr̥ṣṇa gahbara)
satellite	উপগ্রহ (upagraha)
space station	স্পেস স্টেশন (spēsa sṭēśana)
space shuttle	মহাকাশগামী যান (mahākāśagāmī yāna)
telescope	দূরবীন (dūrabīna)

Earth (1)

equator	বিষুবরেখা (biṣubarēkhā)
North Pole	উত্তর মেরু (uttara mēru)
South Pole	দক্ষিণ মেরু (dakṣiṇa mēru)
tropics	গ্রীষ্মমণ্ডলীয় (grīṣmamaṇḍalīẏa)
northern hemisphere	উত্তর গোলার্ধ (uttara gōlārdha)
southern hemisphere	দক্ষিণ গোলার্ধ (dakṣiṇa gōlārdha)
longitude	দ্রাঘিমাংশ (drāghimānśa)

latitude	অক্ষাংশ (akṣānśa)
Pacific Ocean	প্রশান্ত মহাসাগর (praśānta mahāsāgara)
Atlantic Ocean	আটলান্টিক মহাসাগর (āṭalānṭika mahāsāgara)
Mediterranean Sea	ভূমধ্যসাগর (bhūmadhyasāgara)
Black Sea	কৃষ্ণ সাগর (kr̥ṣṇa sāgara)
Sahara	সাহারা (sāhārā)
Himalayas	হিমালয় (himālaẏa)
Indian Ocean	ভারত মহাসাগর (bhārata mahāsāgara)
Red Sea	লোহিত সাগর (lōhita sāgara)
Amazon	আমাজন (āmājana)
Andes	আন্দিজ (āndija)
continent	মহাদেশ (mahādēśa)

Earth (2)

sea	সাগর (sāgara)
island	দ্বীপ (dbīpa)
mountain	পর্বত (parbata)
river	নদী (nadī)
forest	বন (bana)
desert (dry place)	মরুভূমি (marubhūmi)
lake	হ্রদ (hrada)
volcano	আগ্নেয়গিরি (āgnēẏagiri)
cave	গুহা (guhā)
pole	মেরু (mēru)
ocean	মহাসাগর (mahāsāgara)
peninsula	উপদ্বীপ (upadbīpa)
atmosphere	বায়ুমণ্ডল (bāẏumaṇḍala)
earth's crust	ভূত্বক (bhūtbaka)
earth's core	পৃথিবীর কেন্দ্র (pr̥thibīra kēndra)
mountain range	পর্বতমালা (parbatamālā)

crater	জ্বালামুখ (jbālāmukha)
earthquake	ভূমিকম্প (bhūmikampa)
tidal wave	জলোচ্ছ্বাস (jalōcchbāsa)
glacier	হিমবাহ (himabāha)
valley	উপত্যকা (upatyakā)
slope	ঢাল (ḍhāla)
shore	উপকূল (upakūla)
waterfall	জলপ্রপাত (jalaprapāta)
rock (stone)	শিলা (śilā)
hill	পাহাড় (pāhāṛa)
canyon	গিরিখাত (girikhāta)
marsh	জলাভূমি (jalābhūmi)
rainforest	রেইনফরেস্ট (rē'inapharēsṭa)
stream	খাঁড়ি (khām̐ṛi)
geyser	উষ্ণপ্রস্রবণ (uṣṇaprasrabaṇa)
coast	উপকূল (upakūla)
cliff	খাড়া বাঁধ (khāṛā bām̐dha)
coral reef	প্রবাল প্রাচীর (prabāla prācīra)
aurora	মেরুজ্যোতি (mērujyōti)

Weather

rain	বৃষ্টি (bṛṣṭi)
snow	তুষার (tuṣāra)
ice	বরফ (barapha)
wind	বাতাস (bātāsa)
storm	ঝড় (jhaṛa)
cloud	মেঘ (mēgha)
thunderstorm	বজ্রবৃষ্টি (bajrabṛṣṭi)
lightning	বজ্রপাত (bajrapāta)
thunder	বজ্র (bajra)

sunshine	রোদ (rōda)
hurricane	হারিকেন (hārikēna)
typhoon	টাইফুন (ṭā'iphuna)
temperature	তাপমাত্রা (tāpamātrā)
humidity	আর্দ্রতা (ārdratā)
air pressure	বায়ুচাপ (bāẏucāpa)
rainbow	রংধনু (randhanu)
fog	কুয়াশা (kuẏāśā)
flood	বন্যা (ban'yā)
monsoon	মৌসুমি বায়ু (mausumi bāẏu)
tornado	টর্নেডো (ṭarnēḍō)
centigrade	সেন্টিগ্রেড (sēnṭigrēḍa)
Fahrenheit	ফারেনহাইট (phārēnahā'iṭa)
-2 °C	মাইনাস দুই ডিগ্রী সেন্টিগ্রেড (mā'ināsa du'i ḍigrī sēnṭigrēḍa)
0 °C	শূণ্য ডিগ্রী সেন্টিগ্রেড (śūṇya ḍigrī sēnṭigrēḍa)
12 °C	বারো ডিগ্রী সেন্টিগ্রেড (bārō ḍigrī sēnṭigrēḍa)
-4 °F	মাইনাস চার ডিগ্রী ফারেনহাইট (mā'ināsa cāra ḍigrī phārēnahā'iṭa)
0 °F	শূণ্য ডিগ্রী ফারেনহাইট (śūṇya ḍigrī phārēnahā'iṭa)
30 °F	ত্রিশ ডিগ্রী ফারেনহাইট (triśa ḍigrī phārēnahā'iṭa)

Trees

tree	গাছ (gācha)
trunk	গাছের গুঁড়ি (gāchēra gum̐ṛi)
root	শিকড় (śikaṛa)
leaf	পাতা (pātā)
branch	শাখা (śākhā)
bamboo (plant)	বাঁশ (bām̐śa)
oak	ওক (ōka)
eucalyptus	ইউক্যালিপ্টাস গাছ (i'ukyāipṭāsa gācha)

pine	পাইন (pā'ina)
birch	বার্চ (bārca)
larch	লার্চ (lārca)
beech	বীচ (bīca)
palm tree	তাল গাছ (tāla gācha)
maple	ম্যাপল (myāpala)
willow	উইলো (u'ilō)

Plants

flower	ফুল (phula)
grass	ঘাস (ghāsa)
cactus	ক্যাকটাস (kyākaṭāsa)
stalk	বৃন্ত (br̥nta)
blossom	পুষ্প (puṣpa)
seed	বীজ (bīja)
petal	পাপড়ি (pāpaṛi)
nectar	ফুলের মধু (phulēra madhu)
sunflower	সূর্যমুখী (sūryamukhī)
tulip	টিউলিপ (ṭi'ulipa)
rose	গোলাপ (gōlāpa)
daffodil	ড্যাফোডিল (ḍyāphōḍila)
dandelion	ড্যান্ডেলিয়ন (ḍyānḍēliẏana)
buttercup	ঝুমকো লতা (jhumakō latā)
reed	নলখাগড়া (nalakhāgaṛā)
fern	ফার্ণ (phārṇa)
weed	আগাছা (āgāchā)
bush	ঝোপ (jhōpa)
acacia	বাবলা (bābalā)
daisy	ডেইজি (ḍē'iji)
iris	আইরিশ (ā'iriśa)

gladiolus	গ্ল্যাডিওলাস (glyāḍi'ōlāsa)
clover	ক্লোভার (klōbhāra)
seaweed	সমুদ্র-শৈবাল (samudra-śaibāla)

Chemistry

gas	গ্যাস (gyāsa)
fluid	তরল (tarala)
solid	কঠিন (kaṭhina)
atom	পরমাণু (paramāṇu)
metal	ধাতু (dhātu)
plastic	প্লাস্টিক (plāsṭika)
atomic number	পারমাণবিক সংখ্যা (pāramāṇabika saṅkhyā)
electron	ইলেকট্রন (ilēkaṭrana)
neutron	নিউট্রন (ni'uṭrana)
proton	প্রোটন (prōṭana)
non-metal	অধাতু (adhātu)
metalloid	ধাতুকল্প (dhātukalpa)
isotope	আইসোটোপ (ā'isōṭōpa)
molecule	অণু (aṇu)
ion	আয়ন (āẏana)
chemical reaction	রাসায়নিক বিক্রিয়া (rāsāẏanika bikriẏā)
chemical compound	রাসায়নিক যৌগ (rāsāẏanika yauga)
chemical structure	রাসায়নিক গঠন (rāsāẏanika gaṭhana)
periodic table	পর্যায় সারণি (paryāẏa sāraṇi)
carbon dioxide	কার্বন ডাই অক্সাইড (kārbana ḍā'i aksā'iḍa)
carbon monoxide	কার্বন মনোক্সাইড (kārbana manōksā'iḍa)
methane	মিথেন (mithēna)

Periodic Table (1)

hydrogen	হাইড্রোজেন (hā'iḍrōjēna)

helium	হিলিয়াম (hiliẏāma)
lithium	লিথিয়াম (lithiẏāma)
beryllium	বেরিলিয়াম (bēriliẏāma)
boron	বোরন (bōrana)
carbon	কার্বন (kārbana)
nitrogen	নাইট্রোজেন (nā'iṭrōjēna)
oxygen	অক্সিজেন (aksijēna)
fluorine	ফ্লুরিন (phlurina)
neon	নিয়ন (niẏana)
sodium	সোডিয়াম (sōḍiẏāma)
magnesium	ম্যাগনেসিয়াম (myāganēsiẏāma)
aluminium	অ্যালুমিনিয়াম (ayāluminiẏāma)
silicon	সিলিকন (silikana)
phosphorus	ফসফরাস (phasapharāsa)
sulphur	সালফার (sālaphāra)
chlorine	ক্লোরিন (klōrina)
argon	আর্গন (ārgana)
potassium	পটাসিয়াম (paṭāsiẏāma)
calcium	ক্যালসিয়াম (kyālasiẏāma)
scandium	স্ক্যান্ডিয়াম (skyānḍiẏāma)
titanium	টাইটেনিয়াম (ṭā'iṭēniẏāma)
vanadium	ভ্যানাডিয়াম (bhyānāḍiẏāma)
chromium	ক্রোমিয়াম (krōmiẏāma)
manganese	ম্যাঙ্গানিজ (myāṅgānija)
iron	লোহা (lōhā)
cobalt	কোবাল্ট (kōbālṭa)
nickel	নিকেল (nikēla)
copper	তামা (tāmā)
zinc	দস্তা (dastā)
gallium	গ্যালিয়াম (gyāliẏāma)

germanium	জার্মেনিয়াম (jārmēniẏāma)
arsenic	আর্সেনিক (ārsēnika)
selenium	সেলেনিয়াম (sēlēniẏāma)
bromine	ব্রোমিন (brōmina)
krypton	ক্রিপ্টন (kripṭana)
rubidium	রুবিডিয়াম (rubiḍiẏāma)
strontium	স্ট্রনসিয়াম (sṭranasiẏāma)
yttrium	ইট্রিয়াম (iṭriẏāma)
zirconium	জিরকোনিয়াম (jirakōniẏāma)

Periodic Table (2)

niobium	নায়োবিয়াম (nāẏōbiẏāma)
molybdenum	মলিবডেনাম (malibaḍēnāma)
technetium	টেকনিসিয়াম (ṭēkanisiẏāma)
ruthenium	রুথেনিয়াম (ruthēniẏāma)
rhodium	রোডিয়াম (rōḍiẏāma)
palladium	প্যালাডিয়াম (pyālāḍiẏāma)
silver	সিলভার (silabhāra)
cadmium	ক্যাডমিয়াম (kyāḍamiẏāma)
indium	ইন্ডিয়াম (inḍiẏāma)
tin	টিন (ṭina)
antimony	অ্যান্টিমনি (ayānṭimani)
tellurium	টেলুরিয়াম (ṭēluriẏāma)
iodine	আয়োডিন (āẏōḍina)
xenon	জেনন (jēnana)
caesium	সিজিয়াম (sijiẏāma)
barium	বেরিয়াম (bēriẏāma)
lanthanum	ল্যান্থানাম (lyānthānāma)
cerium	সিরিয়াম (siriẏāma)
praseodymium	প্রেসিওডিমিয়াম (prēsi'ōḍimiẏāma)

neodymium	নিওডিমিয়াম (ni'ōḍimiẏāma)
promethium	প্রোমেথিয়াম (prōmēthiẏāma)
samarium	সামারিয়াম (sāmāriẏāma)
europium	ইউরোপিয়াম (i'urōpiẏāma)
gadolinium	গ্যাডোলিনিয়াম (gyāḍōliniẏāma)
terbium	টারবিয়াম (ṭārabiẏāma)
dysprosium	ডিস্প্রোসিয়াম (ḍisprōsiẏāma)
holmium	হলমিয়াম (halamiẏāma)
erbium	আরবিয়াম (ārabiẏāma)
thulium	থুলিয়াম (thuliẏāma)
ytterbium	ইটারবিয়াম (iṭārabiẏāma)
lutetium	লুটেসিয়াম (luṭēsiẏāma)
hafnium	হাফনিয়াম (hāphaniẏāma)
tantalum	ট্যান্টালাম (ṭyānṭālāma)
tungsten	টাংস্টেন (ṭānsṭēna)
rhenium	রেনিয়াম (rēniẏāma)
osmium	অসমিয়াম (asamiẏāma)
iridium	ইরিডিয়াম (iriḍiẏāma)
platinum	প্লাটিনাম (plāṭināma)
gold	সোনা (sōnā)
mercury	পারদ (pārada)

Periodic Table (3)

thallium	থ্যালিয়াম (thyāliẏāma)
lead	সীসা (sīsā)
bismuth	বিসমাথ (bisamātha)
polonium	পোলোনিয়াম (pōlōniẏāma)
astatine	অ্যাস্টেটিন (ayāsṭēṭina)
radon	র‍্যাডন (rayāḍana)
francium	ফ্রান্সিয়াম (phrānsiẏāma)

radium	রেডিয়াম (rēḍiẏāma)
actinium	অ্যাক্টিনিয়াম (ayākṭiniẏāma)
thorium	থোরিয়াম (thōriẏāma)
protactinium	প্রোটেক্টিনিয়াম (prōṭēkṭiniẏāma)
uranium	ইউরেনিয়াম (i'urēniẏāma)
neptunium	নেপচুনিয়াম (nēpacuniẏāma)
plutonium	প্লুটোনিয়াম (pluṭōniẏāma)
americium	অ্যামেরিসিয়াম (ayāmērisiẏāma)
curium	কিউরিয়াম (ki'uriẏāma)
berkelium	বার্কেলিয়াম (bārkēliẏāma)
californium	ক্যালিফোর্নিয়াম (kyāliphōrniẏāma)
einsteinium	আইনস্টাইনিয়াম (ā'inasṭā'iniẏāma)
fermium	ফার্মিয়াম (phārmiẏāma)
mendelevium	মেন্ডেলেভিয়াম (mēnḍēlēbhiẏāma)
nobelium	নোবেলিয়াম (nōbēliẏāma)
lawrencium	লরেনসিয়াম (larēnasiẏāma)
rutherfordium	রাদারফোর্ডিয়াম (rādāraphōrḍiẏāma)
dubnium	ডুবনিয়াম (ḍubaniẏāma)
seaborgium	সীবোর্জিয়াম (sībōrjiẏāma)
bohrium	বোহরিয়াম (bōhariẏāma)
hassium	হ্যাসিয়াম (hyāsiẏāma)
meitnerium	মাইটনেরিয়াম (mā'iṭanēriẏāma)
darmstadtium	ডার্মস্টেটিয়াম (ḍārmasṭēṭiẏāma)
roentgenium	রন্টজেনিয়াম (ranṭajēniẏāma)
copernicium	কোপার্নিসিয়াম (kōpārnisiẏāma)
ununtrium	ইউনুনট্রিয়াম (i'ununaṭriẏāma)
flerovium	ফ্লেরোভিয়াম (phlērōbhiẏāma)
ununpentium	ইউনুনপেন্টিয়াম (i'ununapēnṭiẏāma)
livermorium	লিভারমোরিয়াম (libhāramōriẏāma)
ununseptium	ইউনুনসেপ্টিয়াম (i'ununasēpṭiẏāma)

ununoctium ইউনুনক্টিয়াম (i'ununakṭiẏāma)

Clothes

Shoes

flip-flops	চপ্পল (cappala)
high heels	হাই হিল (hā'i hila)
trainers	কেডস (kēḍasa)
wellington boots	ওয়েলিংটন বুট (ōẏēliṇṭana buṭa)
sandals	স্যান্ডেল (syānḍēla)
leather shoes	চামড়ার জুতা (cāmaṛāra jutā)
heel	হিল (hila)
sole	জুতার তলি (jutāra tali)
lace	ফিতা (phitā)
slippers	চপ্পল (cappala)
bathroom slippers	বাথরুম চপ্পল (bātharuma cappala)
football boots	ফুটবল বুট (phuṭabala buṭa)
skates	স্কেটস (skēṭasa)
hiking boots	হাইকিং বুট (hā'ikiṁ buṭa)
ballet shoes	ব্যালে জুতা (byālē jutā)
dancing shoes	নাচের জুতা (nācēra jutā)

Clothes

T-shirt	টি-শার্ট (ṭi-śārṭa)
shorts	শর্টস (śarṭasa)
trousers	ট্রাউজার (ṭrā'ujāra)
jeans	জিন্স (jinsa)
sweater	সোয়েটার (sōẏēṭāra)
shirt	শার্ট (śārṭa)
suit	স্যুট (syuṭa)
dress	পোশাক (pōśāka)

skirt	স্কার্ট (skārṭa)
coat	কোট (kōṭa)
anorak	পশমের কোটবিশেষ (paśamēra kōṭabiśēṣa)
jacket	জ্যাকেট (jyākēṭa)
leggings	লেগিংস (lēginsa)
sweatpants	সোয়েটপ্যান্ট (sōẏēṭapyānṭa)
tracksuit	ট্র্যাকস্যুট (ṭryākasyuṭa)
polo shirt	পোলো শার্ট (pōlō śārṭa)
jersey	জার্সি (jārsi)
diaper	ডায়াপার (ḍāẏāpāra)
wedding dress	বিবাহের পোশাক (bibāhēra pōśāka)
bathrobe	বাথরোব (bātharōba)
cardigan	কার্ডিগান (kārḍigāna)
blazer	ব্লেজার (blējāra)
raincoat	রেইনকোট (rē'inakōṭa)
evening dress	সান্ধ্য পোশাক (sāndhya pōśāka)
ski suit	স্কি স্যুট (ski syuṭa)
space suit	স্পেস স্যুট (spēsa syuṭa)

Underwear

bra	ব্রা (brā)
thong	থং (thaṁ)
panties	প্যান্টি (pyānṭi)
underpants	আন্ডারপ্যান্ট (ānḍārapyānṭa)
undershirt	আন্ডারশার্ট (ānḍāraśārṭa)
sock	মোজা (mōjā)
pantyhose	প্যান্টিহোস (pyānṭihōsa)
stocking	স্টকিং (sṭakiṁ)
thermal underwear	থার্মাল অন্তর্বাস (thārmāla antarbāsa)
pyjamas	পায়জামা (pāẏajāmā)

jogging bra	জগিং ব্রা (jagiṁ brā)
negligee	নেগলিজি (nēgaliji)
little black dress	ছোট কালো পোশাক (chōṭa kālō pōśāka)
nightie	নাইটি (nā'iṭi)
lingerie	মহিলাদের অন্তর্বাস (mahilādēra antarbāsa)

Accessory

glasses	চশমা (caśamā)
sunglasses	সানগ্লাস (sānaglāsa)
umbrella	ছাতা (chātā)
ring	আংটি (āṇṭi)
earring	কানের দুল (kānēra dula)
wallet	মানিব্যাগ (mānibyāga)
watch	ঘড়ি (ghaṛi)
belt	বেল্ট (bēlṭa)
handbag	হাতব্যাগ (hātabyāga)
glove	দস্তানা (dastānā)
scarf	স্কার্ফ (skārpha)
hat	টুপি (ṭupi)
necklace	হার (hāra)
purse	টাকার থলি (ṭākāra thali)
knit cap	বোনা টুপি (bōnā ṭupi)
tie	টাই (ṭā'i)
bow tie	বো টাই (bō ṭā'i)
baseball cap	বেসবল ক্যাপ (bēsabala kyāpa)
brooch	ব্রোচ (brōca)
bracelet	ব্রেসলেট (brēsalēṭa)
pearl necklace	মুক্তোর মালা (muktōra mālā)
briefcase	ব্রিফকেস (briphakēsa)
contact lens	কন্টাক্ট লেন্স (kanṭākṭa lēnsa)

sun hat	রোদ টুপি (rōda ṭupi)
sleeping mask	ঘুমের মাস্ক (ghumēra māska)
earplug	ইয়ারপ্লাগ (iẏāraplāga)
tattoo	উলকি (ulaki)
bib	বিব (biba)
shower cap	শাওয়ার ক্যাপ (śā'ōẏāra kyāpa)
medal	পদক (padaka)
crown	মুকুট (mukuṭa)

Sport

helmet	হেলমেট (hēlamēṭa)
boxing glove	বক্সিং গ্লাভ (baksiṁ glābha)
fin	ফিন (phina)
swim trunks	সুইমিং ট্রাঙ্কস (su'imiṁ ṭrāṅkasa)
bikini	বিকিনি (bikini)
swimsuit	স্যুইমস্যুট (syu'imasyuṭa)
shinpad	শিন প্যাড (śina pyāḍa)
sweatband	সোয়েটব্যান্ড (sōẏēṭabyānḍa)
swim goggles	সুইমিং গগলস (su'imiṁ gagalasa)
swim cap	সুইমিং ক্যাপ (su'imiṁ kyāpa)
wetsuit	ওয়েটস্যুট (ōẏēṭasyuṭa)
diving mask	ডাইভিং মাস্ক (ḍā'ibhiṁ māska)

Hairstyle

curly	কোঁকড়া (kōm̐kaṛā)
straight (hair)	সোজা (sōjā)
bald head	টাক মাথা (ṭāka māthā)
blond	স্বর্ণকেশী (sbarṇakēśī)
brunette	বাদামী চুল (bādāmī cula)
ginger	লালচে চুল (lālacē cula)

scrunchy	ইলাস্টিক ব্যান্ড (ilāsṭika byānḍa)
barrette	চুলের ক্লিপ (culēra klipa)
dreadlocks	ড্রেডলক (ḍrēḍalaka)
hair straightener	হেয়ার স্ট্রেইটনার (hēẏāra sṭrē'iṭanāra)
dandruff	খুশকি (khuśaki)
dyed	রং করা (raṁ karā)
wig	পরচুলা (paraculā)
ponytail	পনিটেইল (paniṭē'ila)

Others

button	বোতাম (bōtāma)
zipper	জিপার (jipāra)
pocket	পকেট (pakēṭa)
sleeve	হাতা (hātā)
collar	কলার (kalāra)
tape measure	দৈর্ঘ্য পরিমাপের ফিতা (dairghya parimāpēra phitā)
mannequin	ম্যানিকিন (myānikina)
cotton	তুলা (tulā)
fabric	কাপড় (kāpaṛa)
silk	সিল্ক (silka)
nylon	নাইলন (nā'ilana)
polyester	পলিয়েস্টার (paliẏēsṭāra)
wool	উল (ula)
dress size	পোশাকের মাপ (pōśākēra māpa)
changing room	পোশাক পরিবর্তনের ঘর (pōśāka paribartanēra ghara)

Chemist

Women

perfume	সুগন্ধি (sugandhi)
tampon	ট্যাম্পুন (ṭyāmpuna)
panty liner	প্যান্টি লাইনার (pyānṭi lā'ināra)
face mask	ফেস মাস্ক (phēsa māska)
sanitary towel	স্যানিটারি টাওয়েল (syāniṭāri ṭā'ōẏēla)
curling iron	কার্লিং আয়রন (kārliṁ āẏarana)
antiwrinkle cream	অ্যান্টি রিংকেল ক্রিম (ayānṭi riṅkēla krima)
pedicure	পেডিকিউর (pēḍiki'ura)
manicure	ম্যানিকিউর (myāniki'ura)

Men

razor	রেজর (rējara)
shaving foam	শেভিং ফোম (śēbhiṁ phōma)
shaver	শেভার (śēbhāra)
condom	কনডম (kanaḍama)
shower gel	শাওয়ার জেল (śā'ōẏāra jēla)
nail clipper	নেইল ক্লিপার (nē'ila klipāra)
aftershave	আফটার শেভ (āphaṭāra śēbha)
lubricant	লুব্রিক্যান্ট (lubrikyānṭa)
hair gel	চুলের জেল (culēra jēla)
nail scissors	নখকাটা কাঁচি (nakhakāṭā kām̐ci)
lip balm	লিপ বাম (lipa bāma)
razor blade	রেজর ব্লেড (rējara blēḍa)

Daily Use

toothbrush	টুথব্রাশ (ṭuthabrāśa)

toothpaste	টুথপেস্ট (ṭuthapēsṭa)
comb	চিরুনি (ciruni)
tissue	টিস্যু (ṭisyu)
cream (pharmaceutical)	ক্রিম (krima)
shampoo	শ্যাম্পু (śyāmpu)
brush (for cleaning)	ব্রাশ (brāśa)
body lotion	বডি লোশন (baḍi lōśana)
face cream	ফেস ক্রিম (phēsa krima)
sunscreen	সানক্রিম (sānakrima)
insect repellent	পোকা তাড়ানোর ঔষধ (pōkā tāṛānōra auṣadha)

Cosmetics

lipstick	লিপস্টিক (lipasṭika)
mascara	মাসকারা (māsakārā)
nail polish	নেইল পলিশ (nē'ila paliśa)
foundation	ফাউন্ডেশন (phā'unḍēśana)
nail file	নেইল ফাইল (nē'ila phā'ila)
eye shadow	আই শ্যাডো (ā'i śyāḍō)
eyeliner	আইলাইনার (ā'ilā'ināra)
eyebrow pencil	ভ্রু পেন্সিল (bhru pēnsila)
facial toner	ফেসিয়াল টোনার (phēsiẏāla ṭōnāra)
nail varnish remover	নেইল বার্নিশ রিমুভার (nē'ila bārniśa rimubhāra)
tweezers	চিমটা (cimaṭā)
lip gloss	লিপ গ্লস (lipa glasa)
concealer	কনসিলার (kanasilāra)
face powder	ফেস পাউডার (phēsa pā'uḍāra)
powder puff	পাউডার পাফ (pā'uḍāra pāpha)

City

Shopping

bill	বিল (bila)
cash register	ক্যাশ রেজিস্টার (kyāśa rējisṭāra)
basket	ঝুড়ি (jhuṛi)
market	বাজার (bājāra)
supermarket	সুপারমার্কেট (supāramārkēṭa)
pharmacy	ফার্মেসি (phārmēsi)
furniture store	আসবাবপত্রের দোকান (āsabābapatrēra dōkāna)
toy shop	খেলনার দোকান (khēlanāra dōkāna)
shopping mall	শপিং মল (śapiṁ mala)
sports shop	খেলার সরঞ্জামের দোকান (khēlāra sarañjāmēra dōkāna)
fish market	মাছের বাজার (māchēra bājāra)
fruit merchant	ফল ব্যবসায়ী (phala byabasāẏī)
bookshop	বইয়ের দোকান (ba'iẏēra dōkāna)
pet shop	পোষা প্রাণীর দোকান (pōṣā prāṇīra dōkāna)
second-hand shop	সেকেন্ড হ্যান্ড দোকান (sēkēnḍa hyānḍa dōkāna)
pedestrian area	পথচারী এলাকা (pathacārī ēlākā)
square	এলাকা (ēlākā)
shopping cart	শপিং কার্ট (śapiṁ kārṭa)
bar code	বারকোড (bārakōḍa)
bargain	দর-কষাকষি করা (dara-kaṣākaṣi karā)
shopping basket	শপিং বাস্কেট (śapiṁ bāskēṭa)
warranty	ওয়ারেন্টি (ōẏārēnṭi)
bar code scanner	বারকোড স্ক্যানার (bārakōḍa skyānāra)

Buildings

house	ঘর (ghara)

apartment	অ্যাপার্টমেন্ট (ayāpārṭamēnṭa)
skyscraper	গগনচুম্বী অট্টালিকা (gaganacumbī aṭṭālikā)
hospital	হাসপাতাল (hāsapātāla)
farm	খামার (khāmāra)
factory	কারখানা (kārakhānā)
kindergarten	কিন্ডারগার্টেন (kinḍāragārṭēna)
school	বিদ্যালয় (bidyālaẏa)
university	বিশ্ববিদ্যালয় (biśbabidyālaẏa)
post office	ডাকঘর (ḍākaghara)
town hall	টাউন হল (ṭā'una hala)
warehouse	গুদামঘর (gudāmaghara)
church	গির্জা (girjā)
mosque	মসজিদ (masajida)
temple	মন্দির (mandira)
synagogue	সিনাগগ (sināgaga)
embassy	দূতাবাস (dūtābāsa)
cathedral	ক্যাথেড্রাল (kyāthēḍrāla)
ruin	ধ্বংসাবশেষ (dhbansābaśēṣa)
castle	দুর্গ (durga)

Leisure

bar	বার (bāra)
restaurant	রেস্তোরা (rēstōrā)
gym	জিম (jima)
park	পার্ক (pārka)
bench	বেঞ্চ (bēñca)
fountain	ফোয়ারা (phōẏārā)
tennis court	টেনিস কোর্ট (ṭēnisa kōrṭa)
swimming pool (building)	সুইমিং পুল (su'imiṁ pula)
football stadium	ফুটবল স্টেডিয়াম (phuṭabala sṭēḍiẏāma)

golf course	গলফ কোর্স (galapha kōrsa)
ski resort	স্কি রিসোর্ট (ski risōrṭa)
botanic garden	উদ্ভিদ উদ্যান (udbhida udyāna)
ice rink	আইস রিঙ্ক (ā'isa riṅka)
night club	নাইট ক্লাব (nā'iṭa klāba)

Tourism

museum	জাদুঘর (jādughara)
casino	ক্যাসিনো (kyāsinō)
tourist information	পর্যটন তথ্য (paryaṭana tathya)
toilet (public)	টয়লেট (ṭaẏalēṭa)
map	মানচিত্র (mānacitra)
souvenir	স্মারক সামগ্রী (smāraka sāmagrī)
promenade	বিহার (bihāra)
tourist attraction	পর্যটকদের আকর্ষণ (paryaṭakadēra ākarṣaṇa)
tourist guide	পর্যটক গাইড (paryaṭaka gā'iḍa)
monument	স্মৃতিস্তম্ভ (smr̥tistambha)
national park	জাতীয় উদ্যান (jātīẏa udyāna)
art gallery	চিত্রশালা (citraśālā)

Infrastructure

alley	গলি (gali)
manhole cover	ম্যানহোলের ঢাকনা (myānahōlēra ḍhākanā)
dam	বাঁধ (bām̐dha)
power line	বিদ্যুৎ লাইন (bidyuṯ lā'ina)
sewage plant	বর্জ্য জল শোধনাগার (barjya jala śōdhanāgāra)
avenue	পথ (patha)
hydroelectric power station	জলবিদ্যুৎ শক্তি কেন্দ্র (jalabidyuṯ śakti kēndra)
nuclear power plant	পারমাণবিক শক্তি কেন্দ্র (pāramāṇabika śakti kēndra)
wind farm	বায়ু খামার (bāẏu khāmāra)

Construction

hammer	হাতুড়ি (hāturi)
nail	পেরেক (pērēka)
pincers	চিমটা (cimaṭā)
screwdriver	স্ক্রু ড্রাইভার (skru ḍrā'ibhāra)
drilling machine	ড্রিলিং মেশিন (ḍrilim mēśina)
tape measure	মাপার ফিতা (māpāra phitā)
brick	ইট (iṭa)
putty	পুট্টি ছুরি (puṭṭi churi)
scaffolding	মাচান (mācāna)
spirit level	স্পিরিট লেভেল (spiriṭa lēbhēla)
utility knife	ব্যবহার্য ছুরি (byabahārya churi)
screw wrench	স্ক্রু রেঞ্চ (skru rēñca)
file	রেতি (rēti)
smoothing plane	রাঁদা (rām̐dā)
safety glasses	নিরাপত্তা চশমা (nirāpattā caśamā)
wire	তার (tāra)
handsaw	হাতের করাত (hātēra karāta)
insulating tape	অন্তরক ফিতা (antaraka phitā)
cement	সিমেন্ট (simēnṭa)
inking roller	রঙ লাগানোর রোলার (raṅa lāgānōra rōlāra)
paint	রং (raṁ)
pallet	প্যালেট (pyālēṭa)
cement mixer	সিমেন্ট মিক্সার (simēnṭa miksāra)
steel beam	ইস্পাত দণ্ড (ispāta daṇḍa)
roof tile	ছাদ টালি (chāda ṭāli)
wooden beam	কাঠের দণ্ড (kāṭhēra daṇḍa)
concrete	কংক্রিট (kaṅkriṭa)
asphalt	পিচ (pica)
tar	আলকাতরা (ālakātarā)

crane	ক্রেন (krēna)
steel	ইস্পাত (ispāta)
varnish	বার্নিশ (bārniśa)

Kids

slide	স্লাইড (slā'iḍa)
swing	দোলনা (dōlanā)
playground	খেলার মাঠ (khēlāra māṭha)
zoo	চিড়িয়াখানা (ciṛiẏākhānā)
roller coaster	রোলার কোস্টার (rōlāra kōsṭāra)
water slide	ওয়াটার স্লাইড (ōẏāṭāra slā'iḍa)
sandbox	স্যান্ডবক্স (syānḍabaksa)
fairground	মেলা প্রাঙ্গণ (mēlā prāṅgaṇa)
theme park	থিম পার্ক (thima pārka)
water park	ওয়াটার পার্ক (ōẏāṭāra pārka)
aquarium	অ্যাকুয়ারিয়াম (ayākuẏāriẏāma)
carousel	নাগরদোলা (nāgaradōlā)

Ambulance

ambulance	অ্যাম্বুলেন্স (ayāmbulēnsa)
police	পুলিশ (puliśa)
firefighters	দমকলকর্মী (damakalakarmī)
helmet	হেলমেট (hēlamēṭa)
fire extinguisher	অগ্নি নির্বাপক (agni nirbāpaka)
fire (emergency)	আগুন (āguna)
emergency exit (in building)	জরুরী বহির্গমন (jarurī bahirgamana)
handcuff	হাতকড়া (hātakaṛā)
gun	বন্দুক (banduka)
police station	থানা (thānā)
hydrant	হাইড্র্যান্ট (hā'iḍryānṭa)

fire alarm	ফায়ার এলার্ম (phāẏāra ēlārma)
fire station	দমকল কেন্দ্র (damakala kēndra)
fire truck	দমকল ট্রাক (damakala ṭrāka)
siren	সাইরেন (sā'irēna)
warning light	সতর্কীকরণ আলো (satarkīkaraṇa ālō)
police car	পুলিশের গাড়ি (puliśēra gāṛi)
uniform	ইউনিফর্ম (i'unipharma)
baton	পুলিশের লাঠি (puliśēra lāṭhi)

More

village	গ্রাম (grāma)
suburb	শহরতলী (śaharatalī)
state	রাজ্য (rājya)
colony	উপনিবেশ (upanibēśa)
region	অঞ্চল (añcala)
district	জেলা (jēlā)
territory	অধিকারক্ষেত্র (adhikārakṣētra)
province	প্রদেশ (pradēśa)
country	দেশ (dēśa)
capital	রাজধানী (rājadhānī)
metropolis	মহানগর (mahānagara)
central business district (CBD)	কেন্দ্রীয় বাণিজ্য কেন্দ্র (kēndrīẏa bāṇijya kēndra)
industrial district	শিল্পাঞ্চল (śilpāñcala)

Health

Hospital

patient	রোগী (rōgī)
visitor	দর্শনার্থী (darśanārthī)
surgery	অস্ত্রোপচার (astrōpacāra)
waiting room	বিশ্রামাগার (biśrāmāgāra)
outpatient	বহির্বিভাগীয় রোগী (bahirbibhāgīẏa rōgī)
clinic	ক্লিনিক (klinika)
visiting hours	সাক্ষাতের সময় (sākṣātēra samaẏa)
intensive care unit	ইনটেনসিভ কেয়ার ইউনিট (inaṭēnasibha kēẏāra i'uniṭa)
emergency room	জরুরী বিভাগ (jarurī bibhāga)
appointment	অ্যাপয়েন্টমেন্ট (ayāpaẏēnṭamēnṭa)
operating theatre	অপারেটিং থিয়েটার (apārēṭiṁ thiẏēṭāra)
canteen	ক্যান্টিন (kyānṭina)

Medicine

pill	বড়ি (baṛi)
capsule	ক্যাপসুল (kyāpasula)
infusion	ইনফিউশন (inaphi'uśana)
inhaler	ইনহেলার (inahēlāra)
nasal spray	ন্যাসাল স্প্রে (n'yāsāla sprē)
painkiller	ব্যাথানাশক (byāthānāśaka)
Chinese medicine	চীনা ওষুধ (cīnā ōṣudha)
antibiotics	অ্যান্টিবায়োটিক (ayānṭibāẏōṭika)
antiseptic	অ্যান্টিসেপ্টিক (ayānṭisēpṭika)
vitamin	ভিটামিন (bhiṭāmina)
powder	গুঁড়া (gum̐ṛā)
insulin	ইনসুলিন (inasulina)

side effect	পার্শ্ব প্রতিক্রিয়া (pārśba pratikriẏā)
cough syrup	কাশির সিরাপ (kāśira sirāpa)
dosage	ডোজ (ḍōja)
expiry date	মেয়াদ উত্তীর্ণের তারিখ (mēẏāda uttīrṇēra tārikha)
sleeping pill	ঘুমের বড়ি (ghumēra baṛi)
aspirin	অ্যাসপিরিন (ayāsapirina)

Disease

virus	ভাইরাস (bhā'irāsa)
bacterium	ব্যাকটেরিয়া (byākaṭēriẏā)
flu	ফ্লু (phlu)
diarrhea	ডায়রিয়া (ḍāẏariẏā)
heart attack	হার্ট অ্যাটাক (hārṭa ayāṭāka)
asthma	অ্যাজমা (ayājamā)
rash	ফুসকুড়ি (phusakuṛi)
chickenpox	জলবসন্ত (jalabasanta)
nausea	বমি বমি ভাব (bami bami bhāba)
cancer	ক্যান্সার (kyānsāra)
stroke	স্ট্রোক (sṭrōka)
diabetes	ডায়াবেটিস (ḍāẏābēṭisa)
epilepsy	মৃগীরোগ (mr̥gīrōga)
measles	হাম (hāma)
mumps	মাম্পস (māmpasa)
migraine	মাইগ্রেন (mā'igrēna)

Discomfort

cough	কাশি (kāśi)
fever	জ্বর (jbara)
headache	মাথা ব্যাথা (māthā byāthā)
stomach ache	পেট ব্যথা (pēṭa byathā)

sunburn	রোদে পোড়া (rōdē pōṛā)
cold (sickness)	ঠান্ডা (ṭhānḍā)
nosebleed	নাক দিয়ে রক্ত পড়া (nāka diẏē rakta paṛā)
cramp	খিঁচ (khim̐ca)
eczema	একজিমা (ēkajimā)
high blood pressure	উচ্চ রক্তচাপ (ucca raktacāpa)
infection	সংক্রমণ (saṅkramaṇa)
allergy	অ্যালার্জি (ayālārji)
hay fever	খড় জ্বর (khaṛa jbara)
sore throat	গলা ব্যথা (galā byathā)
poisoning	বিষক্রিয়া (biṣakriẏā)
toothache	দাঁতের ব্যাথা (dām̐tēra byāthā)
caries	অস্থির ক্ষয়রোগ (asthira kṣaẏarōga)
hemorrhoid	অর্শ্বরোগ (arśbarōga)

Tools

needle	সুই (su'i)
syringe (tool)	সিরিঞ্জ (siriñja)
bandage	ব্যান্ডেজ (byānḍēja)
plaster	প্লাস্টার (plāsṭāra)
cast	কাস্ট (kāsṭa)
crutch	ক্রাচ (krāca)
wheelchair	হুইল চেয়ার (hu'ila cēẏāra)
fever thermometer	জ্বরের থার্মোমিটার (jbarēra thārmōmiṭāra)
dental brace	দাঁতের ব্রেস (dām̐tēra brēsa)
neck brace	ঘাড় বক্রবন্ধনী (ghāṛa bakrabandhanī)
stethoscope	স্টেথোস্কোপ (sṭēthōskōpa)
CT scanner	সিটি স্ক্যানার (siṭi skyānāra)
catheter	ক্যাথেটার (kyāthēṭāra)
scalpel	স্কালপেল (skālapēla)

respiratory machine	শ্বাস-প্রশ্বাস যন্ত্র (śbāsa-praśbāsa yantra)
blood test	রক্ত পরীক্ষা (rakta parīkṣā)
ultrasound machine	আল্ট্রাসাউন্ড মেশিন (ālṭrāsā'unḍa mēśina)
X-ray photograph	এক্স-রে ফটোগ্রাফ (ēksa-rē phaṭōgrāpha)
dental prostheses	নকল দাঁত (nakala dām̐ta)
dental filling	দাঁতের ফিলিং (dām̐tēra philiṁ)
spray	স্প্রে (sprē)
magnetic resonance imaging	ম্যাগনেটিক রেসোন্যান্স ইমেজিং (myāganēṭika rēsōn'yānsa imējiṁ)

Accident

injury	আঘাত (āghāta)
accident	দুর্ঘটনা (durghaṭanā)
wound	ক্ষত (kṣata)
pulse	নাড়ি (nāṛi)
fracture	হাড় ভাঙা (hāṛa bhāṅā)
bruise	কালশিটে (kālaśiṭē)
burn	পোড়া (pōṛā)
bite	কামড় (kāmaṛa)
electric shock	বৈদ্যুতিক শক (baidyutika śaka)
suture	সেলাই (sēlā'i)
concussion	অভিঘাত (abhighāta)
head injury	মাথায় আঘাত (māthāẏa āghāta)
emergency	জরুরি অবস্থা (jaruri abasthā)

Departments

cardiology	কার্ডিওলজি (kārḍi'ōlaji)
orthopaedics	অর্থোপেডিকস (arthōpēḍikasa)
gynaecology	স্ত্রীরোগবিদ্যা (strīrōgabidyā)
radiology	রেডিওলজি (rēḍi'ōlaji)

dermatology	ডার্মাটোলজি (ḍārmāṭōlaji)
paediatrics	শিশু রোগ চিকিৎসা (śiśu rōga cikiṯsā)
psychiatry	মনোরোগবিদ্যা (manōrōgabidyā)
surgery	অস্ত্রোপচার (astrōpacāra)
urology	ইউরোলজি (i'urōlaji)
neurology	স্নায়ুবিজ্ঞান (snāẏubijñāna)
endocrinology	এন্ডোক্রিনোলজি (ēnḍōkrinōlaji)
pathology	প্যাথোলজি (pyāthōlaji)
oncology	অনকোলজি (anakōlaji)

Therapy

massage	ম্যাসাজ (myāsāja)
meditation	মেডিটেশন (mēḍiṭēśana)
acupuncture	আকুপাংচার (ākupāñcāra)
physiotherapy	ফিজিওথেরাপি (phiji'ōthērāpi)
hypnosis	সম্মোহন (sam'mōhana)
homoeopathy	হোমিওপ্যাথি (hōmi'ōpyāthi)
aromatherapy	অ্যারোমাথেরাপি (ayārōmāthērāpi)
group therapy	গ্রুপ থেরাপি (grupa thērāpi)
psychotherapy	সাইকোথেরাপি (sā'ikōthērāpi)
feng shui	ফেং শুই (phēṁ śyu'i)
hydrotherapy	হাইড্রোথেরাপি (hā'iḍrōthērāpi)
behaviour therapy	আচরণ থেরাপি (ācaraṇa thērāpi)
psychoanalysis	সাইকো অ্যানালাইসিস (sā'ikō ayānālā'isisa)
family therapy	পারিবারিক থেরাপি (pāribārika thērāpi)

Pregnancy

birth control pill	জন্মনিয়ন্ত্রক ওষুধ (janmaniẏantraka ōṣudha)
pregnancy test	গর্ভধারণ পরীক্ষা (garbhadhāraṇa parīkṣā)
foetus	ভ্রূণ (bhrūṇa)

embryo	ভ্রূণ (bhrūṇa)
womb	গর্ভ (garbha)
delivery	প্রসব (prasaba)
miscarriage	গর্ভপাত (garbhapāta)
cesarean	সিজারিয়ান (sijāriẏāna)
episiotomy	এপিসিওটমি (ēpisi'ōṭami)

Business

Company

office	অফিস (aphisa)
meeting room	সভা কক্ষ (sabhā kakṣa)
business card	বিজনেস কার্ড (bijanēsa kārḍa)
employee	কর্মচারী (karmacārī)
employer	নিয়োগকর্তা (niẏōgakartā)
colleague	সহকর্মী (sahakarmī)
staff	কর্মী (karmī)
salary	বেতন (bētana)
insurance	বীমা (bīmā)
department	বিভাগ (bibhāga)
sales	বিক্রয় (bikraẏa)
marketing	বিপণন (bipaṇana)
accounting	হিসাবরক্ষণ (hisābarakṣaṇa)
legal department	আইনী বিভাগ (ā'inī bibhāga)
human resources	মানব সম্পদ (mānaba sampada)
IT	তথ্য প্রযুক্তি (tathya prayukti)
stress	মানসিক চাপ (mānasika cāpa)
business dinner	বিজনেস ডিনার (bijanēsa ḍināra)
business trip	ব্যবসায়িক ভ্রমণ (byabasāẏika bhramaṇa)
tax	কর (kara)

Office

letter (post)	চিঠি (ciṭhi)
envelope	খাম (khāma)
stamp	স্ট্যাম্প (sṭyāmpa)
address	ঠিকানা (ṭhikānā)

zip code	জিপ কোড (jipa kōḍa)
parcel	পার্সেল (pārsēla)
fax	ফ্যাক্স (phyāksa)
text message	টেক্সট মেসেজ (ṭēksaṭa mēsēja)
voice message	ভয়েস মেসেজ (bhaẏēsa mēsēja)
bulletin board	বুলেটিন বোর্ড (bulēṭina bōrḍa)
flip chart	ফ্লিপ চার্ট (phlipa cārṭa)
projector	প্রজেক্টর (prajēkṭara)
rubber stamp	রাবার স্ট্যাম্প (rābāra sṭyāmpa)
clipboard	ক্লিপবোর্ড (klipabōrḍa)
folder (physical)	ফোল্ডার (phōlḍāra)
lecturer	বক্তা (baktā)
presentation	প্রেজেন্টেশন (prējēnṭēśana)
note (information)	নোট (nōṭa)

Jobs (1)

doctor	ডাক্তার (ḍāktāra)
policeman	পুলিশ (puliśa)
firefighter	দমকলকর্মী (damakalakarmī)
nurse	নার্স (nārsa)
pilot	পাইলট (pā'ilaṭa)
stewardess	বিমান বালা (bimāna bālā)
architect	স্থপতি (sthapati)
manager	ব্যবস্থাপক (byabasthāpaka)
secretary	সচিব (saciba)
general manager	মহাব্যবস্থাপক (mahābyabasthāpaka)
director	পরিচালক (paricālaka)
chairman	সভাপতি (sabhāpati)
judge	বিচারক (bicāraka)
assistant	সহকারী (sahakārī)

prosecutor	প্রসিকিউটর (prasiki'uṭara)
lawyer	আইনজীবী (ā'inajībī)
consultant	পরামর্শকারী (parāmarśakārī)
accountant	হিসাবরক্ষক (hisābarakṣaka)
stockbroker	স্টক ব্রোকার (sṭaka brōkāra)
librarian	গ্রন্থাগারিক (granthāgārika)
teacher	শিক্ষক (śikṣaka)
kindergarten teacher	কিন্ডারগার্টেন শিক্ষক (kinḍāragārṭēna śikṣaka)
scientist	বিজ্ঞানী (bijñānī)
professor	অধ্যাপক (adhyāpaka)
physicist	পদার্থবিজ্ঞানী (padārthabijñānī)
programmer	প্রোগ্রামার (prōgrāmāra)
politician	রাজনীতিবিদ (rājanītibida)
intern	শিক্ষানবিস (śikṣānabisa)
captain	ক্যাপ্টেন (kyāpṭēna)
entrepreneur	উদ্যোক্তা (udyōktā)
chemist	রসায়নবিদ (rasāẏanabida)
dentist	দন্ত চিকিৎসক (danta cikiṯsaka)
chiropractor	কাইরোপ্র্যাক্টর (kā'irōpryākṭara)
detective	গোয়েন্দা (gōẏēndā)
pharmacist	ফার্মাসিস্ট (phārmāsisṭa)
vet	পশুচিকিৎসক (paśucikiṯsaka)
midwife	ধাত্রী (dhātrī)
surgeon	সার্জন (sārjana)
physician	চিকিৎসক (cikiṯsaka)
prime minister	প্রধানমন্ত্রী (pradhānamantrī)
minister	মন্ত্রী (mantrī)
president (of a state)	রাষ্ট্রপতি (rāṣṭrapati)

Jobs (2)

cook	রাঁধুনি (rām̐dhuni)
waiter	ওয়েটার (ōẏēṭāra)
barkeeper	মদের দোকানী (madēra dōkānī)
farmer	কৃষক (kr̥ṣaka)
lorry driver	লরি চালক (lari cālaka)
train driver	ট্রেন চালক (ṭrēna cālaka)
hairdresser	নাপিত (nāpita)
butcher	কসাই (kasā'i)
travel agent	ট্রাভেল এজেন্ট (ṭrābhēla ējēnṭa)
real-estate agent	রিয়েল এস্টেট এজেন্ট (riẏēla ēsṭēṭa ējēnṭa)
jeweller	স্বর্ণকার (sbarṇakāra)
tailor	দরজি (daraji)
cashier	ক্যাশিয়ার (kyāśiẏāra)
postman	ডাকপিয়ন (ḍākapiẏana)
receptionist	রিসেপশনিস্ট (risēpaśanisṭa)
construction worker	নির্মাণ শ্রমিক (nirmāṇa śramika)
carpenter	ছুতোর (chutōra)
electrician	ইলেকট্রিশিয়ান (ilēkaṭriśiẏāna)
plumber	কলের মিস্ত্রি (kalēra mistri)
mechanic	মিস্ত্রি (mistri)
cleaner	ক্লিনার (klināra)
gardener	মালী (mālī)
fisherman	জেলে (jēlē)
florist	ফুল বিক্রেতা (phula bikrētā)
shop assistant	দোকানের সহকারী (dōkānēra sahakārī)
optician	চশমা বিক্রেতা (caśamā bikrētā)
soldier	সৈনিক (sainika)
security guard	নিরাপত্তা রক্ষী (nirāpattā rakṣī)
bus driver	বাস চালক (bāsa cālaka)

taxi driver	ট্যাক্সি চালক (ṭyāksi cālaka)
conductor	কন্ডাক্টর (kanḍākṭara)
apprentice	শিক্ষানবিশ (śikṣānabiśa)
landlord	জমিদার (jamidāra)
bodyguard	দেহরক্ষী (dēharakṣī)

Jobs (3)

priest	পুরোহিত (purōhita)
nun	সন্ন্যাসিনী (sann'yāsinī)
monk	সন্ন্যাসী (sann'yāsī)
photographer	ফটোগ্রাফার (phaṭōgrāphāra)
coach (sport)	কোচ (kōca)
cheerleader	চিয়ারলিডার (ciẏāraliḍāra)
referee	রেফারি (rēphāri)
reporter	প্রতিবেদক (pratibēdaka)
actor	অভিনেতা (abhinētā)
musician	সুরকার (surakāra)
conductor	পরিচালক (paricālaka)
singer	গায়ক (gāẏaka)
artist	শিল্পী (śilpī)
designer	ডিজাইনার (ḍijā'ināra)
model	মডেল (maḍēla)
DJ	ডিজে (ḍijē)
tour guide	ভ্রমণ প্রদর্শক (bhramaṇa pradarśaka)
lifeguard	লাইফগার্ড (lā'iphagārḍa)
physiotherapist	ফিজিওথেরাপিস্ট (phiji'ōthērāpisṭa)
masseur	সংবাহক (sambāhaka)
anchor	সংবাদ উপস্থাপক (sambāda upasthāpaka)
host	উপস্থাপক (upasthāpaka)
commentator	ভাষ্যকার (bhāṣyakāra)

camera operator	ক্যামেরা অপারেটর (kyāmērā apārēṭara)
engineer	প্রকৌশলী (prakauśalī)
thief	চোর (cōra)
criminal	অপরাধী (aparādhī)
dancer	নৃত্যশিল্পী (nr̥tyaśilpī)
journalist	সাংবাদিক (sāmbādika)
prostitute	পতিতা (patitā)
author	লেখক (lēkhaka)
air traffic controller	এয়ার ট্রাফিক কন্ট্রোলার (ēẏāra ṭrāphika kanṭrōlāra)
director	পরিচালক (paricālaka)
mufti	মুফতি (muphati)
rabbi	রাব্বি (rābbi)

Technology

e-mail	ই-মেইল (i-mē'ila)
telephone	টেলিফোন (ṭēliphōna)
smartphone	স্মার্টফোন (smārṭaphōna)
e-mail address	ই-মেইল ঠিকানা (i-mē'ila ṭhikānā)
website	ওয়েবসাইট (ōẏēbasā'iṭa)
telephone number	টেলিফোন নাম্বার (ṭēliphōna nāmbāra)
file	ফাইল (phā'ila)
folder (computer)	ফোল্ডার (phōlḍāra)
app	অ্যাপ (ayāpa)
laptop	ল্যাপটপ (lyāpaṭapa)
screen (computer)	পর্দা (pardā)
printer	প্রিন্টার (prinṭāra)
scanner	স্ক্যানার (skyānāra)
USB stick	ইউএসবি স্টিক (i'u'ēsabi sṭika)
hard drive	হার্ড ড্রাইভ (hārḍa ḍrā'ibha)

central processing unit (CPU)	সেন্ট্রাল প্রসেসিং ইউনিট (সিপিইউ) (sēnṭrāla prasēsiṁ i'uniṭa (sipi'i'u))
random access memory (RAM)	র‍্যান্ডম অ্যাক্সেস মেমোরি (র‍্যাম) (rayānḍama ayāksēsa mēmōri (rayāma))
keyboard (computer)	কীবোর্ড (kībōrḍa)
mouse (computer)	মাউস (mā'usa)
earphone	ইয়ারফোন (iẏāraphōna)
mobile phone	মোবাইল ফোন (mōbā'ila phōna)
webcam	ওয়েবক্যাম (ōẏēbakyāma)
server	সার্ভার (sārbhāra)
network	নেটওয়ার্ক (nēṭa'ōẏārka)
browser	ব্রাউজার (brā'ujāra)
inbox	ইনবক্স (inabaksa)
url	ইউআরএল (i'u'āra'ēla)
icon	আইকন (ā'ikana)
scrollbar	স্ক্রল বার (skrala bāra)
recycle bin	রিসাইকেল বিন (risā'ikēla bina)
chat	চ্যাট (cyāṭa)
social media	সামাজিক মাধ্যম (sāmājika mādhyama)
signal (of phone)	সংকেত (saṅkēta)
database	ডাটাবেজ (ḍāṭābēja)

Law

law	আইন (ā'ina)
fine	জরিমানা (jarimānā)
prison	কারাগার (kārāgāra)
court	আদালত (ādālata)
jury	জুরি (juri)
witness	সাক্ষী (sākṣī)
defendant	প্রতিবাদী (pratibādī)
case	কেস (kēsa)

evidence	প্রমাণ (pramāṇa)
suspect	সন্দেহভাজন (sandēhabhājana)
fingerprint	আঙুলের ছাপ (āṅulēra chāpa)
paragraph	অনুচ্ছেদ (anucchēda)

Bank

money	টাকা (ṭākā)
coin	মুদ্রা (mudrā)
note (money)	নোট (nōṭa)
credit card	ক্রেডিট কার্ড (krēḍiṭa kārḍa)
cash machine	ক্যাশ মেশিন (kyāśa mēśina)
signature	স্বাক্ষর (sbākṣara)
dollar	ডলার (ḍalāra)
euro	ইউরো (i'urō)
pound	পাউন্ড (pā'unḍa)
bank account	ব্যাংক একাউন্ট (byāṅka ēkā'unṭa)
password	পাসওয়ার্ড (pāsa'ōẏārḍa)
account number	একাউন্ট নাম্বার (ēkā'unṭa nāmbāra)
amount	পরিমাণ (parimāṇa)
cheque	চেক (cēka)
customer	ক্রেতা (krētā)
savings	সঞ্চয় (sañcaẏa)
loan	ঋণ (r̥ṇa)
interest	সুদ (suda)
bank transfer	ব্যাংক ট্রান্সফার (byāṅka ṭrānsaphāra)
yuan	ইউয়ান (i'uẏāna)
yen	ইয়েন (iẏēna)
krone	ক্রোন (krōna)
dividend	লভ্যাংশ (labhyānśa)
share	শেয়ার (śēẏāra)

share price	শেয়ারের দাম (śēẏārēra dāma)
stock exchange	স্টক এক্সচেঞ্জ (sṭaka ēksacēñja)
investment	বিনিয়োগ (biniẏōga)
portfolio	পোর্টফোলিও (pōrṭaphōli'ō)
profit	মুনাফা (munāphā)
loss	লোকসান (lōkasāna)

Things

Sport

basketball	বাস্কেটবল (bāskēṭabala)
football	ফুটবল (phuṭabala)
goal	গোল (gōla)
tennis racket	টেনিস র‍্যাকেট (ṭēnisa rayākēṭa)
tennis ball	টেনিস বল (ṭēnisa bala)
net	জাল (jāla)
cup (trophy)	কাপ (kāpa)
medal	পদক (padaka)
swimming pool (competition)	সুইমিং পুল (su'imiṁ pula)
football	আমেরিকান ফুটবল (āmērikāna phuṭabala)
bat	ব্যাট (byāṭa)
mitt	বেসবলের দস্তানা (bēsabalēra dastānā)
gold medal	স্বর্ণপদক (sbarṇapadaka)
silver medal	রৌপ্য পদক (raupya padaka)
bronze medal	ব্রোঞ্জ পদক (brōñja padaka)
shuttlecock	শাটলকক (śāṭalakaka)
golf club	গলফ ক্লাব (galapha klāba)
golf ball	গলফ বল (galapha bala)
stopwatch	স্টপওয়াচ (sṭapa'ōẏāca)
trampoline	ট্রাম্পোলিন (ṭrāmpōlina)
boxing ring	বক্সিং রিং (baksiṁ riṁ)
mouthguard	মাউথগার্ড (mā'uthagārḍa)
surfboard	সার্ফ বোর্ড (sārpha bōrḍa)
ski	স্কি (ski)
ski pole	স্কি পোল (ski pōla)
sledge	স্লেজ (slēja)
parachute	প্যারাশুট (pyārāśuṭa)

cue	কিউ (ki'u)
bowling ball	বোলিং বল (bōliṁ bala)
snooker table	স্নুকার টেবিল (snukāra ṭēbila)
saddle	জিন (jina)
whip	চাবুক (cābuka)
hockey stick	হকি স্টিক (haki sṭika)
basket	বাস্কেট (bāskēṭa)
world record	বিশ্বরেকর্ড (biśbarēkarḍa)
table tennis table	টেবিল টেনিস টেবিল (ṭēbila ṭēnisa ṭēbila)
puck	পাক (pāka)

Technology

robot	রোবট (rōbaṭa)
radio	রেডিও (rēḍi'ō)
loudspeaker	লাউডস্পীকার (lā'uḍaspīkāra)
cable	তার (tāra)
plug	প্লাগ (plāga)
camera	ক্যামেরা (kyāmērā)
MP3 player	এমপিথ্রি প্লেয়ার (ēmapithri plēẏāra)
CD player	সিডি প্লেয়ার (siḍi plēẏāra)
DVD player	ডিভিডি প্লেয়ার (ḍibhiḍi plēẏāra)
record player	রেকর্ড প্লেয়ার (rēkarḍa plēẏāra)
camcorder	ক্যামকর্ডার (kyāmakarḍāra)
power	শক্তি (śakti)
flat screen	ফ্ল্যাট স্ক্রিন (phlyāṭa skrina)
flash	ফ্ল্যাশ (phlyāśa)
tripod	ট্রাইপড (ṭrā'ipaḍa)
instant camera	ইন্সট্যান্ট ক্যামেরা (insaṭyānṭa kyāmērā)
generator	জেনারেটর (jēnārēṭara)
digital camera	ডিজিটাল ক্যামেরা (ḍijiṭāla kyāmērā)

walkie-talkie	ওয়াকি-টকি (ōẏāki-ṭaki)

Home

key	চাবি (cābi)
torch	টর্চ (ṭarca)
candle	মোমবাতি (mōmabāti)
bottle	বোতল (bōtala)
tin	টিনের কৌটা (ṭinēra kauṭā)
vase	ফুলদানি (phuladāni)
present (gift)	উপহার (upahāra)
match	দিয়াশলাই (diẏāśalā'i)
lighter	লাইটার (lā'iṭāra)
key chain	চাবির রিং (cābira riṁ)
water bottle	পানির বোতল (pānira bōtala)
thermos jug	থার্মাস জগ (thārmāsa jaga)
rubber band	রাবার ব্যান্ড (rābāra byānḍa)
birthday party	জন্মদিনের পার্টি (janmadinēra pārṭi)
birthday cake	জন্মদিনের কেক (janmadinēra kēka)
pushchair	পুশচেয়ার (puśacēẏāra)
soother	চুষিকাঠি (cuṣikāṭhi)
baby bottle	শিশুর বোতল (śiśura bōtala)
hot-water bottle	গরম পানির বোতল (garama pānira bōtala)
rattle	খনখন শব্দ (khanakhana śabda)
family picture	পারিবারিক ছবি (pāribārika chabi)
jar	বয়াম (baẏāma)
bag	ব্যাগ (byāga)
package	প্যাকেজ (pyākēja)
plastic bag	প্লাস্টিক ব্যাগ (plāsṭika byāga)
picture frame	ছবির ফ্রেম (chabira phrēma)

Games

doll	পুতুল (putula)
dollhouse	পুতুলের বাড়ী (putulēra bāṛī)
puzzle	ধাঁধা (dhām̐dhā)
dominoes	ডোমিনো (ḍōminō)
Monopoly	মনোপলি (manōpali)
Tetris	টেট্রিস (ṭēṭrisa)
bridge	ব্রিজ (brija)
darts	ডার্ট (ḍārṭa)
card game	কার্ড গেম (kārḍa gēma)
board game	বোর্ড গেম (bōrḍa gēma)
backgammon	ব্যাকগ্যামন (byākagyāmana)
draughts	চেকার খেলা (cēkāra khēlā)

Others

cigarette	সিগারেট (sigārēṭa)
cigar	সিগার (sigāra)
compass	কম্পাস (kampāsa)
angel	স্বর্গদূত (sbargadūta)

Phrases

Personal

I	আমি (āmi)
you (singular)	তুমি (tumi)
he	সে (sē)
she	সে (sē)
we	আমরা (āmarā)
you (plural)	তোমরা (tōmarā)
they	তারা (tārā)
my dog	আমার কুকুর (āmāra kukura)
your cat	তোমার বিড়াল (tōmāra biṛāla)
her dress	তার পোশাক (tāra pōśāka)
his car	তার গাড়ি (tāra gāṛi)
our home	আমাদের বাড়ি (āmādēra bāṛi)
your team	তোমার দল (tōmāra dala)
their company	তাদের কোম্পানি (tādēra kōmpāni)
everybody	সবাই (sabā'i)
together	একসাথে (ēkasāthē)
other	অন্যান্য (an'yān'ya)

Common

and	এবং (ēbaṁ)
or	অথবা (athabā)
very	খুব (khuba)
all	সব (saba)
none	কেউই না (kē'u'i nā)
that	ওটা (ōṭā)
this	এটা (ēṭā)

not	না (nā)
more	আরো (ārō)
most	অধিকাংশ (adhikānśa)
less	কম (kama)
because	কারণ (kāraṇa)
but	কিন্তু (kintu)
already	ইতিমধ্যে (itimadhyē)
again	আবার (ābāra)
really	সত্যিই (satyi'i)
if	যদি (yadi)
although	যদিও (yadi'ō)
suddenly	হঠাৎ (haṭhāt)
then	তারপর (tārapara)
actually	আসলে (āsalē)
immediately	অবিলম্বে (abilambē)
often	প্রায়ই (prāẏa'i)
always	সবসময় (sabasamaẏa)
every	প্রতি (prati)

Phrases

hi	হাই (hā'i)
hello	হ্যালো (hyālō)
good day	দিনটি শুভ হোক (dinaṭi śubha hōka)
bye bye	বিদায় (bidāẏa)
good bye	শুভ বিদায় (śubha bidāẏa)
see you later	পরে দেখা হবে (parē dēkhā habē)
please	দয়া করে (daẏā karē)
thank you	ধন্যবাদ (dhan'yabāda)
sorry	দুঃখিত (duḥkhita)
no worries	কোনও চিন্তা করবেন না (kōna'ō cintā karabēna nā)

don't worry	চিন্তা করো না (cintā karō nā)
take care	যত্ন নিও (yatna ni'ō)
ok	ঠিক আছে (ṭhika āchē)
cheers	চিয়ার্স (ciẏārsa)
welcome	স্বাগতম (sbāgatama)
excuse me	মাফ করবেন (māpha karabēna)
of course	অবশ্যই (abaśya'i)
I agree	আমি একমত (āmi ēkamata)
relax	আরাম করো (ārāma karō)
doesn't matter	ব্যাপার না (byāpāra nā)
I want this	আমি এটা চাই (āmi ēṭā cā'i)
Come with me	আমার সাথে আসো (āmāra sāthē āsō)
go straight	সোজা যাও (sōjā yā'ō)
turn left	বামে ঘুরুন (bāmē ghuruna)
turn right	ডানে ঘুরুন (ḍānē ghuruna)

Questions

who	কে (kē)
where	কোথায় (kōthāẏa)
what	কি (ki)
why	কেন (kēna)
how	কিভাবে (kibhābē)
which	কোনটা (kōnaṭā)
when	কখন (kakhana)
how many?	কতগুলো? (katagulō?)
how much?	কত? (kata?)
How much is this?	এটার দাম কত? (ēṭāra dāma kata?)
Do you have a phone?	তোমার কি ফোন আছে? (tōmāra ki phōna āchē?)
Where is the toilet?	টয়লেটটি কোথায়? (ṭaẏalēṭaṭi kōthāẏa?)
What's your name?	আপনার নাম কী? (āpanāra nāma kī?)

Do you love me?	তুমি কি আমাকে ভালোবাসো? (tumi ki āmākē bhālōbāsō?)
How are you?	তুমি কেমন আছো? (tumi kēmana āchō?)
Are you ok?	তুমি ঠিক আছো? (tumi ṭhika āchō?)
Can you help me?	আপনি কি আমাকে সাহায্য করতে পারেন? (āpani ki āmākē sāhāyya karatē pārēna?)

Sentences

I like you	আমি তোমাকে পছন্দ করি (āmi tōmākē pachanda kari)
I love you	আমি তোমাকে ভালোবাসি (āmi tōmākē bhālōbāsi)
I miss you	আমি তোমাকে মিস করি (āmi tōmākē misa kari)
I don't like this	আমি এটা পছন্দ করি না (āmi ēṭā pachanda kari nā)
I have a dog	আমার একটি কুকুর আছে (āmāra ēkaṭi kukura āchē)
I know	আমি জানি (āmi jāni)
I don't know	আমি জানি না (āmi jāni nā)
I don't understand	আমি বুঝতে পারছি না (āmi bujhatē pārachi nā)
I want more	আমি আরো চাই (āmi ārō cā'i)
I want a cold coke	আমি একটা ঠাণ্ডা কোক চাই (āmi ēkaṭā ṭhāṇḍā kōka cā'i)
I need this	আমার এটা দরকার (āmāra ēṭā darakāra)
I want to go to the cinema	আমি সিনেমায় যেতে চাই (āmi sinēmāẏa yētē cā'i)
I am looking forward to seeing you	আমি তোমাকে দেখার জন্য উন্মুখ (āmi tōmākē dēkhāra jan'ya unmukha)
Usually I don't eat fish	সাধারণত আমি মাছ খাই না (sādhāraṇata āmi mācha khā'i nā)
You definitely have to come	তোমাকে অবশ্যই আসতে হবে (tōmākē abaśya'i āsatē habē)
This is quite expensive	এটি বেশ ব্যয়বহুল (ēṭi bēśa byaẏabahula)
Sorry, I'm a little late	দুঃখিত, আমি একটু দেরি করে ফেলেছি (duḥkhita, āmi ēkaṭu dēri karē phēlēchi)
My name is David	আমার নাম ডেভিড (āmāra nāma ḍēbhiḍa)
I'm David, nice to meet you	আমি ডেভিড, তোমার সাথে দেখা করে ভালো লাগলো (āmi ḍēbhiḍa, tōmāra sāthē dēkhā karē bhālō lāgalō)

I'm 22 years old	আমার বয়স ২২ বছর (āmāra baẏasa 22 bachara)
This is my girlfriend Anna	এটা আমার বান্ধবী অ্যানা (ēṭā āmāra bāndhabī ayānā)
Let's watch a film	চলো একটা সিনেমা দেখি (calō ēkaṭā sinēmā dēkhi)
Let's go home	চলো বাড়ি যাই (calō bāṛi yā'i)
My telephone number is one four three two eight seven five four three	আমার টেলিফোন নাম্বার হচ্ছে এক চার তিন দুই আট সাত পাঁচ চার তিন (āmāra ṭēliphōna nāmbāra hacchē ēka cāra tina du'i āṭa sāta pām̐ca cāra tina)
My email address is david at pinhok dot com	আমার ই-মেইল এড্রেস হচ্ছেঃ ডেভিড এট পিনহক ডট কম (āmāra i-mē'ila ēḍrēsa hacchēḥ ḍēbhiḍa ēṭa pinahaka ḍaṭa kama)
Tomorrow is Saturday	আগামীকাল শনিবার (āgāmīkāla śanibāra)
Silver is cheaper than gold	রূপা স্বর্ণের চেয়ে সস্তা (rūpā sbarṇēra cēẏē sastā)
Gold is more expensive than silver	স্বর্ণ রূপার চেয়ে দামি (sbarṇa rūpāra cēẏē dāmi)

English - Bengali

A

above: উপরে (uparē)
acacia: বাবলা (bābalā)
accident: দুর্ঘটনা (durghaṭanā)
accordion: অ্যাকর্ডিয়ন (ayākarḍiẏana)
accountant: হিসাবরক্ষক (hisābarakṣaka)
accounting: হিসাবরক্ষণ (hisābarakṣaṇa)
account number: একাউন্ট নাম্বার (ēkā'unṭa nāmbāra)
Achilles tendon: অ্যাকিলিস টেন্ডন (ayākilisa ṭēnḍana)
actinium: অ্যাক্টিনিয়াম (ayākṭiniẏāma)
actor: অভিনেতা (abhinētā)
actually: আসলে (āsalē)
acupuncture: আকুপাংচার (ākupāñcāra)
addition: যোগ (yōga)
address: ঠিকানা (ṭhikānā)
adhesive tape: আঠালো টেপ (āṭhālō ṭēpa)
advertisement: বিজ্ঞাপন (bijñāpana)
aerobics: এরোবিকস (ērōbikasa)
Afghanistan: আফগানিস্তান (āphagānistāna)
afternoon: বিকেল (bikēla)
aftershave: আফটার শেভ (āphaṭāra śēbha)
again: আবার (ābāra)
airbag: এয়ারব্যাগ (ēẏārabyāga)
air conditioner: এয়ার কন্ডিশনার (ēẏāra kanḍiśanāra)
aircraft carrier: বিমানবাহী যুদ্ধজাহাজ (bimānabāhī yud'dhajāhāja)
airline: এয়ারলাইন (ēẏāralā'ina)
air mattress: এয়ার ম্যাট্রেস (ēẏāra myāṭrēsa)
airport: বিমানবন্দর (bimānabandara)
air pressure: বায়ুচাপ (bāẏucāpa)
air pump: বায়ু পাম্প (bāẏu pāmpa)
air traffic controller: এয়ার ট্রাফিক কন্ট্রোলার (ēẏāra ṭrāphika kanṭrōlāra)
aisle: করিডোর (kariḍōra)
alarm clock: এলার্ম ঘড়ি (ēlārma ghaṛi)
Albania: আলবেনিয়া (ālabēniẏā)
Algeria: আলজেরিয়া (ālajēriẏā)
all: সব (saba)
allergy: অ্যালার্জি (ayālārji)
alley: গলি (gali)
almond: বাদাম (bādāma)
alphabet: বর্ণমালা (barṇamālā)
already: ইতিমধ্যে (itimadhyē)
although: যদিও (yadi'ō)
aluminium: অ্যালুমিনিয়াম (ayāluminiẏāma)
always: সবসময় (sabasamaẏa)
Amazon: আমাজন (āmājana)
ambulance: অ্যাম্বুলেন্স (ayāmbulēnsa)
American football: আমেরিকান ফুটবল (āmērikāna phuṭabala)
American Samoa: আমেরিকান সামোয়া (āmērikāna sāmōẏā)
americium: অ্যামেরিসিয়াম (ayāmērisiẏāma)
amount: পরিমাণ (parimāṇa)
ampere: অ্যাম্পিয়ার (ayāmpiẏāra)
anchor: নোঙ্গর (nōṅgara), সংবাদ উপস্থাপক (sambāda upasthāpaka)

and: এবং (ēbaṁ)
Andes: আন্দিজ (āndija)
Andorra: অ্যান্ডোরা (ayānḍōrā)
angel: স্বর্গদূত (sbargadūta)
angle: কোণ (kōṇa)
Angola: অ্যাঙ্গোলা (ayāṅgōlā)
angry: ক্রুদ্ধ (krud'dha)
ankle: গোড়ালি (gōṛāli)
anorak: পশমের কোটবিশেষ (paśamēra kōṭabiśēṣa)
answer: উত্তর দেওয়া (uttara dē'ōẏā)
ant: পিঁপড়া (pim̐paṛā)
ant-eater: পিপীলিকাভোজী প্রাণী (pipīlikābhōjī prāṇī)
antibiotics: অ্যান্টিবায়োটিক (ayānṭibāẏōṭika)
antifreeze fluid: জমাটবিরোধী তরল (jamāṭabirōdhī tarala)
Antigua and Barbuda: অ্যান্টিগুয়া ও বার্বুডা (ayānṭiguẏā ō bārbuḍā)
antimony: অ্যান্টিমনি (ayānṭimani)
antiseptic: অ্যান্টিসেপ্টিক (ayānṭisēpṭika)
antiwrinkle cream: অ্যান্টি রিংকেল ক্রিম (ayānṭi riṅkēla krima)
anus: মলদ্বার (maladbāra)
apartment: অ্যাপার্টমেন্ট (ayāpārṭamēnṭa)
apostrophe: ঊর্ধকমা (ūrdhakamā)
app: অ্যাপ (ayāpa)
appendix: অ্যাপেন্ডিক্স (ayāpēnḍiksa)
apple: আপেল (āpēla)
apple juice: আপেলের রস (āpēlēra rasa)
apple pie: আপেল পাই (āpēla pā'i)
appointment: অ্যাপয়েন্টমেন্ট (ayāpaẏēnṭamēnṭa)
apprentice: শিক্ষানবিশ (śikṣānabiśa)
apricot: এপ্রিকট (ēprikaṭa)
April: এপ্রিল (ēprila)
aquarium: অ্যাকুয়ারিয়াম (ayākuẏāriẏāma)
Arabic: আরবী (ārabī)
archery: ধনুর্বিদ্যা (dhanurbidyā)
architect: স্থপতি (sthapati)
area: ক্ষেত্রফল (kṣētraphala)
Are you ok?: তুমি ঠিক আছো? (tumi ṭhika āchō?)
Argentina: আর্জেন্টিনা (ārjēnṭinā)
argon: আর্গন (ārgana)
argue: তর্ক করা (tarka karā)
arithmetic: পাটীগণিত (pāṭīgaṇita)
arm: বাহু (bāhu)
Armenia: আর্মেনিয়া (ārmēniẏā)
aromatherapy: অ্যারোমাথেরাপি (ayārōmāthērāpi)
arrival: আগমন (āgamana)
arsenic: আর্সেনিক (ārsēnika)
art: চারুকলা (cārukalā)
artery: ধমনী (dhamanī)
art gallery: চিত্রশালা (citraśālā)
artichoke: আর্টিচোক (ārṭicōka)
article: প্রবন্ধ (prabandha)
artist: শিল্পী (śilpī)
Aruba: আরুবা (ārubā)
ash: ছাই (chā'i)
ask: জিজ্ঞাসা করা (jijñāsā karā)
asphalt: পিচ (pica)
aspirin: অ্যাসপিরিন (ayāsapirina)
assistant: সহকারী (sahakārī)

astatine: অ্যাস্টেটিন (ayāsṭēṭina)
asteroid: গ্রহাণু (grahāṇu)
asthma: অ্যাজমা (ayājamā)
Atlantic Ocean: আটলান্টিক মহাসাগর (āṭalānṭika mahāsāgara)
atmosphere: বায়ুমণ্ডল (bāẏumaṇḍala)
atom: পরমাণু (paramāṇu)
atomic number: পারমাণবিক সংখ্যা (pāramāṇabika saṅkhyā)
attack: আক্রমণ করা (ākramaṇa karā)
attic: চিলেকোঠা (cilēkōṭhā)
aubergine: বেগুন (bēguna)
audience: শ্রোতা (śrōtā)
August: আগস্ট (āgasṭa)
aunt: মাসি (māsi)
aurora: মেরুজ্যোতি (mērujyōti)
Australia: অস্ট্রেলিয়া (asṭrēliẏā)
Australian football: অস্ট্রেলিয়ান ফুটবল (asṭrēliẏāna phuṭabala)
Austria: অস্ট্রিয়া (asṭriẏā)
author: লেখক (lēkhaka)
automatic: স্বয়ংক্রিয় (sbaẏaṅkriẏa)
autumn: শরৎকাল (śaraṯkāla)
avenue: পথ (patha)
avocado: অ্যাভোকাডো (ayābhōkāḍō)
axe: কুড়াল (kuṛāla)
Azerbaijan: আজারবাইজান (ājārabā'ijāna)

B

baby: শিশু (śiśu)
baby bottle: শিশুর বোতল (śiśura bōtala)
baby monitor: বেবি মনিটর (bēbi maniṭara)
bachelor: স্নাতক (snātaka)
back: পিঠ (piṭha), পিছনে (pichanē)
backgammon: ব্যাকগ্যামন (byākagyāmana)
backpack: ব্যাকপ্যাক (byākapyāka)
back seat: পেছনের আসন (pēchanēra āsana)
bacon: বেকন (bēkana)
bacterium: ব্যাকটেরিয়া (byākaṭēriẏā)
bad: খারাপ (khārāpa)
badminton: ব্যাডমিন্টন (byāḍaminṭana)
bag: ব্যাগ (byāga)
Bahrain: বাহরাইন (bāharā'ina)
bake: বেক করা (bēka karā)
baked beans: সেদ্ধ শিম (sēd'dha śima)
baking powder: বেকিং পাউডার (bēkiṁ pā'uḍāra)
balcony: ব্যালকনি (byālakani)
bald head: টাক মাথা (ṭāka māthā)
ballet: ব্যালে (byālē)
ballet shoes: ব্যালে জুতা (byālē jutā)
ball pen: বলপেন (balapēna)
Ballroom dance: বলরুম নাচ (balaruma nāca)
bamboo: বাঁশ (bām̐śa)
banana: কলা (kalā)
bandage: ব্যান্ডেজ (byānḍēja)
Bangladesh: বাংলাদেশ (bānlādēśa)
bank account: ব্যাংক একাউন্ট (byāṅka ēkā'unṭa)
bank transfer: ব্যাংক ট্রান্সফার (byāṅka ṭrānsaphāra)

bar: বার (bāra)
Barbados: বার্বাডোস (bārbāḍōsa)
barbecue: কাবাব (kābāba)
barbell: বারবেল (bārabēla)
bar code: বারকোড (bārakōḍa)
bar code scanner: বারকোড স্ক্যানার (bārakōḍa skyānāra)
bargain: দর-কষাকষি করা (dara-kaṣākaṣi karā)
barium: বেরিয়াম (bēriẏāma)
barkeeper: মদের দোকানী (madēra dōkānī)
barrette: চুলের ক্লিপ (culēra klipa)
baseball: বেসবল (bēsabala)
baseball cap: বেসবল ক্যাপ (bēsabala kyāpa)
basement: বেজমেন্ট (bējamēnṭa)
basil: তুলসী (tulasī)
basin: বেসিন (bēsina)
basket: ঝুড়ি (jhuṛi), বাস্কেট (bāskēṭa)
basketball: বাস্কেটবল (bāskēṭabala)
bass guitar: বেস গিটার (bēsa giṭāra)
bassoon: কাঠের বাঁশিবিশেষ (kāṭhēra bānśibiśēṣa)
bat: বাদুড় (bāduṛa), ব্যাট (byāṭa)
bathrobe: বাথরোব (bātharōba)
bathroom: বাথরুম (bātharuma)
bathroom slippers: বাথরুম চপ্পল (bātharuma cappala)
bath towel: গোসলের তোয়ালে (gōsalēra tōẏālē)
bathtub: বাথটাব (bāthaṭāba)
baton: পুলিশের লাঠি (puliśēra lāṭhi)
battery: ব্যাটারি (byāṭāri)
beach: সৈকত (saikata)
beach volleyball: বীচ ভলিবল (bīca bhalibala)
bean: শিম (śima)
bear: ভালুক (bhāluka)
beard: দাড়ি (dāṛi)
beautiful: সুন্দর (sundara)
because: কারণ (kāraṇa)
bed: বিছানা (bichānā)
bedroom: শোবার ঘর (śōbāra ghara)
bedside lamp: বেডসাইড ল্যাম্প (bēḍasā'iḍa lyāmpa)
bee: মৌমাছি (maumāchi)
beech: বীচ (bīca)
beef: গরুর মাংস (garura mānsa)
beer: বিয়ার (biẏāra)
behaviour therapy: আচরণ থেরাপি (ācaraṇa thērāpi)
beige: বেইজ (bē'ija)
Beijing duck: বেইজিং ডাক (bē'ijiṁ ḍāka)
Belarus: বেলারুশ (bēlāruśa)
Belgium: বেলজিয়াম (bēlajiẏāma)
Belize: বেলিজ (bēlija)
bell: ঘণ্টা (ghaṇṭā)
belly: পেট (pēṭa)
belly button: নাভি (nābhi)
below: নিচে (nicē)
belt: বেল্ট (bēlṭa)
bench: বেঞ্চ (bēñca)
bench press: বেঞ্চ প্রেস (bēñca prēsa)
Benin: বেনিন (bēnina)
berkelium: বার্কেলিয়াম (bārkēliẏāma)
beryllium: বেরিলিয়াম (bēriliẏāma)

beside: পাশে (pāśē)
bet: বাজি ধরা (bāji dharā)
Bhutan: ভুটান (bhuṭāna)
biathlon: বায়াথলন (bāẏāthalana)
bib: বিব (biba)
bicycle: সাইকেল (sā'ikēla)
big: বড় (baṛa)
big brother: বড় ভাই (baṛa bhā'i)
big sister: বড় বোন (baṛa bōna)
bikini: বিকিনি (bikini)
bill: বিল (bila)
billiards: বিলিয়ার্ড (biliẏārḍa)
biology: জীববিজ্ঞান (jībabijñāna)
birch: বার্চ (bārca)
birth: জন্ম (janma)
birth certificate: জন্ম সনদ (janma sanada)
birth control pill: জন্মনিয়ন্ত্রক ওষুধ (janmaniẏantraka ōṣudha)
birthday: জন্মদিন (janmadina)
birthday cake: জন্মদিনের কেক (janmadinēra kēka)
birthday party: জন্মদিনের পার্টি (janmadinēra pārṭi)
biscuit: বিস্কুট (biskuṭa)
bismuth: বিসমাথ (bisamātha)
bison: বাইসন (bā'isana)
bite: কামড়ানো (kāmaṛānō), কামড় (kāmaṛa)
black: কালো (kālō)
blackberry: ব্ল্যাকবেরি (blyākabēri)
blackboard: ব্ল্যাকবোর্ড (blyākabōrḍa)
black hole: কৃষ্ণ গহ্বর (kr̥ṣṇa gahbara)
Black Sea: কৃষ্ণ সাগর (kr̥ṣṇa sāgara)
black tea: ব্ল্যাক টী (blyāka ṭī)
bladder: মূত্রাশয় (mūtrāśaẏa)
blanket: কম্বল (kambala)
blazer: ব্লেজার (blējāra)
blind: অন্ধ (andha), খড়খড়ি (khaṛakhaṛi)
blond: স্বর্ণকেশী (sbarṇakēśī)
blood test: রক্ত পরীক্ষা (rakta parīkṣā)
bloody: রক্তাক্ত (raktākta)
blossom: পুষ্প (puṣpa)
blue: নীল (nīla)
blueberry: ব্লুবেরি (blubēri)
blues: ব্লুজ (bluja)
board game: বোর্ড গেম (bōrḍa gēma)
bobsleigh: ববস্লেই (babaslē'i)
bodybuilding: বডিবিল্ডিং (baḍibilḍiṁ)
bodyguard: দেহরক্ষী (dēharakṣī)
body lotion: বডি লোশন (baḍi lōśana)
bohrium: বোহরিয়াম (bōhariẏāma)
boil: সেদ্ধ করা (sēd'dha karā)
boiled: সিদ্ধ (sid'dha)
boiled egg: সিদ্ধ ডিম (sid'dha ḍima)
Bolivia: বলিভিয়া (balibhiẏā)
bone: হাড় (hāṛa)
bone marrow: অস্থি মজ্জা (asthi majjā)
bonnet: বনেট (banēṭa)
book: বই (ba'i)
booking: বুকিং (bukiṁ)
bookshelf: বুকশেলফ (bukaśēlapha)

bookshop: বইয়ের দোকান (ba'iẏēra dōkāna)
boring: বিরক্তিকর (biraktikara)
boron: বোরন (bōrana)
Bosnia: বসনিয়া (basaniẏā)
bosom: স্তন (stana)
botanic garden: উদ্ভিদ উদ্যান (udbhida udyāna)
Botswana: বতসোয়ানা (batasōẏānā)
bottle: বোতল (bōtala)
bottom: নিতম্ব (nitamba)
bowl: বাটি (bāṭi)
bowling: বোলিং (bōliṁ)
bowling ball: বোলিং বল (bōliṁ bala)
bow tie: বো টাই (bō ṭā'i)
boxing: মুষ্টিযুদ্ধ (muṣṭiyud'dha)
boxing glove: বক্সিং গ্লাভ (baksiṁ glābha)
boxing ring: বক্সিং রিং (baksiṁ riṁ)
boy: ছেলে (chēlē)
boyfriend: ছেলে বন্ধু (chēlē bandhu)
bra: ব্রা (brā)
bracelet: ব্রেসলেট (brēsalēṭa)
brain: মস্তিষ্ক (mastiṣka)
brake: ব্রেক (brēka)
brake light: ব্রেক লাইট (brēka lā'iṭa)
branch: শাখা (śākhā)
brandy: ব্র্যান্ডি (bryānḍi)
brave: সাহসী (sāhasī)
Brazil: ব্রাজিল (brājila)
bread: পাউরুটি (pā'uruṭi)
breakdance: ব্রেকড্যান্স (brēkaḍyānsa)
breakfast: সকালের নাস্তা (sakālēra nāstā)
breastbone: বুকের হাড় (bukēra hāṛa)
breathe: শ্বাস নেওয়া (śbāsa nē'ōẏā)
brick: ইট (iṭa)
bride: কনে (kanē)
bridge: ব্রিজ (brija)
briefcase: ব্রিফকেস (briphakēsa)
broad: প্রশস্ত (praśasta)
broccoli: ব্রকলি (brakali)
bromine: ব্রোমিন (brōmina)
bronze medal: ব্রোঞ্জ পদক (brōñja padaka)
brooch: ব্রোচ (brōca)
broom: ঝাড়ু (jhāṛu)
brother-in-law: শালা (śālā)
brown: বাদামী (bādāmī)
brownie: ব্রাউনি (brā'uni)
browser: ব্রাউজার (brā'ujāra)
bruise: কালশিটে (kālaśiṭē)
Brunei: ব্রুনেই (brunē'i)
brunette: বাদামী চুল (bādāmī cula)
brush: তুলি (tuli), ব্রাশ (brāśa)
Brussels sprouts: ব্রাসেলস স্প্রাউট (brāsēlasa sprā'uṭa)
bucket: বালতি (bālati)
buffalo: মহিষ (mahiṣa)
buffet: বুফে (buphē)
bug: পোকা (pōkā)
Bulgaria: বুলগেরিয়া (bulagēriẏā)
bull: ষাঁড় (ṣām̐ṛa)

bulletin board: বুলেটিন বোর্ড (bulēṭina bōrḍa)
bumblebee: ভ্রমর (bhramara)
bumper: বাম্পার (bāmpāra)
bungee jumping: বাঞ্জি জাম্পিং (bāñji jāmpiṁ)
bunk bed: বাংক বেড (bāṅka bēḍa)
burger: বার্গার (bārgāra)
Burkina Faso: বুর্কিনা ফাসো (burkinā phāsō)
Burma: বার্মা (bārmā)
burn: পোড়ানো (pōṛānō), পোড়া (pōṛā)
Burundi: বুরুন্ডি (burunḍi)
bus: বাস (bāsa)
bus driver: বাস চালক (bāsa cālaka)
bush: ঝোপ (jhōpa)
business card: বিজনেস কার্ড (bijanēsa kārḍa)
business class: বিজনেস ক্লাস (bijanēsa klāsa)
business dinner: বিজনেস ডিনার (bijanēsa ḍināra)
business school: বিজনেস স্কুল (bijanēsa skula)
business trip: ব্যবসায়িক ভ্রমণ (byabasāẏika bhramaṇa)
bus stop: বাস স্টপ (bāsa sṭapa)
busy: ব্যস্ত (byasta)
but: কিন্তু (kintu)
butcher: কসাই (kasā'i)
butter: মাখন (mākhana)
buttercup: ঝুমকো লতা (jhumakō latā)
butterfly: প্রজাপতি (prajāpati)
buttermilk: ঘোল (ghōla)
button: বোতাম (bōtāma)
buy: ক্রয় করা (kraẏa karā)
bye bye: বিদায় (bidāẏa)

C

cabbage: বাঁধাকপি (bām̐dhākapi)
cabin: কেবিন (kēbina)
cable: তার (tāra)
cable car: ক্যাবল কার (kyābala kāra)
cactus: ক্যাকটাস (kyākaṭāsa)
cadmium: ক্যাডমিয়াম (kyāḍamiẏāma)
caesium: সিজিয়াম (sijiẏāma)
cake: কেক (kēka)
calcite: ক্যালসাইট (kyālasā'iṭa)
calcium: ক্যালসিয়াম (kyālasiẏāma)
calculate: হিসাব করা (hisāba karā)
calendar: ক্যালেন্ডার (kyālēnḍāra)
californium: ক্যালিফোর্নিয়াম (kyāliphōrniẏāma)
call: ফোন করা (phōna karā)
Cambodia: কম্বোডিয়া (kambōḍiẏā)
camcorder: ক্যামকর্ডার (kyāmakarḍāra)
camel: উট (uṭa)
camera: ক্যামেরা (kyāmērā)
camera operator: ক্যামেরা অপারেটর (kyāmērā apārēṭara)
Cameroon: ক্যামেরুন (kyāmēruna)
campfire: ক্যাম্প ফায়ার (kyāmpa phāẏāra)
camping: ক্যাম্পিং (kyāmpiṁ)
camping site: ক্যাম্পিং সাইট (kyāmpiṁ sā'iṭa)
Canada: কানাডা (kānāḍā)

cancer: ক্যান্সার (kyānsāra)
candle: মোমবাতি (mōmabāti)
candy: ক্যান্ডি (kyānḍi)
candy floss: হাওয়াই মিঠাই (hā'ōẏā'i miṭhā'i)
canoe: ডিঙ্গি নৌকা (ḍiṅgi naukā)
canoeing: ক্যানোয়িং (kyānōẏiṁ)
canteen: ক্যান্টিন (kyānṭina)
canyon: গিরিখাত (girikhāta)
Can you help me?: আপনি কি আমাকে সাহায্য করতে পারেন? (āpani ki āmākē sāhāyya karatē pārēna?)
Cape Verde: কেপ ভার্দে (kēpa bhārdē)
capital: রাজধানী (rājadhānī)
cappuccino: কাপাচিনো (kāpācinō)
capsule: ক্যাপসুল (kyāpasula)
captain: ক্যাপ্টেন (kyāpṭēna)
car: গাড়ী (gāṛī)
caramel: ক্যারামেল (kyārāmēla)
caravan: কাফেলা (kāphēlā)
carbon: কার্বন (kārbana)
carbon dioxide: কার্বন ডাই অক্সাইড (kārbana ḍā'i aksā'iḍa)
carbon monoxide: কার্বন মনোক্সাইড (kārbana manōksā'iḍa)
card game: কার্ড গেম (kārḍa gēma)
cardigan: কার্ডিগান (kārḍigāna)
cardiology: কার্ডিওলজি (kārḍi'ōlaji)
cargo aircraft: মালবাহী বিমান (mālabāhī bimāna)
caricature: ব্যঙ্গচিত্র (byaṅgacitra)
caries: অস্থির ক্ষয়রোগ (asthira kṣaẏarōga)
carousel: নাগরদোলা (nāgaradōlā)
car park: পার্কিং (pārkiṁ)
carpenter: ছুতোর (chutōra)
carpet: কার্পেট (kārpēṭa)
car racing: কার রেসিং (kāra rēsiṁ)
carrot: গাজর (gājara)
carry: বহন করা (bahana karā)
carry-on luggage: হাতে-বাহিত মালপত্র (hātē-bāhita mālapatra)
cartilage: তরুণাস্থি (taruṇāsthi)
cartoon: কার্টুন (kārṭuna)
car wash: গাড়ী ধোয়া (gāṛī dhōẏā)
case: কেস (kēsa)
cashew: কাজুবাদাম (kājubādāma)
cashier: ক্যাশিয়ার (kyāśiẏāra)
cash machine: ক্যাশ মেশিন (kyāśa mēśina)
cash register: ক্যাশ রেজিস্টার (kyāśa rējisṭāra)
casino: ক্যাসিনো (kyāsinō)
cast: অভিনেতার দল (abhinētāra dala), কাস্ট (kāsṭa)
castle: দুর্গ (durga)
cat: বিড়াল (biṛāla)
catch: লুফে নেওয়া (luphē nē'ōẏā)
caterpillar: শুঁয়াপোকা (śum̐ẏāpōkā)
cathedral: ক্যাথেড্রাল (kyāthēḍrāla)
catheter: ক্যাথেটার (kyāthēṭāra)
cauliflower: ফুলকপি (phulakapi)
cave: গুহা (guhā)
Cayman Islands: কেইম্যান দ্বীপপুঞ্জ (kē'imyāna dbīpapuñja)
CD player: সিডি প্লেয়ার (siḍi plēẏāra)
ceiling: সিলিং (siliṁ)
celebrate: উদযাপন করা (udayāpana karā)
celery: সেলারি (sēlāri)

cello: সেলো (sēlō)
cement: সিমেন্ট (simēnṭa)
cement mixer: সিমেন্ট মিক্সার (simēnṭa miksāra)
cemetery: কবরস্থান (kabarasthāna)
centigrade: সেন্টিগ্রেড (sēnṭigrēḍa)
centimeter: সেন্টিমিটার (sēnṭimiṭāra)
Central African Republic: মধ্য আফ্রিকান প্রজাতন্ত্র (madhya āphrikāna prajātantra)
central business district (CBD): কেন্দ্রীয় বাণিজ্য কেন্দ্র (kēndrīẏa bāṇijya kēndra)
central processing unit (CPU): সেন্ট্রাল প্রসেসিং ইউনিট (সিপিইউ) (sēnṭrāla prasēsiṁ i'uniṭa (sipi'i'u))
century: শতাব্দী (śatābdī)
cereal: খাদ্যশস্য (khādyaśasya)
cerium: সিরিয়াম (siriẏāma)
cesarean: সিজারিয়ান (sijāriẏāna)
cha-cha: চা-চা (cā-cā)
Chad: চাদ (cāda)
chain: শিকল (śikala)
chainsaw: চেইন করাত (cē'ina karāta)
chair: চেয়ার (cēẏāra)
chairman: সভাপতি (sabhāpati)
chalk: চক (caka)
chameleon: গিরগিটি (giragiṭi)
champagne: শ্যাম্পেন (śyāmpēna)
changing room: পোশাক পরিবর্তনের ঘর (pōśāka paribartanēra ghara)
channel: চ্যানেল (cyānēla)
character: অক্ষর (akṣara)
chat: চ্যাট (cyāṭa)
cheap: সস্তা (sastā)
check-in desk: চেক-ইন ডেস্ক (cēka-ina ḍēska)
cheek: গাল (gāla)
cheerleader: চিয়ারলিডার (ciẏāraliḍāra)
cheers: চিয়ার্স (ciẏārsa)
cheese: পনির (panira)
cheeseburger: চীজ বার্গার (cīja bārgāra)
cheesecake: চীজ কেক (cīja kēka)
cheetah: চিতা (citā)
chemical compound: রাসায়নিক যৌগ (rāsāẏanika yauga)
chemical reaction: রাসায়নিক বিক্রিয়া (rāsāẏanika bikriẏā)
chemical structure: রাসায়নিক গঠন (rāsāẏanika gaṭhana)
chemist: রসায়নবিদ (rasāẏanabida)
chemistry: রসায়ন (rasāẏana)
cheque: চেক (cēka)
cherry: চেরি (cēri)
chess: দাবা (dābā)
chest: বুক (buka)
chewing gum: চুইংগাম (cu'iṅgāma)
chick: মুরগির ছানা (muragira chānā)
chicken: মুরগি (muragi), মুরগির মাংস (muragira mānsa)
chicken nugget: চিকেন নাগেট (cikēna nāgēṭa)
chickenpox: জলবসন্ত (jalabasanta)
chicken wings: চিকেন উইংস (cikēna u'insa)
child: শিশু (śiśu)
child seat: শিশু আসন (śiśu āsana)
Chile: চিলি (cili)
chili: কাঁচা মরিচ (kām̐cā marica)
chimney: চিমনি (cimani)
chin: থুতনি (thutani)
China: চীন (cīna)

Chinese medicine: চীনা ওষুধ (cīnā ōṣudha)
chips: চিপস (cipasa)
chiropractor: কাইরোপ্র্যাক্টর (kā'irōpryākṭara)
chive: পেঁয়াজজাতীয় গাছ (pēm̐ẏājajātīẏa gācha)
chlorine: ক্লোরিন (klōrina)
chocolate: চকলেট (cakalēṭa)
chocolate cream: চকলেট ক্রিম (cakalēṭa krima)
choose: বেছে নেওয়া (bēchē nē'ōẏā)
chopping board: চপিং বোর্ড (capiṁ bōrḍa)
chopstick: চপস্টিক (capasṭika)
Christmas: বড়দিন (baṛadina)
chromium: ক্রোমিয়াম (krōmiẏāma)
chubby: গোলগাল (gōlagāla)
church: গির্জা (girjā)
cider: সিডার (siḍāra)
cigar: সিগার (sigāra)
cigarette: সিগারেট (sigārēṭa)
cinema: সিনেমা (sinēmā)
cinnamon: দারুচিনি (dārucini)
circle: বৃত্ত (br̥tta)
circuit training: সার্কিট ট্রেনিং (sārkiṭa ṭrēniṁ)
clarinet: সানাই (sānā'i)
classical music: উচ্চাঙ্গ সংগীত (uccāṅga saṅgīta)
classic car: ক্লাসিক গাড়ী (klāsika gāṛī)
clay: কাদামাটি (kādāmāṭi)
clean: পরিষ্কার (pariṣkāra), পরিষ্কার করা (pariṣkāra karā)
cleaner: ক্লিনার (klināra)
clef: ক্লেফ (klēpha)
clever: চালাক (cālāka)
cliff: খাড়া বাঁধ (khāṛā bām̐dha)
cliff diving: ক্লিফ ডাইভিং (klipha ḍā'ibhiṁ)
climb: চড়া (caṛā)
climbing: ক্লাইম্বিং (klā'imbiṁ)
clinic: ক্লিনিক (klinika)
clipboard: ক্লিপবোর্ড (klipabōrḍa)
clitoris: ভগাঙ্কুর (bhagāṅkura)
clock: ঘড়ি (ghaṛi)
close: কাছে (kāchē), বন্ধ করা (bandha karā)
cloud: মেঘ (mēgha)
cloudy: মেঘলা (mēghalā)
clover: ক্লোভার (klōbhāra)
clutch: ক্লাচ (klāca)
coach: কোচ (kōca)
coal: কয়লা (kaẏalā)
coast: উপকূল (upakūla)
coat: কোট (kōṭa)
cobalt: কোবাল্ট (kōbālṭa)
cockerel: মোরগ (mōraga)
cockpit: ককপিট (kakapiṭa)
cocktail: ককটেল (kakaṭēla)
coconut: নারকেল (nārakēla)
coffee: কফি (kaphi)
coffee machine: কফি মেশিন (kaphi mēśina)
coffee table: কফি টেবিল (kaphi ṭēbila)
coffin: কফিন (kaphina)
coin: মুদ্রা (mudrā)
coke: কোক (kōka)

cold: ঠান্ডা (ṭhānḍā)
collar: কলার (kalāra)
collarbone: কণ্ঠাস্থি (kaṇṭhāsthi)
colleague: সহকর্মী (sahakarmī)
Colombia: কলম্বিয়া (kalambiẏā)
colon: বৃহদন্ত্র (br̥hadantra), কোলন (kōlana)
colony: উপনিবেশ (upanibēśa)
coloured pencil: রং পেন্সিল (raṁ pēnsila)
comb: চিরুনি (ciruni)
combine harvester: কম্বাইন হার্ভেস্টার (kambā'ina hārbhēsṭāra)
come: আসা (āsā)
comedy: কমেডি (kamēḍi)
comet: ধূমকেতু (dhūmakētu)
Come with me: আমার সাথে আসো (āmāra sāthē āsō)
comic book: কমিক বই (kamika ba'i)
comma: কমা (kamā)
commentator: ভাষ্যকার (bhāṣyakāra)
Comoros: কমোরোস (kamōrōsa)
compass: কম্পাস (kampāsa)
concealer: কনসিলার (kanasilāra)
concert: কনসার্ট (kanasārṭa)
concrete: কংক্রিট (kaṅkriṭa)
concrete mixer: কংক্রিট মিক্সার (kaṅkriṭa miksāra)
concussion: অভিঘাত (abhighāta)
condom: কনডম (kanaḍama)
conductor: কন্ডাক্টর (kanḍākṭara), পরিচালক (paricālaka)
cone: কোণক (kōṇaka)
construction site: নির্মাণ সাইট (nirmāṇa sā'iṭa)
construction worker: নির্মাণ শ্রমিক (nirmāṇa śramika)
consultant: পরামর্শকারী (parāmarśakārī)
contact lens: কন্টাক্ট লেন্স (kanṭākṭa lēnsa)
container: কন্টেইনার (kanṭē'ināra)
container ship: মালবাহী জাহাজ (mālabāhī jāhāja)
content: বিষয়বস্তু (biṣaẏabastu)
continent: মহাদেশ (mahādēśa)
control tower: কন্ট্রোল টাওয়ার (kanṭrōla ṭā'ōẏāra)
cook: রান্না করা (rānnā karā), রাঁধুনি (rām̐dhuni)
cooker: কুকার (kukāra)
cooker hood: কুকার হুড (kukāra huḍa)
cookie: কুকি (kuki)
Cook Islands: কুক দ্বীপপুঞ্জ (kuka dbīpapuñja)
cool: দারুণ (dāruṇa)
copernicium: কোপার্নিসিয়াম (kōpārnisiẏāma)
copper: তামা (tāmā)
copy: কপি করা (kapi karā)
coral reef: প্রবাল প্রাচীর (prabāla prācīra)
coriander: ধনিয়া (dhaniẏā)
corkscrew: কর্কস্ক্রু (karkaskru)
corn: ভুট্টা (bhuṭṭā)
corn oil: ভূট্টার তেল (bhūṭṭāra tēla)
corpse: মৃতদেহ (mr̥tadēha)
correct: সঠিক (saṭhika)
corridor: বারান্দা (bārāndā)
Costa Rica: কোস্টা রিকা (kōsṭā rikā)
cotton: তুলা (tulā)
cough: কাশি (kāśi)
cough syrup: কাশির সিরাপ (kāśira sirāpa)

count: গণনা করা (gaṇanā karā)
country: দেশ (dēśa)
courgette: ধুন্দুল (dhundula)
court: আদালত (ādālata)
cousin: তুতো ভাই (tutō bhā'i), তুতো বোন (tutō bōna)
cow: গরু (garu)
crab: কাঁকড়া (kām̐kaṛā)
cramp: খিঁচ (khim̐ca)
cranberry: ক্র্যানবেরি (kryānabēri)
crane: ক্রেন (krēna)
crane truck: ক্রেন ট্রাক (krēna ṭrāka)
crater: জ্বালামুখ (jbālāmukha)
crawl: হামাগুড়ি দেওয়া (hāmāguṛi dē'ōẏā)
crazy: পাগল (pāgala)
cream: দই (da'i), ক্রিম (krima)
credit card: ক্রেডিট কার্ড (krēḍiṭa kārḍa)
cricket: ঝিঁঝিঁ পোকা (jhim̐jhim̐ pōkā), ক্রিকেট (krikēṭa)
criminal: অপরাধী (aparādhī)
Croatia: ক্রোয়েশিয়া (krōẏēśiẏā)
crocodile: কুমির (kumira)
croissant: ক্রয়স্যান্ট (kraẏasyānṭa)
cross-country skiing: ক্রস-কান্ট্রি স্কিইং (krasa-kānṭri ski'iṁ)
cross trainer: ক্রস ট্রেইনার (krasa ṭrē'ināra)
crosswords: ক্রসওয়ার্ড (krasa'ōẏārḍa)
crow: কাক (kāka)
crown: মুকুট (mukuṭa)
cruise ship: প্রমোদ তরী (pramōda tarī)
crutch: ক্রাচ (krāca)
cry: কাঁদা (kām̐dā)
crêpe: ক্রেপ (krēpa)
CT scanner: সিটি স্ক্যানার (siṭi skyānāra)
Cuba: কিউবা (ki'ubā)
cube: ঘনক্ষেত্র (ghanakṣētra)
cubic meter: ঘন মিটার (ghana miṭāra)
cucumber: শসা (śasā)
cuddly toy: নরম খেলনা (narama khēlanā)
cue: কিউ (ki'u)
cup: কাপ (kāpa)
cupboard: আলমারি (ālamāri)
curium: কিউরিয়াম (ki'uriẏāma)
curling: কার্লিং (kārliṁ)
curling iron: কার্লিং আয়রন (kārliṁ āẏarana)
curly: কোঁকড়া (kōm̐kaṛā)
currant: কিশমিশ (kiśamiśa)
curry: তরকারি (tarakāri)
curtain: পর্দা (pardā)
curve: বক্ররেখা (bakrarēkhā)
custard: কাস্টার্ড (kāsṭārḍa)
customer: ক্রেতা (krētā)
customs: শুল্ক বিভাগ (śulka bibhāga)
cut: কাটা (kāṭā)
cute: আকর্ষণীয় (ākarṣaṇīẏa)
cutlery: ছুরি-কাঁটা-চামচ (churi-kām̐ṭā-cāmaca)
cycling: সাইক্লিং (sā'ikliṁ)
cylinder: সিলিন্ডার (silinḍāra)
cymbals: মন্দিরা (mandirā)
Cyprus: সাইপ্রাস (sā'iprāsa)

Czech Republic: চেক প্রজাতন্ত্র (cēka prajātantra)

D

dad: বাবা (bābā)
daffodil: ড্যাফোডিল (ḍyāphōḍila)
daisy: ডেইজি (ḍē'iji)
dam: বাঁধ (bām̐dha)
dancer: নৃত্যশিল্পী (nr̥tyaśilpī)
dancing: নাচ (nāca)
dancing shoes: নাচের জুতা (nācēra jutā)
dandelion: ড্যান্ডেলিয়ন (ḍyānḍēliẏana)
dandruff: খুশকি (khuśaki)
dark: অন্ধকার (andhakāra)
darmstadtium: ডার্মস্টেটিয়াম (ḍārmasṭēṭiẏāma)
darts: ডার্ট (ḍārṭa)
dashboard: ড্যাশবোর্ড (ḍyāśabōrḍa)
database: ডাটাবেজ (ḍāṭābēja)
date: খেজুর (khējura)
daughter: কন্যা (kan'yā)
daughter-in-law: পুত্রবধু (putrabadhu)
day: দিন (dina)
deaf: বধির (badhira)
death: মরণ (maraṇa)
decade: দশক (daśaka)
December: ডিসেম্বর (ḍisēmbara)
decimeter: ডেসিমিটার (ḍēsimiṭāra)
deck: ডেক (ḍēka)
deck chair: ডেক চেয়ার (ḍēka cēẏāra)
deep: গভীর (gabhīra)
deer: হরিণ (hariṇa)
defend: প্রতিহত করা (pratihata karā)
defendant: প্রতিবাদী (pratibādī)
degree: ডিগ্রী (ḍigrī)
deliver: প্রদান করা (pradāna karā)
delivery: প্রসব (prasaba)
Democratic Republic of the Congo: গণতান্ত্রিক কঙ্গো প্রজাতন্ত্র (gaṇatāntrika kaṅgō prajātantra)
Denmark: ডেনমার্ক (ḍēnamārka)
denominator: হর (hara)
dental brace: দাঁতের ব্রেস (dām̐tēra brēsa)
dental filling: দাঁতের ফিলিং (dām̐tēra philiṁ)
dental prostheses: নকল দাঁত (nakala dām̐ta)
dentist: দন্ত চিকিৎসক (danta cikiṯsaka)
department: বিভাগ (bibhāga)
departure: প্রস্থান (prasthāna)
dermatology: ডার্মাটোলজি (ḍārmāṭōlaji)
desert: মরুভূমি (marubhūmi)
designer: ডিজাইনার (ḍijā'ināra)
desk: ডেস্ক (ḍēska)
dessert: ডেজার্ট (ḍējārṭa)
detective: গোয়েন্দা (gōẏēndā)
diabetes: ডায়াবেটিস (ḍāẏābēṭisa)
diagonal: কর্ণ (karṇa)
diamond: হীরা (hīrā)
diaper: ডায়াপার (ḍāẏāpāra)
diaphragm: মধ্যচ্ছদা (madhyacchadā)

diarrhea: ডায়রিয়া (ḍāẏariẏā)
diary: ডায়েরি (ḍāẏēri)
dictionary: অভিধান (abhidhāna)
die: মরা (marā)
diesel: ডিজেল (ḍijēla)
difficult: কঠিন (kaṭhina)
dig: খনন করা (khanana karā)
digital camera: ডিজিটাল ক্যামেরা (ḍijiṭāla kyāmērā)
dill: শুলফা (śulaphā)
dimple: টোল (ṭōla)
dim sum: ডিম সাম (ḍima sāma)
dinner: রাতের খাবার (rātēra khābāra)
dinosaur: ডাইনোসর (ḍā'inōsara)
diploma: ডিপ্লোমা (ḍiplōmā)
director: পরিচালক (paricālaka)
dirty: নোংরা (nōnrā)
discus throw: চাকতি নিক্ষেপ (cākati nikṣēpa)
dishwasher: ডিশওয়াশার (ḍiśa'ōẏāśāra)
district: জেলা (jēlā)
dividend: লভ্যাংশ (labhyānśa)
diving: ডাইভিং (ḍā'ibhiṁ)
diving mask: ডাইভিং মাস্ক (ḍā'ibhiṁ māska)
division: ভাগ (bhāga)
divorce: বিবাহবিচ্ছেদ (bibāhabicchēda)
DJ: ডিজে (ḍijē)
Djibouti: জিবুতি (jibuti)
doctor: ডাক্তার (ḍāktāra)
doesn't matter: ব্যাপার না (byāpāra nā)
dog: কুকুর (kukura)
doll: পুতুল (putula)
dollar: ডলার (ḍalāra)
dollhouse: পুতুলের বাড়ী (putulēra bāṛī)
dolphin: ডলফিন (ḍalaphina)
Dominica: ডোমিনিকা (ḍōminikā)
Dominican Republic: ডোমিনিকান প্রজাতন্ত্র (ḍōminikāna prajātantra)
dominoes: ডোমিনো (ḍōminō)
don't worry: চিন্তা করো না (cintā karō nā)
donkey: গাধা (gādhā)
door: দরজা (darajā)
door handle: দরজার হাতল (darajāra hātala)
dorm room: ছাত্রাবাস (chātrābāsa)
dosage: ডোজ (ḍōja)
double bass: ডাবল বেজ (ḍābala bēja)
double room: ডাবল রুম (ḍābala ruma)
doughnut: ডোনাট (ḍōnāṭa)
Do you love me?: তুমি কি আমাকে ভালোবাসো? (tumi ki āmākē bhālōbāsō?)
dragonfly: ফড়িং (phaṛiṁ)
draughts: চেকার খেলা (cēkāra khēlā)
drawer: ড্রয়ার (ḍraẏāra)
drawing: অঙ্কন (aṅkana)
dreadlocks: ড্রেডলক (ḍrēḍalaka)
dream: স্বপ্ন দেখা (sbapna dēkhā)
dress: পোশাক (pōśāka)
dress size: পোশাকের মাপ (pōśākēra māpa)
dried fruit: শুকনো ফল (śukanō phala)
drill: ড্রিল করা (ḍrila karā)
drilling machine: ড্রিলিং মেশিন (ḍriliṁ mēśina)

drink: পান করা (pāna karā)
drums: ড্রামস (ḍrāmasa)
drunk: মাতাল (mātāla)
dry: শুষ্ক (śuṣka), শুকনো করা (śukanō karā)
dubnium: ডুবনিয়াম (ḍubaniẏāma)
duck: হাঁস (hām̐sa)
dumbbell: ডাম্বেল (ḍāmbēla)
dumpling: ডাম্পলিং (ḍāmpaliṁ)
duodenum: ডিওডেনাম (ḍi'ōḍēnāma)
DVD player: ডিভিডি প্লেয়ার (ḍibhiḍi plēẏāra)
dyed: রং করা (raṁ karā)
dysprosium: ডিস্প্রোসিয়াম (ḍisprōsiẏāma)

E

e-mail: ই-মেইল (i-mē'ila)
e-mail address: ই-মেইল ঠিকানা (i-mē'ila ṭhikānā)
eagle: ঈগল (īgala)
ear: কান (kāna)
earn: অর্জন করা (arjana karā)
earphone: ইয়ারফোন (iẏāraphōna)
earplug: ইয়ারপ্লাগ (iẏāraplāga)
earring: কানের দুল (kānēra dula)
earth: পৃথিবী (pr̥thibī)
earth's core: পৃথিবীর কেন্দ্র (pr̥thibīra kēndra)
earth's crust: ভূত্বক (bhūtbaka)
earthquake: ভূমিকম্প (bhūmikampa)
east: পূর্ব (pūrba)
Easter: ইস্টার (isṭāra)
East Timor: পূর্ব তিমুর (pūrba timura)
easy: সহজ (sahaja)
eat: খাওয়া (khā'ōẏā)
economics: অর্থনীতি (arthanīti)
economy class: ইকোনমি ক্লাস (ikōnami klāsa)
Ecuador: ইকুয়েডর (ikuẏēḍara)
eczema: একজিমা (ēkajimā)
egg: ডিম (ḍima)
egg white: ডিমের সাদা অংশ (ḍimēra sādā anśa)
Egypt: মিশর (miśara)
einsteinium: আইনস্টাইনিয়াম (ā'inasṭā'iniẏāma)
elbow: কনুই (kanu'i)
electric guitar: বৈদ্যুতিক গিটার (baidyutika giṭāra)
electrician: ইলেকট্রিশিয়ান (ilēkaṭriśiẏāna)
electric iron: বৈদ্যুতিক ইস্ত্রি (baidyutika istri)
electric shock: বৈদ্যুতিক শক (baidyutika śaka)
electron: ইলেকট্রন (ilēkaṭrana)
elephant: হাতি (hāti)
elevator: এলিভেটর (ēlibhēṭara)
elk: এলক (ēlaka)
ellipse: উপবৃত্ত (upabr̥tta)
El Salvador: এল সালভাদোর (ēla sālabhādōra)
embassy: দূতাবাস (dūtābāsa)
embryo: ভ্রূণ (bhrūṇa)
emergency: জরুরি অবস্থা (jaruri abasthā)
emergency exit: জরুরী বহির্গমন (jarurī bahirgamana)
emergency room: জরুরী বিভাগ (jarurī bibhāga)

employee: কর্মচারী (karmacārī)
employer: নিয়োগকর্তা (niẏōgakartā)
empty: খালি (khāli)
endocrinology: এন্ডোক্রিনোলজি (ēnḍōkrinōlaji)
energy drink: শক্তিবর্ধক পানীয় (śaktibardhaka pānīẏa)
engagement: বাগদান (bāgadāna)
engagement ring: বাগদানের আংটি (bāgadānēra ānṭi)
engine: ইঞ্জিন (iñjina)
engineer: প্রকৌশলী (prakauśalī)
engine room: ইঞ্জিন রুম (iñjina ruma)
English: ইংরেজি (inrēji)
enjoy: উপভোগ করা (upabhōga karā)
entrepreneur: উদ্যোক্তা (udyōktā)
envelope: খাম (khāma)
epilepsy: মৃগীরোগ (mr̥gīrōga)
episiotomy: এপিসিওটমি (ēpisi'ōṭami)
equation: সমীকরণ (samīkaraṇa)
equator: বিষুবরেখা (biṣubarēkhā)
Equatorial Guinea: ইকোয়েটোরিয়াল গিনি (ikōẏēṭōriẏāla gini)
erbium: আরবিয়াম (ārabiẏāma)
Eritrea: ইরিত্রিয়া (iritriẏā)
espresso: এসপ্রেসো (ēsaprēsō)
essay: প্রবন্ধ (prabandha)
Estonia: এস্তোনিয়া (ēstōniẏā)
Ethiopia: ইথিওপিয়া (ithi'ōpiẏā)
eucalyptus: ইউক্যালিপ্টাস গাছ (i'ukyālipṭāsa gācha)
euro: ইউরো (i'urō)
europium: ইউরোপিয়াম (i'urōpiẏāma)
evening: সন্ধ্যা (sandhyā)
evening dress: সান্ধ্য পোশাক (sāndhya pōśāka)
every: প্রতি (prati)
everybody: সবাই (sabā'i)
evidence: প্রমাণ (pramāṇa)
evil: মন্দ (manda)
exam: পরীক্ষা (parīkṣā)
excavator: খনক (khanaka)
exclamation mark: আশ্চর্যবোধক চিহ্ন (āścaryabōdhaka cihna)
excuse me: মাফ করবেন (māpha karabēna)
exercise bike: এক্সারসাইজ বাইক (ēksārasā'ija bā'ika)
exhaust pipe: নিষ্কাশন নল (niṣkāśana nala)
expensive: দামী (dāmī)
expiry date: মেয়াদ উত্তীর্ণের তারিখ (mēẏāda uttīrṇēra tārikha)
eye: চোখ (cōkha)
eyebrow: ভ্রু (bhru)
eyebrow pencil: ভ্রু পেন্সিল (bhru pēnsila)
eyelashes: চোখের পাপড়ি (cōkhēra pāpaṛi)
eyeliner: আইলাইনার (ā'ilā'ināra)
eye shadow: আই শ্যাডো (ā'i śyāḍō)

F

fabric: কাপড় (kāpaṛa)
face cream: ফেস ক্রিম (phēsa krima)
face mask: ফেস মাস্ক (phēsa māska)
face powder: ফেস পাউডার (phēsa pā'uḍāra)
facial toner: ফেসিয়াল টোনার (phēsiẏāla ṭōnāra)

factory: কারখানা (kārakhānā)
Fahrenheit: ফারেনহাইট (phārēnahā'iṭa)
fail: ব্যর্থ হওয়া (byartha ha'ōẏā)
faint: অজ্ঞান হওয়া (ajñāna ha'ōẏā)
fair: ন্যায্য (n'yāyya)
fairground: মেলা প্রাঙ্গণ (mēlā prāṅgaṇa)
falcon: বাজপাখি (bājapākhi)
Falkland Islands: ফকল্যান্ড দ্বীপপুঞ্জ (phakalyānḍa dbīpapuñja)
fall: পড়ে যাওয়া (paṛē yā'ōẏā)
family picture: পারিবারিক ছবি (pāribārika chabi)
family therapy: পারিবারিক থেরাপি (pāribārika thērāpi)
fan: পাখা (pākhā)
far: দূরে (dūrē)
fare: ভাড়া (bhāṛā)
farm: খামার (khāmāra)
farmer: কৃষক (kr̥ṣaka)
Faroe Islands: ফ্যারো দ্বীপপুঞ্জ (phyārō dbīpapuñja)
father: বাবা (bābā)
father-in-law: শ্বশুর (śbaśura)
fat meat: চর্বিযুক্ত মাংস (carbiyukta mānsa)
fax: ফ্যাক্স (phyāksa)
February: ফেব্রুয়ারি (phēbruẏāri)
feed: খাওয়ানো (khā'ōẏānō)
fence: বেড়া (bēṛā)
fencing: ফেন্সিং (phēnsiṁ)
feng shui: ফেং শুই (phēṁ śyu'i)
fennel: মৌরি (mauri)
fermium: ফার্মিয়াম (phārmiẏāma)
fern: ফার্ণ (phārṇa)
ferry: ফেরি (phēri)
feta: ফেটা (phēṭā)
fever: জ্বর (jbara)
fever thermometer: জ্বরের থার্মোমিটার (jbarēra thārmōmiṭāra)
few: অল্প (alpa)
fiancé: বাগদত্ত (bāgadatta)
fiancée: বাগদত্তা (bāgadattā)
field hockey: ফিল্ড হকি (philḍa haki)
fifth floor: ছয় তলা (chaẏa talā)
fig: ডুমুর (ḍumura)
fight: লড়াই করা (laṛā'i karā)
figure skating: ফিগার স্কেটিং (phigāra skēṭiṁ)
Fiji: ফিজি (phiji)
file: রেতি (rēti), ফাইল (phā'ila)
filter: ছাঁকনি (chām̐kani)
fin: ফিন (phina)
find: খোঁজা (khōm̐jā)
fine: জরিমানা (jarimānā)
finger: আঙুল (āṅula)
fingernail: হাতের নখ (hātēra nakha)
fingerprint: আঙুলের ছাপ (āṅulēra chāpa)
Finland: ফিনল্যান্ড (phinalyānḍa)
fire: আগুন (āguna)
fire alarm: ফায়ার এলার্ম (phāẏāra ēlārma)
fire extinguisher: অগ্নি নির্বাপক (agni nirbāpaka)
firefighter: দমকলকর্মী (damakalakarmī)
firefighters: দমকলকর্মী (damakalakarmī)
fire station: দমকল কেন্দ্র (damakala kēndra)

fire truck: দমকল ট্রাক (damakala ṭrāka)
first: প্রথম (prathama)
first basement floor: প্রথম বেজমেন্ট মেঝে (prathama bējamēnṭa mējhē)
first class: প্রথম শ্রেণী (prathama śrēṇī)
first floor: দুই তলা (du'i talā)
fish: মাছ (mācha), মাছ ধরা (mācha dharā)
fish and chips: মাছ এবং চিপস (mācha ēbaṁ cipasa)
fishbone: মাছের কাঁটা (māchēra kām̐ṭā)
fisherman: জেলে (jēlē)
fishing boat: মাছ ধরার নৌকা (mācha dharāra naukā)
fish market: মাছের বাজার (māchēra bājāra)
fist: মুষ্টি (muṣṭi)
fix: সাঁটা (sām̐ṭā)
flamingo: কানঠুটি (kānaṭhuṭi)
flash: ফ্ল্যাশ (phlyāśa)
flat: সমতল (samatala)
flat screen: ফ্ল্যাট স্ক্রিন (phlyāṭa skrina)
flerovium: ফ্লেরোভিয়াম (phlērōbhiẏāma)
flip-flops: চপ্পল (cappala)
flip chart: ফ্লিপ চার্ট (phlipa cārṭa)
flood: বন্যা (ban'yā)
floor: মেঝে (mējhē)
florist: ফুল বিক্রেতা (phula bikrētā)
flour: ময়দা (maẏadā)
flower: ফুল (phula)
flower bed: বাগিচা (bāgicā)
flower pot: ফুলের পাত্র (phulēra pātra)
flu: ফ্লু (phlu)
fluid: তরল (tarala)
fluorine: ফ্লুরিন (phlurina)
flute: বাঁশি (bām̐śi)
fly: মাছি (māchi), ওড়া (ōṛā)
flyer: প্রচারপত্র (pracārapatra)
foetus: ভ্রূণ (bhrūṇa)
fog: কুয়াশা (kuẏāśā)
foggy: কুয়াশাচ্ছন্ন (kuẏāśācchanna)
folder: ফোল্ডার (phōlḍāra)
folk music: লোক সঙ্গীত (lōka saṅgīta)
follow: অনুসরণ করা (anusaraṇa karā)
foot: পা (pā), ফুট (phuṭa)
football: ফুটবল (phuṭabala), আমেরিকান ফুটবল (āmērikāna phuṭabala)
football boots: ফুটবল বুট (phuṭabala buṭa)
football stadium: ফুটবল স্টেডিয়াম (phuṭabala sṭēḍiẏāma)
force: বল (bala)
forehead: কপাল (kapāla)
forest: বন (bana)
fork: কাঁটাচামচ (kām̐ṭācāmaca)
forklift truck: ফর্কলিফট ট্রাক (pharkaliphaṭa ṭrāka)
Formula 1: ফর্মুলা ওয়ান (pharmulā ōẏāna)
foundation: ফাউন্ডেশন (phā'unḍēśana)
fountain: ফোয়ারা (phōẏārā)
fourth: চতুর্থ (caturtha)
fox: শিয়াল (śiẏāla)
fraction: ভগ্নাংশ (bhagnānśa)
fracture: হাড় ভাঙা (hāṛa bhāṅā)
France: ফ্রান্স (phrānsa)
francium: ফ্রান্সিয়াম (phrānsiẏāma)

freckles: ছুলি (chuli)
freestyle skiing: ফ্রিস্টাইল স্কিইং (phrisṭā'ila ski'iṁ)
freezer: ফ্রিজার (phrijāra)
freight train: মালবাহী ট্রেন (mālabāhī ṭrēna)
French: ফরাসি (pharāsi)
French fries: ফ্রেঞ্চ ফ্রাই (phrēñca phrā'i)
French horn: ফরাসি শিঙা (pharāsi śiṅā)
French Polynesia: ফ্রেঞ্চ পলিনেশিয়া (phrēñca palinēśiẏā)
Friday: শুক্রবার (śukrabāra)
fridge: ফ্রিজ (phrija)
fried noodles: ভাজা নুডলস (bhājā nuḍalasa)
fried rice: ফ্রাইড রাইস (phrā'iḍa rā'isa)
fried sausage: ফ্রাইড সসেজ (phrā'iḍa sasēja)
friend: বন্ধু (bandhu)
friendly: বন্ধুভাবাপন্ন (bandhubhābāpanna)
frog: ব্যাঙ (byāṅa)
front: সামনে (sāmanē)
front door: সামনের দরজা (sāmanēra darajā)
front light: সামনের লাইট (sāmanēra lā'iṭa)
front seat: সামনের আসন (sāmanēra āsana)
fruit gum: ফ্রুট গাম (phruṭa gāma)
fruit merchant: ফল ব্যবসায়ী (phala byabasāẏī)
fruit salad: ফলের সালাদ (phalēra sālāda)
fry: ভাজা (bhājā)
full: ভরা (bharā), পূর্ণ (pūrṇa)
full stop: দাঁড়ি (dām̐ṛi)
funeral: অন্ত্যেষ্টিক্রিয়া (antyēṣṭikriẏā)
funnel: ফানেল (phānēla)
funny: হাস্যকর (hāsyakara)
furniture store: আসবাবপত্রের দোকান (āsabābapatrēra dōkāna)

G

Gabon: গ্যাবন (gyābana)
gadolinium: গ্যাডোলিনিয়াম (gyāḍōliniẏāma)
gain weight: ওজন বাড়া (ōjana bāṛā)
galaxy: ছায়াপথ (chāẏāpatha)
gall bladder: পিত্তথলি (pittathali)
gallium: গ্যালিয়াম (gyāliẏāma)
gamble: জুয়া খেলা (juẏā khēlā)
game: হরিণের মাংস (hariṇēra mānsa)
garage: গ্যারেজ (gyārēja)
garage door: গ্যারেজের দরজা (gyārējēra darajā)
garbage bin: ময়লার ঝুড়ি (maẏalāra jhuṛi)
garden: বাগান (bāgāna)
gardener: মালী (mālī)
garlic: রসুন (rasuna)
gas: গ্যাস (gyāsa)
gear lever: গিয়ার লিভার (giẏāra libhāra)
gear shift: গিয়ার শিফট (giẏāra śiphaṭa)
gecko: টিকটিকি (ṭikaṭiki)
gender: লিঙ্গ (liṅga)
general manager: মহাব্যবস্থাপক (mahābyabasthāpaka)
generator: জেনারেটর (jēnārēṭara)
generous: উদার (udāra)
geography: ভূগোল (bhūgōla)

geometry: জ্যামিতি (jyāmiti)
Georgia: জর্জিয়া (jarjiẏā)
German: জার্মান (jārmāna)
germanium: জার্মেনিয়াম (jārmēniẏāma)
Germany: জার্মানি (jārmāni)
geyser: উষ্ণপ্রস্রবণ (uṣṇaprasrabaṇa)
Ghana: ঘানা (ghānā)
Gibraltar: জিব্রাল্টার (jibrālṭāra)
gin: জিন (jina)
ginger: আদা (ādā), লালচে চুল (lālacē cula)
giraffe: জিরাফ (jirāpha)
girl: মেয়ে (mēẏē)
girlfriend: মেয়ে বন্ধু (mēẏē bandhu)
give: দেওয়া (dē'ōẏā)
give a massage: মাসাজ করা (māsāja karā)
glacier: হিমবাহ (himabāha)
gladiolus: গ্ল্যাডিওলাস (glyāḍi'ōlāsa)
glass: গ্লাস (glāsa)
glasses: চশমা (caśamā)
glider: গ্লাইডার (glā'iḍāra)
glove: দস্তানা (dastānā)
glue: আঠা (āṭhā)
gluten: ময়দার আঠা (maẏadāra āṭhā)
goal: গোল (gōla)
goat: ছাগল (chāgala)
gold: সোনা (sōnā)
Gold is more expensive than silver: স্বর্ণ রূপার চেয়ে দামি (sbarṇa rūpāra cēẏē dāmi)
gold medal: স্বর্ণপদক (sbarṇapadaka)
golf: গলফ (galapha)
golf ball: গলফ বল (galapha bala)
golf club: গলফ ক্লাব (galapha klāba)
golf course: গলফ কোর্স (galapha kōrsa)
good: ভালো (bhālō)
good bye: শুভ বিদায় (śubha bidāẏa)
good day: দিনটি শুভ হোক (dinaṭi śubha hōka)
goose: রাজহাঁস (rājahām̐sa)
go straight: সোজা যাও (sōjā yā'ō)
goulash: গোলাস (gōlāsa)
GPS: জিপিএস (jipi'ēsa)
graduation: স্নাতক (snātaka)
graduation ceremony: স্নাতক সমাবর্তন (snātaka samābartana)
gram: গ্রাম (grāma)
grandchild: নাতী-নাতনী (nātī-nātanī)
granddaughter: নাতনী (nātanī)
grandfather: দাদা (dādā), নানা (nānā)
grandmother: দাদী (dādī), নানী (nānī)
grandson: নাতি (nāti)
granite: গ্রানাইট (grānā'iṭa)
granulated sugar: দানাদার চিনি (dānādāra cini)
grape: আঙুর (āṅura)
grapefruit: জাম্বুরা (jāmburā)
graphite: গ্রাফাইট (grāphā'iṭa)
grass: ঘাস (ghāsa)
grasshopper: ঘাসফড়িং (ghāsapharim̐)
grater: আঁচড়া (ām̐caṛā)
grave: কবর (kabara)
gravity: মাধ্যাকর্ষণ (mādhyākarṣaṇa)

Greece: গ্রীস (grīsa)
greedy: লোভী (lōbhī)
green: সবুজ (sabuja)
greenhouse: গ্রিনহাউজ (grinahā'uja)
Greenland: গ্রিনল্যান্ড (grinalyānḍa)
green tea: গ্রিন টী (grina ṭī)
Grenada: গ্রেনাডা (grēnāḍā)
grey: ধূসর (dhūsara)
groom: বর (bara)
ground floor: নিচতলা (nicatalā)
group therapy: গ্রুপ থেরাপি (grupa thērāpi)
grow: বড় হওয়া (baṛa ha'ōẏā)
Guatemala: গুয়াতেমালা (guẏātēmālā)
guest: অতিথি (atithi)
guilty: দোষী (dōṣī)
Guinea: গিনি (gini)
Guinea-Bissau: গিনি-বিসাউ (gini-bisā'u)
guinea pig: গিনিপিগ (ginipiga)
guitar: গিটার (giṭāra)
gun: বন্দুক (banduka)
Guyana: গায়ানা (gāẏānā)
gym: জিম (jima)
gymnastics: জিমন্যাস্টিকস (jiman'yāsṭikasa)
gynaecology: স্ত্রীরোগবিদ্যা (strīrōgabidyā)

H

hafnium: হাফনিয়াম (hāphaniẏāma)
hair: চুল (cula)
hairdresser: নাপিত (nāpita)
hairdryer: হেয়ার ড্রায়ার (hēẏāra ḍrāẏāra)
hair gel: চুলের জেল (culēra jēla)
hair straightener: হেয়ার স্ট্রেইটনার (hēẏāra sṭrē'iṭanāra)
Haiti: হাইতি (hā'iti)
half an hour: আধ ঘণ্টা (ādha ghanṭā)
Halloween: হ্যালোইন (hyālō'ina)
ham: হ্যাম (hyāma)
hamburger: হ্যামবার্গার (hyāmabārgāra)
hammer: হাতুড়ি মারা (hātuṛi mārā), হাতুড়ি (hātuṛi)
hammer throw: হাতুড়ি নিক্ষেপ (hātuṛi nikṣēpa)
hamster: হ্যামস্টার (hyāmasṭāra)
hand: হাত (hāta)
handbag: হাতব্যাগ (hātabyāga)
handball: হ্যান্ডবল (hyānḍabala)
hand brake: হ্যান্ড ব্রেক (hyānḍa brēka)
handcuff: হাতকড়া (hātakaṛā)
handsaw: হাতের করাত (hātēra karāta)
handsome: সুদর্শন (sudarśana)
happy: সুখী (sukhī)
harbour: বন্দর (bandara)
hard: কঠিন (kaṭhina)
hard drive: হার্ড ড্রাইভ (hārḍa ḍrā'ibha)
harmonica: হারমোনিকা (hāramōnikā)
harp: বীণা (bīṇā)
hassium: হ্যাসিয়াম (hyāsiẏāma)
hat: টুপি (ṭupi)

hay fever: খড় জ্বর (khaṛa jbara)
hazelnut: হ্যাজেল নাট (hyājēla nāṭa)
he: সে (sē)
head: মাথা (māthā)
headache: মাথা ব্যাথা (māthā byāthā)
heading: শিরোনাম (śirōnāma)
head injury: মাথায় আঘাত (māthāẏa āghāta)
healthy: সুস্থ (sustha)
heart: হৃৎপিণ্ড (hr̥tpiṇḍa)
heart attack: হার্ট অ্যাটাক (hārṭa ayāṭāka)
heating: হিটিং (hiṭiṁ)
heavy: ভারী (bhārī)
heavy metal: হেভি মেটাল সঙ্গীত (hēbhi mēṭāla saṅgīta)
hedge: হেজ (hēja)
hedgehog: কাঁটাচুয়া (kām̐ṭācuẏā)
heel: গোড়ালি (gōṛāli), হিল (hila)
height: উচ্চতা (uccatā)
heir: উত্তরাধিকারী (uttarādhikārī)
helicopter: হেলিকপ্টার (hēlikapṭāra)
helium: হিলিয়াম (hiliẏāma)
hello: হ্যালো (hyālō)
helmet: হেলমেট (hēlamēṭa)
help: সাহায্য করা (sāhāyya karā)
hemorrhoid: অর্শরোগ (arśbarōga)
her dress: তার পোশাক (tāra pōśāka)
here: এখানে (ēkhānē)
heritage: ঐতিহ্য (aitihya)
hexagon: ষড়ভুজ (ṣaṛabhuja)
hi: হাই (hā'i)
hide: লুকানো (lukānō)
high: উচু (ucu)
high-speed train: উচ্চ গতির ট্রেন (ucca gatira ṭrēna)
high blood pressure: উচ্চ রক্তচাপ (ucca raktacāpa)
high heels: হাই হিল (hā'i hila)
high jump: উচ্চ লম্ফ (ucca lampha)
high school: উচ্চ বিদ্যালয় (ucca bidyālaẏa)
hiking: হাইকিং (hā'ikiṁ)
hiking boots: হাইকিং বুট (hā'ikiṁ buṭa)
hill: পাহাড় (pāhāṛa)
Himalayas: হিমালয় (himālaẏa)
hippo: জলহস্তী (jalahastī)
his car: তার গাড়ি (tāra gāṛi)
history: ইতিহাস (itihāsa)
hit: আঘাত করা (āghāta karā)
hockey stick: হকি স্টিক (haki sṭika)
hoe: নিড়ানি (niṛāni)
hole puncher: ছিদ্র করার যন্ত্র (chidra karāra yantra)
holmium: হলমিয়াম (halamiẏāma)
holy: পবিত্র (pabitra)
homework: বাড়ির কাজ (bāṛira kāja)
homoeopathy: হোমিওপ্যাথি (hōmi'ōpyāthi)
Honduras: হন্ডুরাস (hanḍurāsa)
honey: মধু (madhu)
honeymoon: মধুচন্দ্রিমা (madhucandrimā)
Hong Kong: হংকং (haṅkaṁ)
horn: হর্ন (harna)
horror movie: ভৌতিক সিনেমা (bhautika sinēmā)

horse: ঘোড়া (ghōṛā)
hose: পানির পাইপ (pānira pā'ipa)
hospital: হাসপাতাল (hāsapātāla)
host: উপস্থাপক (upasthāpaka)
hostel: ছাত্রাবাস (chātrābāsa)
hot: ঝাল (jhāla), গরম (garama)
hot-air balloon: গরম বাতাস বেলুন (garama bātāsa bēluna)
hot-water bottle: গরম পানির বোতল (garama pānira bōtala)
hot chocolate: হট চকলেট (haṭa cakalēṭa)
hot dog: হটডগ (haṭaḍaga)
hotel: হোটেল (hōṭēla)
hot pot: হট পট (haṭa paṭa)
hour: ঘন্টা (ghanṭā)
house: ঘর (ghara)
houseplant: ঘরে লাগানোর গাছ (gharē lāgānōra gācha)
how: কিভাবে (kibhābē)
How are you?: তুমি কেমন আছো? (tumi kēmana āchō?)
how many?: কতগুলো? (katagulō?)
how much?: কত? (kata?)
How much is this?: এটার দাম কত? (ēṭāra dāma kata?)
huge: বিশাল (biśāla)
human resources: মানব সম্পদ (mānaba sampada)
humidity: আর্দ্রতা (ārdratā)
Hungary: হাঙ্গেরি (hāṅgēri)
hungry: ক্ষুধার্ত (kṣudhārta)
hurdles: হার্ডেলস (hārḍēlasa)
hurricane: হারিকেন (hārikēna)
husband: স্বামী (sbāmī)
hydrant: হাইড্র্যান্ট (hā'iḍryānṭa)
hydroelectric power station: জলবিদ্যুৎ শক্তি কেন্দ্র (jalabidyuṯ śakti kēndra)
hydrogen: হাইড্রোজেন (hā'iḍrōjēna)
hydrotherapy: হাইড্রোথেরাপি (hā'iḍrōthērāpi)
hyphen: হাইফেন (hā'iphēna)
hypnosis: সম্মোহন (sam'mōhana)

I

I: আমি (āmi)
I agree: আমি একমত (āmi ēkamata)
ice: বরফ (barapha)
ice climbing: আইস ক্লাইম্বিং (ā'isa klā'imbiṁ)
ice cream: আইসক্রিম (ā'isakrima)
iced coffee: বরফ কফি (barapha kaphi)
ice hockey: আইস হকি (ā'isa haki)
Iceland: আইসল্যান্ড (ā'isalyānḍa)
ice rink: আইস রিঙ্ক (ā'isa riṅka)
ice skating: আইস স্কেটিং (ā'isa skēṭiṁ)
icing sugar: শুষ্ক চিনি (śuṣka cini)
icon: আইকন (ā'ikana)
I don't know: আমি জানি না (āmi jāni nā)
I don't like this: আমি এটা পছন্দ করি না (āmi ēṭā pachanda kari nā)
I don't understand: আমি বুঝতে পারছি না (āmi bujhatē pārachi nā)
if: যদি (yadi)
I have a dog: আমার একটি কুকুর আছে (āmāra ēkaṭi kukura āchē)
I know: আমি জানি (āmi jāni)
I like you: আমি তোমাকে পছন্দ করি (āmi tōmākē pachanda kari)

I love you: আমি তোমাকে ভালোবাসি (āmi tōmākē bhālōbāsi)
I miss you: আমি তোমাকে মিস করি (āmi tōmākē misa kari)
immediately: অবিলম্বে (abilambē)
inbox: ইনবক্স (inabaksa)
inch: ইঞ্চি (iñci)
index finger: তর্জনী (tarjanī)
India: ভারত (bhārata)
Indian Ocean: ভারত মহাসাগর (bhārata mahāsāgara)
indium: ইন্ডিয়াম (inḍiẏāma)
Indonesia: ইন্দোনেশিয়া (indōnēśiẏā)
industrial district: শিল্পাঞ্চল (śilpāñcala)
I need this: আমার এটা দরকার (āmāra ēṭā darakāra)
infant: নবজাতক (nabajātaka)
infection: সংক্রমণ (saṅkramaṇa)
infusion: ইনফিউশন (inaphi'uśana)
inhaler: ইনহেলার (inahēlāra)
injure: আঘাত করা (āghāta karā)
injury: আঘাত (āghāta)
ink: কালি (kāli)
inking roller: রঙ লাগানোর রোলার (raṅa lāgānōra rōlāra)
insect repellent: পোকা তাড়ানোর ঔষধ (pōkā tāṛānōra auṣadha)
inside: ভিতরে (bhitarē)
instant camera: ইন্সট্যান্ট ক্যামেরা (insaṭyānṭa kyāmērā)
instant noodles: ইনস্ট্যান্ট নুডুলস (inasṭyānṭa nuḍulasa)
insulating tape: অন্তরক ফিতা (antaraka phitā)
insulin: ইনসুলিন (inasulina)
insurance: বীমা (bīmā)
intensive care unit: ইনটেনসিভ কেয়ার ইউনিট (inaṭēnasibha kēẏāra i'uniṭa)
interest: সুদ (suda)
intern: শিক্ষানবিস (śikṣānabisa)
intersection: ছেদ (chēda)
intestine: অন্ত্র (antra)
investment: বিনিয়োগ (biniẏōga)
iodine: আয়োডিন (āẏōḍina)
ion: আয়ন (āẏana)
Iran: ইরান (irāna)
Iraq: ইরাক (irāka)
Ireland: আয়ারল্যান্ড (āẏāralyānḍa)
iridium: ইরিডিয়াম (iriḍiẏāma)
iris: আইরিশ (ā'iriśa)
iron: ইস্ত্রি করা (istri karā), লোহা (lōhā)
ironing table: ইস্ত্রি করার টেবিল (istri karāra ṭēbila)
island: দ্বীপ (dbīpa)
isotope: আইসোটোপ (ā'isōṭōpa)
Israel: ইসরায়েল (isarāẏēla)
IT: তথ্য প্রযুক্তি (tathya prayukti)
Italy: ইতালি (itāli)
Ivory Coast: আইভরি কোস্ট (ā'ibhari kōsṭa)
I want more: আমি আরো চাই (āmi ārō cā'i)
I want this: আমি এটা চাই (āmi ēṭā cā'i)

J

jack: জ্যাক (jyāka)
jacket: জ্যাকেট (jyākēṭa)
jackfruit: কাঁঠাল (kām̐ṭhāla)

jade: জেড (jēḍa)
jam: জ্যাম (jyāma)
Jamaica: জ্যামাইকা (jyāmā'ikā)
January: জানুয়ারি (jānuẏāri)
Japan: জাপান (jāpāna)
Japanese: জাপানীজ (jāpānīja)
jar: বয়াম (baẏāma)
javelin throw: বর্শা নিক্ষেপ (barśā nikṣēpa)
jawbone: চোয়ালের হাড় (cōẏālēra hāṛa)
jazz: জ্যাজ (jyāja)
jeans: জিন্স (jinsa)
jellyfish: জেলিফিশ (jēliphiśa)
jersey: জার্সি (jārsi)
jet ski: জেট স্কি (jēṭa ski)
jeweller: স্বর্ণকার (sbarṇakāra)
jive: জাইভ (jā'ibha)
job: কাজ (kāja)
jogging bra: জগিং ব্রা (jagiṁ brā)
joke: কৌতুক (kautuka)
Jordan: জর্দান (jardāna)
journalist: সাংবাদিক (sāmbādika)
judge: বিচারক (bicāraka)
judo: জুডো (juḍō)
juicy: রসালো (rasālō)
July: জুলাই (julā'i)
jump: লাফানো (lāphānō)
June: জুন (juna)
junior school: জুনিয়র স্কুল (juniẏara skula)
Jupiter: বৃহস্পতি (br̥haspati)
jury: জুরি (juri)

K

kangaroo: ক্যাঙ্গারু (kyāṅgāru)
karate: ক্যারাটে (kyārāṭē)
kart: কার্ট রেসিং (kārṭa rēsiṁ)
Kazakhstan: কাজাখস্তান (kājākhastāna)
kebab: কাবাব (kābāba)
kennel: কুকুরের ঘর (kukurēra ghara)
Kenya: কেনিয়া (kēniẏā)
kettle: কেটলি (kēṭali)
kettledrum: কেটলড্রাম (kēṭalaḍrāma)
key: চাবি (cābi)
keyboard: কীবোর্ড (kībōrḍa)
key chain: চাবির রিং (cābira riṁ)
keyhole: চাবির ছিদ্র (cābira chidra)
kick: লাথি মারা (lāthi mārā)
kidney: বৃক্ক (br̥kka)
kill: মেরে ফেলা (mērē phēlā)
killer whale: শিকারি তিমি (śikāri timi)
kilogram: কিলোগ্রাম (kilōgrāma)
kindergarten: কিন্ডারগার্টেন (kinḍāragārṭēna)
kindergarten teacher: কিন্ডারগার্টেন শিক্ষক (kinḍāragārṭēna śikṣaka)
Kiribati: কিরিবাতি (kiribāti)
kiss: চুম্বন করা (cumbana karā), চুম্বন (cumbana)
kitchen: রান্নাঘর (rānnāghara)

kiwi: কিউই (ki'u'i)
knee: হাঁটু (hāṁṭu)
kneecap: হাঁটুর হাড় (hāṁṭura hāṛa)
knife: ছুরি (churi)
knit cap: বোনা টুপি (bōnā ṭupi)
know: জানা (jānā)
koala: কোয়ালা (kōẏālā)
Kosovo: কসোভো (kasōbhō)
krone: ক্রোন (krōna)
krypton: ক্রিপ্টন (kripṭana)
Kuwait: কুয়েত (kuẏēta)
Kyrgyzstan: কিরগিজস্তান (kiragijastāna)

L

laboratory: পরীক্ষাগার (parīkṣāgāra)
lace: ফিতা (phitā)
lacrosse: ল্যাক্রোস (lyākrōsa)
ladder: মই (ma'i)
ladle: হাতা (hātā)
ladybird: লেডিবার্ড (lēḍibārḍa)
lake: হ্রদ (hrada)
lamb: ভেড়ার মাংস (bhēṛāra mānsa)
lamp: বাতি (bāti)
landlord: জমিদার (jamidāra)
lanthanum: ল্যান্থানাম (lyānthānāma)
Laos: লাওস (lā'ōsa)
laptop: ল্যাপটপ (lyāpaṭapa)
larch: লার্চ (lārca)
lasagne: লাজানিয়া (lājāniẏā)
last month: গত মাস (gata māsa)
last week: গত সপ্তাহ (gata saptāha)
last year: গত বছর (gata bachara)
Latin: ল্যাটিন (lyāṭina)
Latin dance: ল্যাটিন নাচ (lyāṭina nāca)
latitude: অক্ষাংশ (akṣānśa)
Latvia: লাটভিয়া (lāṭabhiẏā)
laugh: উচ্চরবে হাসা (uccarabē hāsā)
laundry: লন্ড্রি (lanḍri)
laundry basket: লন্ড্রি ঝুড়ি (lanḍri jhuṛi)
lava: লাভা (lābhā)
law: আইন (ā'ina)
lawn mower: লন মোয়ার (lana mōẏāra)
lawrencium: লরেনসিয়াম (larēnasiẏāma)
lawyer: আইনজীবী (ā'inajībī)
lazy: অলস (alasa)
lead: সীসা (sīsā)
leaf: পাতা (pātā)
leaflet: লিফলেট (liphalēṭa)
lean meat: চর্বিহীন মাংস (carbihīna mānsa)
leather shoes: চামড়ার জুতা (cāmaṛāra jutā)
Lebanon: লেবানন (lēbānana)
lecture: লেকচার (lēkacāra)
lecturer: বক্তা (baktā)
lecture theatre: লেকচার থিয়েটার (lēkacāra thiẏēṭāra)
leek: পলাণ্ডু (palāṇḍu)

left: বাম (bāma)
leg: পা (pā)
legal department: আইনী বিভাগ (ā'inī bibhāga)
leggings: লেগিংস (lēginsa)
leg press: লেগ প্রেস (lēga prēsa)
lemon: লেবু (lēbu)
lemonade: লেমোনেড (lēmōnēḍa)
lemongrass: লেমন গ্রাস (lēmana grāsa)
lemur: লেমুর (lēmura)
leopard: চিতাবাঘ (citābāgha)
Lesotho: লেসোথো (lēsōthō)
less: কম (kama)
lesson: পাঠ (pāṭha)
Let's go home: চলো বাড়ি যাই (calō bāṛi yā'i)
letter: বর্ণ (barṇa), চিঠি (ciṭhi)
lettuce: লেটুস (lēṭusa)
Liberia: লাইবেরিয়া (lā'ibēriẏā)
librarian: গ্রন্থাগারিক (granthāgārika)
library: লাইব্রেরি (lā'ibrēri)
Libya: লিবিয়া (libiẏā)
lie: শুয়ে থাকা (śuẏē thākā)
Liechtenstein: লিচেনস্টেইন (licēnasṭē'ina)
lifeboat: লাইফ বোট (lā'ipha bōṭa)
life buoy: লাইফ বয়া (lā'ipha baẏā)
lifeguard: লাইফগার্ড (lā'iphagārḍa)
life jacket: লাইফ জ্যাকেট (lā'ipha jyākēṭa)
lift: উপরে তোলা (uparē tōlā)
light: হালকা (hālakā), আলো (ālō)
light bulb: বৈদ্যুতিক বাল্ব (baidyutika bālba)
lighter: লাইটার (lā'iṭāra)
lighthouse: বাতিঘর (bātighara)
lightning: বজ্রপাত (bajrapāta)
light switch: লাইট সুইচ (lā'iṭa su'ica)
like: পছন্দ করা (pachanda karā)
lime: পাতিলেবু (pātilēbu)
limestone: চুনাপাথর (cunāpāthara)
limousine: লিমোজিন (limōjina)
lingerie: মহিলাদের অন্তর্বাস (mahilādēra antarbāsa)
lion: সিংহ (sinha)
lip: ঠোঁট (ṭhōm̐ṭa)
lip balm: লিপ বাম (lipa bāma)
lip gloss: লিপ গ্লস (lipa glasa)
lipstick: লিপস্টিক (lipasṭika)
liqueur: লিক্যুয়র (likyuẏara)
liquorice: যষ্টিমধু (yaṣṭimadhu)
listen: শোনা (śōnā)
liter: লিটার (liṭāra)
literature: সাহিত্য (sāhitya)
lithium: লিথিয়াম (lithiẏāma)
Lithuania: লিথুয়ানিয়া (lithuẏāniẏā)
little black dress: ছোট কালো পোশাক (chōṭa kālō pōśāka)
little brother: ছোট ভাই (chōṭa bhā'i)
little finger: কনিষ্ঠা (kaniṣṭhā)
little sister: ছোট বোন (chōṭa bōna)
live: বাঁচা (bām̐cā)
liver: যকৃৎ (yakr̥t)
livermorium: লিভারমোরিয়াম (libhāramōriẏāma)

living room: বসার ঘর (basāra ghara)
lizard: টিকটিকি (ṭikaṭiki)
llama: লামা (lāmā)
loan: ঋণ (r̥ṇa)
lobby: লবি (labi)
lobster: গলদা (galadā)
lock: তালাবন্ধ করা (tālābandha karā)
locomotive: লোকোমোটিভ (lōkōmōṭibha)
lonely: একাকী (ēkākī)
long: লম্বা (lambā)
longitude: দ্রাঘিমাংশ (drāghimānśa)
long jump: দীর্ঘ লম্ফ (dīrgha lampha)
look for: সন্ধান করা (sandhāna karā)
loppers: কেঁটে সাফ কাঁচি (kēm̐ṭē sāpha kām̐ci)
lorry: লরি (lari)
lorry driver: লরি চালক (lari cālaka)
lose: হারা (hārā)
lose weight: ওজন কমা (ōjana kamā)
loss: লোকসান (lōkasāna)
lotus root: পদ্ম রুট (padma ruṭa)
loud: জোরে (jōrē)
loudspeaker: লাউডস্পীকার (lā'uḍaspīkāra)
love: ভালবাসা (bhālabāsā), ভালোবাসা (bhālōbāsā)
lovesickness: প্রেম রোগ (prēma rōga)
low: নিচু (nicu)
lubricant: লুব্রিক্যান্ট (lubrikyānṭa)
luge: লিউজ (li'uja)
luggage: লাগেজ (lāgēja)
lunar eclipse: চন্দ্রগ্রহণ (candragrahaṇa)
lunch: দুপুরের খাবার (dupurēra khābāra)
lung: ফুসফুস (phusaphusa)
lutetium: লুটেসিয়াম (luṭēsiẏāma)
Luxembourg: লুক্সেমবার্গ (luksēmabārga)
lychee: লিচু (licu)
lyrics: গীতিকবিতা (gītikabitā)

M

Macao: ম্যাকাও (myākā'ō)
Macedonia: ম্যাসেডোনিয়া (myāsēḍōniẏā)
Madagascar: মাদাগাস্কার (mādāgāskāra)
magazine: ম্যাগাজিন (myāgājina)
magma: ম্যাগমা (myāgamā)
magnesium: ম্যাগনেসিয়াম (myāganēsiẏāma)
magnet: চুম্বক (cumbaka)
magnetic resonance imaging: ম্যাগনেটিক রেসোন্যান্স ইমেজিং (myāganēṭika rēsōn'yānsa imējiṁ)
magpie: দোয়েল (dōẏēla)
mailbox: ডাকবাক্স (ḍākabāksa)
Malawi: মালাউই (mālā'u'i)
Malaysia: মালয়েশিয়া (mālaẏēśiẏā)
Maldives: মালদ্বীপ (māladbīpa)
Mali: মালি (māli)
Malta: মাল্টা (mālṭā)
man: পুরুষ (puruṣa)
manager: ব্যবস্থাপক (byabasthāpaka)
Mandarin: ম্যান্ডারিন (myānḍārina)

manganese: ম্যাঙ্গানিজ (myāṅgānija)
mango: আম (āma)
manhole cover: ম্যানহোলের ঢাকনা (myānahōlēra ḍhākanā)
manicure: ম্যানিকিউর (myāniki'ura)
mannequin: ম্যানিকিন (myānikina)
many: অনেক (anēka)
map: মানচিত্র (mānacitra)
maple: ম্যাপল (myāpala)
maple syrup: ম্যাপল সিরাপ (myāpala sirāpa)
marathon: ম্যারাথন (myārāthana)
March: মার্চ (mārca)
marjoram: মারজোরাম (mārajōrāma)
market: বাজার (bājāra)
marketing: বিপণন (bipaṇana)
marry: বিয়ে করা (biẏē karā)
Mars: মঙ্গল (maṅgala)
marsh: জলাভূমি (jalābhūmi)
Marshall Islands: মার্শাল দ্বীপপুঞ্জ (mārśāla dbīpapuñja)
marshmallow: মার্শম্যালো (mārśamyālō)
martini: মার্টিনি (mārṭini)
mascara: মাসকারা (māsakārā)
mashed potatoes: আলু ভর্তা (ālu bhartā)
massage: ম্যাসাজ (myāsāja)
masseur: সংবাহক (sambāhaka)
mast: মাস্তুল (māstula)
master: মাষ্টার্স (māsṭārsa)
match: দিয়াশলাই (diẏāśalā'i)
mathematics: গণিত (gaṇita)
mattress: জাজিম (jājima)
Mauritania: মৌরিতানিয়া (mauritāniẏā)
Mauritius: মরিশাস (mariśāsa)
May: মে (mē)
mayonnaise: মেয়নেজ (mēẏanēja)
measles: হাম (hāma)
measure: পরিমাপ করা (parimāpa karā)
meat: মাংস (mānsa)
meatball: মিটবল (miṭabala)
mechanic: মিস্ত্রি (mistri)
medal: পদক (padaka)
meditation: মেডিটেশন (mēḍiṭēśana)
Mediterranean Sea: ভূমধ্যসাগর (bhūmadhyasāgara)
meerkat: মিরক্যাট (mirakyāṭa)
meet: দেখা করা (dēkhā karā)
meeting room: সভা কক্ষ (sabhā kakṣa)
meitnerium: মাইটনেরিয়াম (mā'iṭanēriẏāma)
melody: সুর (sura)
member: সদস্য (sadasya)
membership: সদস্যপদ (sadasyapada)
mendelevium: মেন্ডেলেভিয়াম (mēnḍēlēbhiẏāma)
menu: মেনু (mēnu)
Mercury: বুধ (budha)
mercury: পারদ (pārada)
metal: ধাতু (dhātu)
metalloid: ধাতুকল্প (dhātukalpa)
meteorite: উল্কা (ulkā)
meter: মিটার (miṭāra)
methane: মিথেন (mithēna)

metropolis: মহানগর (mahānagara)
Mexico: মেক্সিকো (mēksikō)
Micronesia: মাইক্রোনেশিয়া (mā'ikrōnēśiẏā)
microscope: অণুবীক্ষণ যন্ত্র (aṇubīkṣaṇa yantra)
microwave: মাইক্রোওয়েভ (mā'ikrō'ōẏēbha)
middle finger: মধ্যমা (madhyamā)
midnight: মধ্যরাত্রি (madhyarātri)
midwife: ধাত্রী (dhātrī)
migraine: মাইগ্রেন (mā'igrēna)
mile: মাইল (mā'ila)
milk: দুধ (dudha)
milk powder: গুঁড়ো দুধ (gum̐ṛō dudha)
milkshake: মিল্ক শেক (milka śēka)
milk tea: দুধ চা (dudha cā)
Milky Way: আকাশগঙ্গা (ākāśagaṅgā)
millennium: সহস্রাব্দ (sahasrābda)
milliliter: মিলিলিটার (mililiṭāra)
millimeter: মিলিমিটার (milimiṭāra)
minced meat: মাংসের কিমা (mānsēra kimā)
minibar: মিনিবার (minibāra)
minibus: মিনিবাস (minibāsa)
minister: মন্ত্রী (mantrī)
mint: পুদিনা (pudinā)
minute: মিনিট (miniṭa)
mirror: আয়না (āẏanā)
miscarriage: গর্ভপাত (garbhapāta)
mitt: বেসবলের দস্তানা (bēsabalēra dastānā)
mixer: মিক্সার (miksāra)
mobile phone: মোবাইল ফোন (mōbā'ila phōna)
mocha: মোচা (mōcā)
model: মডেল (maḍēla)
modern pentathlon: আধুনিক পেন্টাথলন (ādhunika pēnṭāthalana)
Moldova: মলদোভা (maladōbhā)
molecule: অণু (aṇu)
molybdenum: মলিবডেনাম (malibaḍēnāma)
Monaco: মোনাকো (mōnākō)
Monday: সোমবার (sōmabāra)
money: টাকা (ṭākā)
Mongolia: মঙ্গোলিয়া (maṅgōliẏā)
monk: সন্ন্যাসী (sann'yāsī)
monkey: বানর (bānara)
Monopoly: মনোপলি (manōpali)
monorail: মনোরেল (manōrēla)
monsoon: মৌসুমি বায়ু (mausumi bāẏu)
Montenegro: মন্টিনিগ্রো (manṭinigrō)
month: মাস (māsa)
Montserrat: মন্টসেরাট (manṭasērāṭa)
monument: স্মৃতিস্তম্ভ (smr̥tistambha)
moon: চাঁদ (cām̐da)
more: আরো (ārō)
morning: সকাল (sakāla)
Morocco: মরক্কো (marakkō)
mosque: মসজিদ (masajida)
mosquito: মশা (maśā)
most: অধিকাংশ (adhikānśa)
moth: মথ (matha)
mother: মা (mā)

mother-in-law: শাশুড়ি (śāśuṛi)
motocross: মোটোক্রস (mōṭōkrasa)
motor: মোটর (mōṭara)
motorcycle: মোটরসাইকেল (mōṭarasā'ikēla)
motorcycle racing: মোটরসাইকেল রেসিং (mōṭarasā'ikēla rēsiṁ)
motor scooter: স্কুটার (skuṭāra)
motorway: মোটরওয়ে (mōṭara'ōẏē)
mountain: পর্বত (parbata)
mountain biking: মাউন্টেন বাইকিং (mā'unṭēna bā'ikiṁ)
mountaineering: পর্বতারোহণ (parbatārōhaṇa)
mountain range: পর্বতমালা (parbatamālā)
mouse: ইঁদুর (im̐dura), মাউস (mā'usa)
mouth: মুখ (mukha)
mouthguard: মাউথগার্ড (mā'uthagārḍa)
Mozambique: মোজাম্বিক (mōjāmbika)
mozzarella: মোজারেলা (mōjārēlā)
MP3 player: এমপিথ্রি প্লেয়ার (ēmapithri plēẏāra)
muesli: মুসলি (musali)
muffin: মাফিন (māphina)
mufti: মুফতি (muphati)
multiplication: গুণ (guṇa)
mum: মা (mā)
mumps: মাম্পস (māmpasa)
muscle: পেশী (pēśī)
museum: জাদুঘর (jādughara)
mushroom: মাশরুম (māśaruma)
musician: সুরকার (surakāra)
mustard: সরিষা (sariṣā)
mute: বাকশক্তিহীন (bākaśaktihīna)
my dog: আমার কুকুর (āmāra kukura)

N

nachos: নাচোস (nācōsa)
nail: পেরেক (pērēka)
nail clipper: নেইল ক্লিপার (nē'ila klipāra)
nail file: নেইল ফাইল (nē'ila phā'ila)
nail polish: নেইল পলিশ (nē'ila paliśa)
nail scissors: নখকাটা কাঁচি (nakhakāṭā kām̐ci)
nail varnish remover: নেইল বার্নিশ রিমুভার (nē'ila bārniśa rimubhāra)
Namibia: নামিবিয়া (nāmibiẏā)
nape: ঘাড় (ghāṛa)
narrow: সংকীর্ণ (saṅkīrṇa)
nasal bone: নাকের হাড় (nākēra hāṛa)
nasal spray: ন্যাসাল স্প্রে (n'yāsāla sprē)
national park: জাতীয় উদ্যান (jātīẏa udyāna)
Nauru: নাউরু (nā'uru)
nausea: বমি বমি ভাব (bami bami bhāba)
neck: ঘাড় (ghāṛa)
neck brace: ঘাড় বক্রবন্ধনী (ghāṛa bakrabandhanī)
necklace: হার (hāra)
nectar: ফুলের মধু (phulēra madhu)
needle: সুই (su'i)
negligee: নেগলিজি (nēgaliji)
neighbour: প্রতিবেশী (pratibēśī)
neodymium: নিওডিমিয়াম (ni'ōḍimiẏāma)

neon: নিয়ন (niẏana)
Nepal: নেপাল (nēpāla)
nephew: ভাইপো (bhā'ipō)
Neptune: নেপচুন (nēpacuna)
neptunium: নেপচুনিয়াম (nēpacuniẏāma)
nerve: স্নায়ু (snāẏu)
net: জাল (jāla)
Netherlands: নেদারল্যান্ডস (nēdāralyānḍasa)
network: নেটওয়ার্ক (nēṭa'ōẏārka)
neurology: স্নায়ুবিজ্ঞান (snāẏubijñāna)
neutron: নিউট্রন (ni'uṭrana)
new: নতুন (natuna)
New Caledonia: নিউ ক্যালিডোনিয়া (ni'u kyāliḍōniẏā)
news: খবর (khabara)
newsletter: সংবাদবাহী পত্র (sambādabāhī patra)
newspaper: সংবাদপত্র (sambādapatra)
New Year: নববর্ষ (nababarṣa)
New Zealand: নিউজিল্যান্ড (ni'ujilyānḍa)
next month: পরের মাস (parēra māsa)
next week: পরের সপ্তাহ (parēra saptāha)
next year: পরের বছর (parēra bachara)
Nicaragua: নিকারাগুয়া (nikārāguẏā)
nickel: নিকেল (nikēla)
niece: ভাইঝি (bhā'ijhi)
Niger: নাইজার (nā'ijāra)
Nigeria: নাইজেরিয়া (nā'ijēriẏā)
night: রাত (rāta)
night club: নাইট ক্লাব (nā'iṭa klāba)
nightie: নাইটি (nā'iṭi)
night table: নাইট টেবিল (nā'iṭa ṭēbila)
niobium: নায়োবিয়াম (nāẏōbiẏāma)
nipple: স্তনের বোঁটা (stanēra bōm̐ṭā)
nitrogen: নাইট্রোজেন (nā'iṭrōjēna)
Niue: নিউয়ে (ni'uẏē)
nobelium: নোবেলিয়াম (nōbēliẏāma)
non-metal: অধাতু (adhātu)
none: কেউই না (kē'u'i nā)
noodle: নুডল (nuḍala)
noon: দুপুর (dupura)
Nordic combined: নর্ডিক কম্বাইন্ড (narḍika kambā'inḍa)
north: উত্তর (uttara)
northern hemisphere: উত্তর গোলার্ধ (uttara gōlārdha)
North Korea: উত্তর কোরিয়া (uttara kōriẏā)
North Pole: উত্তর মেরু (uttara mēru)
Norway: নরওয়ে (nara'ōẏē)
nose: নাক (nāka)
nosebleed: নাক দিয়ে রক্ত পড়া (nāka diẏē rakta paṛā)
nostril: নাসারন্ধ্র (nāsārandhra)
not: না (nā)
note: সুর (sura), নোট (nōṭa)
notebook: নোটবই (nōṭaba'i)
nougat: ন্যুগাট (n'yugāṭa)
novel: উপন্যাস (upan'yāsa)
November: নভেম্বর (nabhēmbara)
now: এখন (ēkhana)
no worries: কোনও চিন্তা করবেন না (kōna'ō cintā karabēna nā)
nuclear power plant: পারমাণবিক শক্তি কেন্দ্র (pāramāṇabika śakti kēndra)

numerator: লব (laba)
nun: সন্ন্যাসিনী (sann'yāsinī)
nurse: নার্স (nārsa)
nursery: শিশুদের ঘর (śiśudēra ghara)
nut: বাদাম (bādāma)
nutmeg: জায়ফল (jāẏaphala)
nylon: নাইলন (nā'ilana)

O

oak: ওক (ōka)
oat: ওট (ōṭa)
oatmeal: ওটমিল (ōṭamila)
oboe: ওবো (ōbō)
ocean: মহাসাগর (mahāsāgara)
octagon: অষ্টভুজ (aṣṭabhuja)
October: অক্টোবর (akṭōbara)
octopus: অক্টোপাস (akṭōpāsa)
oesophagus: খাদ্যনালী (khādyanālī)
of course: অবশ্যই (abaśya'i)
office: অফিস (aphisa)
often: প্রায়ই (prāẏa'i)
oil: তেল (tēla)
oil paint: তেল রং (tēla raṁ)
oil pastel: তেল রঙের পেন্সিল (tēla raṅēra pēnsila)
ok: ঠিক আছে (ṭhika āchē)
okra: ঢেঁড়স (ḍhēm̐ṛasa)
old: পুরাতন (purātana), বৃদ্ধ (br̥d'dha)
olive: জলপাই (jalapā'i)
olive oil: জলপাই তেল (jalapā'i tēla)
Oman: ওমান (ōmāna)
oncology: অনকোলজি (anakōlaji)
one-way street: একমুখী রাস্তা (ēkamukhī rāstā)
one o'clock in the morning: রাত একটা (rāta ēkaṭā)
onion: পেঁয়াজ (pēm̐ẏāja)
onion ring: অনিয়ন রিং (aniẏana riṁ)
opal: ওপাল (ōpāla)
open: খোলা (khōlā)
opera: অপেরা (apērā)
operating theatre: অপারেটিং থিয়েটার (apārēṭiṁ thiẏēṭāra)
optician: চশমা বিক্রেতা (caśamā bikrētā)
or: অথবা (athabā)
orange: কমলা (kamalā)
orange juice: কমলার রস (kamalāra rasa)
orchestra: অর্কেস্ট্রা (arkēsṭrā)
oregano: ওরেগানো (ōrēgānō)
organ: অর্গান (argāna)
origami: অরিগ্যামি (arigyāmi)
orphan: অনাথ (anātha)
orthopaedics: অর্থোপেডিকস (arthōpēḍikasa)
osmium: অসমিয়াম (asamiẏāma)
ostrich: উটপাখী (uṭapākhī)
other: অন্যান্য (an'yān'ya)
otter: ভোঁদড় (bhōm̐daṛa)
ounce: আউন্স (ā'unsa)
our home: আমাদের বাড়ি (āmādēra bāṛi)

outpatient: বহির্বিভাগীয় রোগী (bahirbibhāgīẏa rōgī)
outside: বাইরে (bā'irē)
ovary: ডিম্বাশয় (ḍimbāśaẏa)
oven: ওভেন (ōbhēna)
overpass: ওভারপাস (ōbhārapāsa)
oviduct: ডিম্বনালী (ḍimbanālī)
ovum: ডিম্বাণু (ḍimbāṇu)
owl: পেঁচা (pēm̐cā)
oxygen: অক্সিজেন (aksijēna)

P

Pacific Ocean: প্রশান্ত মহাসাগর (praśānta mahāsāgara)
package: প্যাকেজ (pyākēja)
paediatrics: শিশু রোগ চিকিৎসা (śiśu rōga cikiṯsā)
painkiller: ব্যাথানাশক (byāthānāśaka)
paint: রঙ করা (raṅa karā), রং (raṁ)
painting: চিত্রকর্ম (citrakarma)
Pakistan: পাকিস্তান (pākistāna)
Palau: পালাউ (pālā'u)
pale: ফ্যাকাশে (phyākāśē)
Palestine: ফিলিস্তিন (philistina)
palette: প্যালেট (pyālēṭa)
palladium: প্যালাডিয়াম (pyālāḍiẏāma)
pallet: প্যালেট (pyālēṭa)
palm: হাতের তালু (hātēra tālu)
palm tree: তাল গাছ (tāla gācha)
pan: কড়াই (kaṛā'i)
Panama: পানামা (pānāmā)
pancake: প্যানকেক (pyānakēka)
pancreas: অগ্ন্যাশয় (agn'yāśaẏa)
panda: পান্ডা (pānḍā)
panties: প্যান্টি (pyānṭi)
pantyhose: প্যান্টিহোস (pyānṭihōsa)
panty liner: প্যান্টি লাইনার (pyānṭi lā'ināra)
papaya: পেঁপে (pēm̐pē)
paperclip: পেপার ক্লিপ (pēpāra klipa)
paprika: মরিচের গুঁড়া (maricēra gum̐ṛā)
Papua New Guinea: পাপুয়া নিউ গিনি (pāpuẏā ni'u gini)
parachute: প্যারাশুট (pyārāśuṭa)
parachuting: প্যারাসুটিং (pyārāsuṭiṁ)
paragraph: অনুচ্ছেদ (anucchēda)
Paraguay: প্যারাগুয়ে (pyārāguẏē)
parasol: প্যারাসল (pyārāsala)
parcel: পার্সেল (pārsēla)
parents: মা-বাবা (mā-bābā)
parents-in-law: শ্বশুর ও শাশুড়ি (śbaśura ō śāśuṛi)
park: পার্ক (pārka)
parking meter: পার্কিং মিটার (pārkiṁ miṭāra)
parmesan: পার্মেসান (pārmēsāna)
parrot: টিয়া (ṭiẏā)
passport: পাসপোর্ট (pāsapōrṭa)
password: পাসওয়ার্ড (pāsa'ōẏārḍa)
pathology: প্যাথোলজি (pyāthōlaji)
patient: রোগী (rōgī)
pavement: ফুটপাথ (phuṭapātha)

pay: অর্থপ্রদান করা (arthapradāna karā)
pea: মটরশুঁটি (maṭaraśum̐ṭi)
peach: পীচ (pīca)
peacock: ময়ূর (maẏūra)
peanut: চিনাবাদাম (cinābādāma)
peanut butter: পিনাট বাটার (pināṭa bāṭāra)
peanut oil: চিনাবাদাম তেল (cinābādāma tēla)
pear: নাশপাতি (nāśapāti)
pearl necklace: মুক্তোর মালা (muktōra mālā)
pedestrian area: পথচারী এলাকা (pathacārī ēlākā)
pedestrian crossing: পথচারী পারাপার (pathacārī pārāpāra)
pedicure: পেডিকিউর (pēḍiki'ura)
peel: খোসা (khōsā)
peg: কাপড় আটকানোর ক্লিপ (kāpaṛa āṭakānōra klipa)
pelican: পেলিক্যান (pēlikyāna)
pelvis: শ্রোণীচক্র (śrōṇīcakra)
pen: কলম (kalama)
pencil: পেন্সিল (pēnsila)
pencil case: পেন্সিল বক্স (pēnsila baksa)
pencil sharpener: পেন্সিল শার্পনার (pēnsila śārpanāra)
penguin: পেঙ্গুইন (pēṅgu'ina)
peninsula: উপদ্বীপ (upadbīpa)
penis: শিশ্ন (śiśna)
pepper: মরিচ (marica)
perfume: সুগন্ধি (sugandhi)
periodic table: পর্যায় সারণি (paryāẏa sāraṇi)
Peru: পেরু (pēru)
petal: পাপড়ি (pāpaṛi)
Petri dish: পেট্রি ডিশ (pēṭri ḍiśa)
petrol: পেট্রল (pēṭrala)
petrol station: পেট্রোল স্টেশন (pēṭrōla sṭēśana)
pet shop: পোষা প্রাণীর দোকান (pōṣā prāṇīra dōkāna)
pharmacist: ফার্মাসিস্ট (phārmāsisṭa)
pharmacy: ফার্মেসি (phārmēsi)
PhD: পিএইচডি (pi'ē'icaḍi)
Philippines: ফিলিপাইন (philipā'ina)
philosophy: দর্শন (darśana)
phoalbum: ছবির এলবাম (chabira ēlabāma)
phosphorus: ফসফরাস (phasapharāsa)
photographer: ফটোগ্রাফার (phaṭōgrāphāra)
physical education: শারীরিক শিক্ষা (śārīrika śikṣā)
physician: চিকিৎসক (cikiṯsaka)
physicist: পদার্থবিজ্ঞানী (padārthabijñānī)
physics: পদার্থবিজ্ঞান (padārthabijñāna)
physiotherapist: ফিজিওথেরাপিস্ট (phiji'ōthērāpisṭa)
physiotherapy: ফিজিওথেরাপি (phiji'ōthērāpi)
piano: পিয়ানো (piẏānō)
picnic: পিকনিক (pikanika)
picture: ছবি (chabi)
picture frame: ছবির ফ্রেম (chabira phrēma)
pie: পাই (pā'i)
pier: জেটি (jēṭi)
pig: শূকর (śūkara)
pigeon: কবুতর (kabutara)
piglet: শূকর ছানা (śūkara chānā)
Pilates: পাইলেটস (pā'ilēṭasa)
pill: বড়ি (baṛi)

pillow: বালিশ (bāliśa)
pilot: পাইলট (pā'ilaṭa)
pincers: চিমটা (cimaṭā)
pine: পাইন (pā'ina)
pineapple: আনারস (ānārasa)
pink: গোলাপী (gōlāpī)
pipette: পিপেট (pipēṭa)
pistachio: পেস্তা বাদাম (pēstā bādāma)
pit: ফলের বীচি (phalēra bīci)
pitchfork: পিচফর্ক (picapharka)
pizza: পিজা (pijā)
plane: বিমান (bimāna)
planet: গ্রহ (graha)
plaster: প্লাস্টার (plāsṭāra)
plastic: প্লাস্টিক (plāsṭika)
plastic bag: প্লাস্টিক ব্যাগ (plāsṭika byāga)
plate: প্লেট (plēṭa)
platform: প্ল্যাটফর্ম (plyāṭapharma)
platinum: প্লাটিনাম (plāṭināma)
play: খেলা (khēlā), নাটক (nāṭaka)
playground: খেলার মাঠ (khēlāra māṭha)
please: দয়া করে (daẏā karē)
plug: প্লাগ (plāga)
plum: বরই (bara'i)
plumber: কলের মিস্ত্রি (kalēra mistri)
plump: নিটোল (niṭōla)
Pluto: প্লুটো (pluṭō)
plutonium: প্লুটোনিয়াম (pluṭōniẏāma)
pocket: পকেট (pakēṭa)
poisoning: বিষক্রিয়া (biṣakriẏā)
poker: পোকার (pōkāra)
Poland: পোল্যান্ড (pōlyānḍa)
polar bear: মেরু ভালুক (mēru bhāluka)
pole: মেরু (mēru)
pole vault: পোল ভল্ট (pōla bhalṭa)
police: পুলিশ (puliśa)
police car: পুলিশের গাড়ি (puliśēra gāṛi)
policeman: পুলিশ (puliśa)
police station: থানা (thānā)
politician: রাজনীতিবিদ (rājanītibida)
politics: রাজনীতি (rājanīti)
polo: পোলো (pōlō)
polonium: পোলোনিয়াম (pōlōniẏāma)
polo shirt: পোলো শার্ট (pōlō śārṭa)
polyester: পলিয়েস্টার (paliẏēsṭāra)
pond: পুকুর (pukura)
ponytail: পনিটেইল (paniṭē'ila)
poor: দরিদ্র (daridra)
pop: পপ (papa)
popcorn: পপকর্ন (papakarna)
pork: শূকরের মাংস (śūkarēra mānsa)
porridge: জাউ (jā'u)
portfolio: পোর্টফোলিও (pōrṭaphōli'ō)
portrait: প্রতিকৃতি (pratikr̥ti)
Portugal: পর্তুগাল (partugāla)
postcard: পোস্টকার্ড (pōsṭakārḍa)
postman: ডাকপিয়ন (ḍākapiẏana)

post office: ডাকঘর (ḍākaghara)
pot: পাত্র (pātra)
potasalad: আলুর সালাদ (ālura sālāda)
potassium: পটাসিয়াম (paṭāsiẏāma)
potato: আলু (ālu)
potawedges: পটেটো ওয়েজেস (paṭēṭō ōẏējēsa)
pottery: মৃৎশিল্প (mr̥tśilpa)
pound: পাউন্ড (pā'unḍa)
powder: গুঁড়া (gum̐ṛā)
powder puff: পাউডার পাফ (pā'uḍāra pāpha)
power: শক্তি (śakti)
power line: বিদ্যুৎ লাইন (bidyut lā'ina)
power outlet: পাওয়ার আউটলেট (pā'ōẏāra ā'uṭalēṭa)
practice: অভ্যাস করা (abhyāsa karā)
praseodymium: প্রেসিওডিমিয়াম (prēsi'ōḍimiẏāma)
pray: প্রার্থনা করা (prārthanā karā)
praying mantis: প্রেয়িং ম্যান্টিস (prēẏiṁ myānṭisa)
preface: ভূমিকা (bhūmikā)
pregnancy test: গর্ভধারণ পরীক্ষা (garbhadhāraṇa parīkṣā)
present: উপহার (upahāra)
presentation: প্রেজেন্টেশন (prējēnṭēśana)
president: রাষ্ট্রপতি (rāṣṭrapati)
press: চাপ দেওয়া (cāpa dē'ōẏā)
priest: পুরোহিত (purōhita)
primary school: প্রাথমিক বিদ্যালয় (prāthamika bidyālaẏa)
prime minister: প্রধানমন্ত্রী (pradhānamantrī)
print: প্রিন্ট করা (prinṭa karā)
printer: প্রিন্টার (prinṭāra)
prison: কারাগার (kārāgāra)
professor: অধ্যাপক (adhyāpaka)
profit: মুনাফা (munāphā)
programmer: প্রোগ্রামার (prōgrāmāra)
projector: প্রজেক্টর (prajēkṭara)
promenade: বিহার (bihāra)
promethium: প্রোমেথিয়াম (prōmēthiẏāma)
prosecutor: প্রসিকিউটর (prasiki'uṭara)
prostate: প্রোস্টেট (prōsṭēṭa)
prostitute: পতিতা (patitā)
protactinium: প্রোটেক্টিনিয়াম (prōṭēkṭiniẏāma)
proton: প্রোটন (prōṭana)
proud: গর্বিত (garbita)
province: প্রদেশ (pradēśa)
psychiatry: মনোরোগবিদ্যা (manōrōgabidyā)
psychoanalysis: সাইকো অ্যানালাইসিস (sā'ikō ayānālā'isisa)
psychotherapy: সাইকোথেরাপি (sā'ikōthērāpi)
publisher: প্রকাশক (prakāśaka)
puck: পাক (pāka)
pudding: পুডিং (puḍiṁ)
PuerRico: পুয়ের্তো রিকো (puẏērtō rikō)
pull: টানা (ṭānā)
pulse: নাড়ি (nāṛi)
pumpkin: কুমড়া (kumaṛā)
punk: পাঙ্ক (pāṅka)
pupil: চোখের মণি (cōkhēra maṇi)
purple: বেগুনী (bēgunī)
purse: টাকার থলি (ṭākāra thali)
push: ঠেলা (ṭhēlā)

push-up: পুশ-আপ (puśa-āpa)
pushchair: পুশচেয়ার (puśacēẏāra)
put: রাখা (rākhā)
putty: পুট্টি ছুরি (puṭṭi churi)
puzzle: ধাঁধা (dhām̐dhā)
pyjamas: পায়জামা (pāẏajāmā)
pyramid: পিরামিড (pirāmiḍa)

Q

Qatar: কাতার (kātāra)
quarter of an hour: এক ঘন্টার এক চতুর্থাংশ (ēka ghanṭāra ēka caturthānśa)
quartz: কোয়ার্টজ (kōẏārṭaja)
question mark: প্রশ্নবোধক চিহ্ন (praśnabōdhaka cihna)
quick: দ্রুত (druta)
quickstep: কুইকস্টেপ (ku'ikasṭēpa)
quiet: শান্ত (śānta)
quote: উদ্ধৃত করা (ud'dhr̥ta karā)

R

rabbi: রাব্বি (rābbi)
rabbit: খরগোশ (kharagōśa)
raccoon: র্যাকুন (rayākuna)
racing bicycle: রেসিং সাইকেল (rēsiṁ sā'ikēla)
radar: রাডার (rāḍāra)
radiator: রেডিয়েটর (rēḍiẏēṭara)
radio: রেডিও (rēḍi'ō)
radiology: রেডিওলজি (rēḍi'ōlaji)
radish: মূলা (mūlā)
radium: রেডিয়াম (rēḍiẏāma)
radius: ব্যাসার্ধ (byāsārdha)
radon: র‍্যাডন (rayāḍana)
rafting: র‍্যাফটিং (rayāphaṭiṁ)
railtrack: রেল ট্র্যাক (rēla ṭryāka)
rain: বৃষ্টি (br̥ṣṭi)
rainbow: রংধনু (randhanu)
raincoat: রেইনকোট (rē'inakōṭa)
rainforest: রেইনফরেস্ট (rē'inapharēsṭa)
rainy: বৃষ্টিবহুল (br̥ṣṭibahula)
raisin: কিশমিশ (kiśamiśa)
rake: রেক (rēka)
rally racing: র‍্যালি রেসিং (rayāli rēsiṁ)
Ramadan: রমজান (ramajāna)
ramen: রামেন (rāmēna)
random access memory (RAM): র‍্যান্ডম অ্যাক্সেস মেমোরি (র‍্যাম) (rayānḍama ayāksēsa mēmōri (rayāma))
rap: র‍্যাপ (rayāpa)
rapeseed oil: রাইসরিষা তেল (rā'isariṣā tēla)
rash: ফুসকুড়ি (phusakuṛi)
raspberry: রাস্পবেরি (rāspabēri)
rat: ধেড়ে ইঁদুর (dhēṛē im̐dura)
rattle: খনখন শব্দ (khanakhana śabda)
raven: দাঁড়কাক (dām̐ṛakāka)
raw: কাঁচা (kām̐cā)
razor: রেজর (rējara)

razor blade: রেজর ব্লেড (rējara blēḍa)
read: পড়া (paṛā)
reading room: পড়ার ঘর (paṛāra ghara)
real-estate agent: রিয়েল এস্টেট এজেন্ট (riẏēla ēsṭēṭa ējēnṭa)
really: সত্যিই (satyi'i)
rear light: পেছনের লাইট (pēchanēra lā'iṭa)
rear mirror: পিছনের মিরর (pichanēra mirara)
rear trunk: পিছনের ট্রাঙ্ক (pichanēra ṭrāṅka)
receptionist: রিসেপশনিস্ট (risēpaśanisṭa)
record player: রেকর্ড প্লেয়ার (rēkarḍa plēẏāra)
rectangle: আয়তক্ষেত্র (āẏatakṣētra)
recycle bin: রিসাইকেল বিন (risā'ikēla bina)
red: লাল (lāla)
red panda: লাল পান্ডা (lāla pānḍā)
Red Sea: লোহিত সাগর (lōhita sāgara)
red wine: লাল ওয়াইন (lāla ōẏā'ina)
reed: নলখাগড়া (nalakhāgaṛā)
referee: রেফারি (rēphāri)
reggae: রেগে (rēgē)
region: অঞ্চল (añcala)
relax: আরাম করো (ārāma karō)
remote control: রিমোট কন্ট্রোল (rimōṭa kanṭrōla)
reporter: প্রতিবেদক (pratibēdaka)
Republic of the Congo: কঙ্গো প্রজাতন্ত্র (kaṅgō prajātantra)
rescue: উদ্ধার করা (ud'dhāra karā)
research: গবেষণা (gabēṣaṇā)
reservation: সংরক্ষণ (sanrakṣaṇa)
respiratory machine: শ্বাস-প্রশ্বাস যন্ত্র (śbāsa-praśbāsa yantra)
rest: বিশ্রাম নেওয়া (biśrāma nē'ōẏā)
restaurant: রেস্তোরা (rēstōrā)
result: ফল (phala)
retirement: অবসর গ্রহণ (abasara grahaṇa)
rhenium: রেনিয়াম (rēniẏāma)
rhino: গণ্ডার (ganḍāra)
rhodium: রোডিয়াম (rōḍiẏāma)
rhomboid: রম্বয়েড (rambaẏēḍa)
rhombus: রম্বস (rambasa)
rhythmic gymnastics: রিদমিক জিমন্যাস্টিকস (ridamika jiman'yāsṭikasa)
rib: পাঁজর (pām̐jara)
rice: চাল (cāla)
rice cooker: রাইস কুকার (rā'isa kukāra)
rich: ধনী (dhanī)
right: ডান (ḍāna)
right angle: সমকোণ (samakōṇa)
ring: আংটি (ānṭi)
ring finger: অনামিকা (anāmikā)
river: নদী (nadī)
road: রাস্তা (rāstā)
road roller: রোড রোলার (rōḍa rōlāra)
roast chicken: মুরগীর রোস্ট (muragīra rōsṭa)
roast pork: শুয়োরের রোস্ট (śuẏōrēra rōsṭa)
robot: রোবট (rōbaṭa)
rock: রক (raka), শিলা (śilā)
rock 'n' roll: রক এন রোল (raka ēna rōla)
rocket: রকেট (rakēṭa)
rocking chair: রকিং চেয়ার (rakiṁ cēẏāra)
roentgenium: রন্টজেনিয়াম (ranṭajēniẏāma)

roll: গড়ানো (gaṛānō)
roller coaster: রোলার কোস্টার (rōlāra kōsṭāra)
roller skating: রোলার স্কেটিং (rōlāra skēṭiṁ)
Romania: রোমানিয়া (rōmāniẏā)
roof: ছাদ (chāda)
roof tile: ছাদ টালি (chāda ṭāli)
room key: ঘরের চাবি (gharēra cābi)
room number: রুম নম্বর (ruma nambara)
room service: রুম সার্ভিস (ruma sārbhisa)
root: শিকড় (śikaṛa)
rose: গোলাপ (gōlāpa)
rosemary: রোজমেরি (rōjamēri)
round: বৃত্তাকার (br̥ttākāra)
roundabout: গোলচক্কর (gōlacakkara)
router: রাউটার (rā'uṭāra)
row: সারি (sāri)
rowing: রোয়িং (rōẏiṁ)
rowing boat: বাইচের নৌকা (bā'icēra naukā)
rubber: রাবার (rābāra)
rubber band: রাবার ব্যান্ড (rābāra byānḍa)
rubber boat: রাবারের নৌকা (rābārēra naukā)
rubber stamp: রাবার স্ট্যাম্প (rābāra sṭyāmpa)
rubidium: রুবিডিয়াম (rubiḍiẏāma)
ruby: রুবি (rubi)
rugby: রাগবি (rāgabi)
ruin: ধ্বংসাবশেষ (dhbansābaśēṣa)
ruler: স্কেল (skēla)
rum: রাম (rāma)
rumba: রাম্বা (rāmbā)
run: দৌড়ানো (dauṛānō)
running: দৌড় (dauṛa)
runway: রানওয়ে (rāna'ōẏē)
rush hour: ভিড়ের সময় (bhiṛēra samaẏa)
Russia: রাশিয়া (rāśiẏā)
ruthenium: রুথেনিয়াম (ruthēniẏāma)
rutherfordium: রাদারফোর্ডিয়াম (rādāraphōrḍiẏāma)
Rwanda: রুয়ান্ডা (ruẏānḍā)

S

sad: দুঃখিত (duḥkhita)
saddle: জিন (jina)
safe: নিরাপদ (nirāpada), সিন্দুক (sinduka)
safety glasses: নিরাপত্তা চশমা (nirāpattā caśamā)
Sahara: সাহারা (sāhārā)
sail: পাল (pāla)
sailing: সেইলিং (sē'iliṁ)
sailing boat: পালতোলা নৌকা (pālatōlā naukā)
Saint Kitts and Nevis: সেন্ট কিট্স ও নেভিস (sēnṭa kiṭsa ō nēbhisa)
Saint Lucia: সেন্ট লুসিয়া (sēnṭa lusiẏā)
Saint Vincent and the Grenadines: সেন্ট ভিনসেন্ট ও গ্রেনাডাইন দ্বীপপুঞ্জ (sēnṭa bhinasēnṭa ō grēnāḍā'ina dbīpapuñja)
sake: জাপানি মদ (jāpāni mada)
salad: সালাদ (sālāda)
salami: সালামি (sālāmi)
salary: বেতন (bētana)

sales: বিক্রয় (bikraẏa)
salmon: স্যালমন মাছ (syālamana mācha)
salsa: সালসা (sālasā)
salt: লবণ (labaṇa)
salty: নোনতা (nōnatā)
samarium: সামারিয়াম (sāmāriẏāma)
samba: সাম্বা (sāmbā)
Samoa: সামোয়া (sāmōẏā)
sand: বালি (bāli)
sandals: স্যান্ডেল (syānḍēla)
sandbox: স্যান্ডবক্স (syānḍabaksa)
sandwich: স্যান্ডউইচ (syānḍa'u'ica)
sanitary towel: স্যানিটারি টাওয়েল (syāniṭāri ṭā'ōẏēla)
San Marino: সান মারিনো (sāna mārinō)
sapphire: স্যাফায়ার (syāphāẏāra)
sardine: সার্ডিন মাছ (sārḍina mācha)
satellite: উপগ্রহ (upagraha)
satellite dish: স্যাটেলাইট ডিশ (syāṭēlā'iṭa ḍiśa)
Saturday: শনিবার (śanibāra)
Saturn: শনি (śani)
Saudi Arabia: সৌদি আরব (saudi āraba)
sauna: সাউনা (sā'unā)
sausage: সসেজ (sasēja)
savings: সঞ্চয় (sañcaẏa)
saw: দেখা (dēkhā), করাত (karāta)
saxophone: স্যাক্সোফোন (syāksōphōna)
scaffolding: মাচান (mācāna)
scale: পাল্লা (pāllā)
scalpel: স্কালপেল (skālapēla)
scan: স্ক্যান করা (skyāna karā)
scandium: স্ক্যান্ডিয়াম (skyānḍiẏāma)
scanner: স্ক্যানার (skyānāra)
scarf: স্কার্ফ (skārpha)
scholarship: বৃত্তি (br̥tti)
school: বিদ্যালয় (bidyālaẏa)
schoolbag: স্কুল ব্যাগ (skula byāga)
school bus: স্কুলবাস (skulabāsa)
school uniform: স্কুল ইউনিফর্ম (skula i'unipharma)
schoolyard: স্কুলপ্রাঙ্গণ (skulaprāṅgaṇa)
science: বিজ্ঞান (bijñāna)
science fiction: কল্পবিজ্ঞান (kalpabijñāna)
scientist: বিজ্ঞানী (bijñānī)
scissors: কাঁচি (kām̐ci)
scorpion: কাঁকড়াবিছা (kām̐kaṛābichā)
scrambled eggs: ডিম ভুনা (ḍima bhunā)
screen: পর্দা (pardā)
screwdriver: স্ক্রু ড্রাইভার (skru ḍrā'ibhāra)
screw wrench: স্ক্রু রেঞ্চ (skru rēñca)
script: লিপি (lipi)
scrollbar: স্ক্রল বার (skrala bāra)
scrotum: অণ্ডকোষ (aṇḍakōṣa)
scrunchy: ইলাস্টিক ব্যান্ড (ilāsṭika byānḍa)
sculpting: খোদাই করা (khōdā'i karā)
sea: সাগর (sāgara)
seaborgium: সীবোর্জিয়াম (sībōrjiẏāma)
seafood: সীফুড (sīphuḍa)
seagull: গাংচিল (gāñcila)

sea horse: সী হর্স (sī harsa)
seal: সিল (sila)
sea lion: সী লায়ন (sī lāẏana)
seat: সীট (sīṭa)
seatbelt: সিটবেল্ট (siṭabēlṭa)
seaweed: সমুদ্র-শৈবাল (samudra-śaibāla)
second: সেকেন্ড (sēkēnḍa), দ্বিতীয় (dbitīẏa)
second-hand shop: সেকেন্ড হ্যান্ড দোকান (sēkēnḍa hyānḍa dōkāna)
second basement floor: দ্বিতীয় বেজমেন্ট মেঝে (dbitīẏa bējamēnṭa mējhē)
secretary: সচিব (saciba)
security camera: নিরাপত্তা ক্যামেরা (nirāpattā kyāmērā)
security guard: নিরাপত্তা রক্ষী (nirāpattā rakṣī)
seed: বীজ (bīja)
see you later: পরে দেখা হবে (parē dēkhā habē)
selenium: সেলেনিয়াম (sēlēniẏāma)
sell: বিক্রয় করা (bikraẏa karā)
semicolon: সেমিকোলন (sēmikōlana)
Senegal: সেনেগাল (sēnēgāla)
September: সেপ্টেম্বর (sēpṭēmbara)
Serbia: সার্বিয়া (sārbiẏā)
server: সার্ভার (sārbhāra)
sewage plant: বর্জ্য জল শোধনাগার (barjya jala śōdhanāgāra)
sewing machine: সেলাই মেশিন (sēlā'i mēśina)
sex: যৌন সহবাস (yauna sahabāsa)
sexy: সেক্সি (sēksi)
Seychelles: সেশেল (sēśēla)
shallow: অগভীর (agabhīra)
shampoo: শ্যাম্পু (śyāmpu)
share: ভাগ করে নেওয়া (bhāga karē nē'ōẏā), শেয়ার (śēẏāra)
share price: শেয়ারের দাম (śēẏārēra dāma)
shark: হাঙর (hāṅara)
shaver: শেভার (śēbhāra)
shaving foam: শেভিং ফোম (śēbhiṁ phōma)
she: সে (sē)
shed: চালা (cālā)
sheep: ভেড়া (bhēṛā)
shelf: তাক (tāka)
shell: খোল (khōla)
shinpad: শিন প্যাড (śina pyāḍa)
ship: জাহাজ (jāhāja)
shirt: শার্ট (śārṭa)
shiver: কাঁপা (kām̐pā)
shock absorber: শক শোষক (śaka śōṣaka)
shoe cabinet: জুতার তাক (jutāra tāka)
shoot: গুলি করা (guli karā)
shooting: শ্যুটিং (śyuṭiṁ)
shop assistant: দোকানের সহকারী (dōkānēra sahakārī)
shopping basket: শপিং বাস্কেট (śapiṁ bāskēṭa)
shopping cart: শপিং কার্ট (śapiṁ kārṭa)
shopping mall: শপিং মল (śapiṁ mala)
shore: উপকূল (upakūla)
short: খাটো (khāṭō)
shorts: শর্টস (śarṭasa)
short track: শর্ট ট্র্যাক (śarṭa ṭryāka)
shot put: শট পুট (śaṭa puṭa)
shoulder: কাঁধ (kām̐dha)
shoulder blade: কাঁধের হাড় (kām̐dhēra hāṛa)

shout: চেঁচানো (cēm̐cānō)
shovel: বেলচা (bēlacā)
shower: শাওয়ার (śā'ōẏāra)
shower cap: শাওয়ার ক্যাপ (śā'ōẏāra kyāpa)
shower curtain: শাওয়ার কার্টেন (śā'ōẏāra kārṭēna)
shower gel: শাওয়ার জেল (śā'ōẏāra jēla)
show jumping: শো জাম্পিং (śō jāmpiṁ)
shrink: সঙ্কুচিত করা (saṅkucita karā)
shuttlecock: শাটলকক (śāṭalakaka)
shy: লাজুক (lājuka)
siblings: ভাইবোন (bhā'ibōna)
sick: অসুস্থ (asustha)
side dish: সাইড ডিশ (sā'iḍa ḍiśa)
side door: সাইড ডোর (sā'iḍa ḍōra)
side effect: পার্শ্ব প্রতিক্রিয়া (pārśba pratikriẏā)
Sierra Leone: সিয়েরা লিওন (siẏērā li'ōna)
signal: সংকেত (saṅkēta)
signature: স্বাক্ষর (sbākṣara)
silent: নীরব (nīraba)
silicon: সিলিকন (silikana)
silk: সিল্ক (silka)
silly: বোকা (bōkā)
silver: সিলভার (silabhāra)
silver medal: রৌপ্য পদক (raupya padaka)
sing: গান গাওয়া (gāna gā'ōẏā)
Singapore: সিঙ্গাপুর (siṅgāpura)
singer: গায়ক (gāẏaka)
single room: সিঙ্গেল রুম (siṅgēla ruma)
sink: সিঙ্ক (siṅka)
siren: সাইরেন (sā'irēna)
sister-in-law: শালী (śālī)
sit: বসা (basā)
sit-ups: সিট-আপস (siṭa-āpasa)
skateboarding: স্কেট বোর্ডিং (skēṭa bōrḍiṁ)
skates: স্কেটস (skēṭasa)
skeleton: স্কেলিটন (skēliṭana), কঙ্কাল (kaṅkāla)
skewer: শিক (śika)
ski: স্কি (ski)
skiing: স্কিইং (ski'iṁ)
ski jumping: স্কি জাম্পিং (ski jāmpiṁ)
skinny: চর্মসার (carmasāra)
ski pole: স্কি পোল (ski pōla)
ski resort: স্কি রিসোর্ট (ski risōrṭa)
skirt: স্কার্ট (skārṭa)
ski suit: স্কি স্যুট (ski syuṭa)
skull: মাথার খুলি (māthāra khuli)
skyscraper: গগনচুম্বী অট্টালিকা (gaganacumbī aṭṭālikā)
sledge: স্লেজ (slēja)
sleep: ঘুমানো (ghumānō)
sleeping bag: স্লিপিং ব্যাগ (slipiṁ byāga)
sleeping mask: ঘুমের মাস্ক (ghumēra māska)
sleeping pill: ঘুমের বড়ি (ghumēra baṛi)
sleeve: হাতা (hātā)
slide: স্লাইড (slā'iḍa)
slim: পাতলা (pātalā)
slippers: চপ্পল (cappala)
slope: ঢাল (ḍhāla)

Slovakia: স্লোভাকিয়া (slōbhākiẏā)
Slovenia: স্লোভেনিয়া (slōbhēniẏā)
slow: ধীর (dhīra)
small: ছোট (chōṭa)
small intestine: ক্ষুদ্রান্ত্র (kṣudrāntra)
smartphone: স্মার্টফোন (smārṭaphōna)
smell: শোঁকা (śōm̐kā)
smile: স্মিত হাসা (smita hāsā)
smoke: ধূমপান করা (dhūmapāna karā)
smoke detector: স্মোক ডিটেক্টর (smōka ḍiṭēkṭara)
smoothie: স্মুদি (smudi)
smoothing plane: রাঁদা (rām̐dā)
snack: জলখাবার (jalakhābāra)
snail: শামুক (śāmuka)
snake: সাপ (sāpa)
snare drum: স্নেয়ার ড্রাম (snēẏāra ḍrāma)
snooker: স্নুকার (snukāra)
snooker table: স্নুকার টেবিল (snukāra ṭēbila)
snow: তুষার (tuṣāra)
snowboarding: স্নোবোর্ডিং (snōbōrḍiṁ)
snowmobile: স্নোমোবাইল (snōmōbā'ila)
soap: সাবান (sābāna)
sober: মার্জিত (mārjita)
social media: সামাজিক মাধ্যম (sāmājika mādhyama)
sock: মোজা (mōjā)
soda: সোডা (sōḍā)
sodium: সোডিয়াম (sōḍiẏāma)
sofa: সোফা (sōphā)
soft: নরম (narama)
soil: মাটি (māṭi)
solar eclipse: সূর্যগ্রহণ (sūryagrahaṇa)
solar panel: সৌর প্যানেল (saura pyānēla)
soldier: সৈনিক (sainika)
sole: জুতার তলি (jutāra tali)
solid: কঠিন (kaṭhina)
Solomon Islands: সলোমন দ্বীপপুঞ্জ (salōmana dbīpapuñja)
Somalia: সোমালিয়া (sōmāliẏā)
son: পুত্র (putra)
son-in-law: জামাতা (jāmātā)
soother: চুষিকাঠি (cuṣikāṭhi)
sore throat: গলা ব্যথা (galā byathā)
sorry: দুঃখিত (duḥkhita)
soup: স্যুপ (syupa)
sour: টক (ṭaka)
sour cream: টক দই (ṭaka da'i)
south: দক্ষিণ (dakṣiṇa)
South Africa: দক্ষিণ আফ্রিকা (dakṣiṇa āphrikā)
southern hemisphere: দক্ষিণ গোলার্ধ (dakṣiṇa gōlārdha)
South Korea: দক্ষিণ কোরিয়া (dakṣiṇa kōriẏā)
South Pole: দক্ষিণ মেরু (dakṣiṇa mēru)
South Sudan: দক্ষিণ সুদান (dakṣiṇa sudāna)
souvenir: স্মারক সামগ্রী (smāraka sāmagrī)
soy: সয়া (saẏā)
soy milk: সয়াদুধ (saẏādudha)
space: খালি স্থান (khāli sthāna)
space shuttle: মহাকাশগামী যান (mahākāśagāmī yāna)
space station: স্পেস স্টেশন (spēsa sṭēśana)

space suit: স্পেস স্যুট (spēsa syuṭa)
spaghetti: স্প্যাঘেটি (spyāghēṭi)
Spain: স্পেন (spēna)
Spanish: স্প্যানিশ (spyāniśa)
sparkling wine: স্পার্কলিং ওয়াইন (spārkaliṁ ōẏā'ina)
speed limit: গতিসীমা (gatisīmā)
speedometer: স্পীডোমিটার (spīḍōmiṭāra)
speed skating: স্পীড স্কেটিং (spīḍa skēṭiṁ)
sperm: শুক্রাণু (śukrāṇu)
sphere: গোলক (gōlaka)
spider: মাকড়সা (mākaṛasā)
spinach: পালং শাক (pālaṁ śāka)
spinal cord: সুষুম্না কাণ্ড (suṣumnā kāṇḍa)
spine: মেরুদণ্ড (mērudaṇḍa)
spirit level: স্পিরিট লেভেল (spiriṭa lēbhēla)
spit: থুতু ফেলা (thutu phēlā)
spleen: প্লীহা (plīhā)
sponge: স্পঞ্জ (spañja)
spoon: চামচ (cāmaca)
sports ground: খেলার মাঠ (khēlāra māṭha)
sports shop: খেলার সরঞ্জামের দোকান (khēlāra sarañjāmēra dōkāna)
spray: স্প্রে (sprē)
spring: বসন্তকাল (basantakāla)
spring onion: সবুজ পেঁয়াজ (sabuja pēm̐ẏāja)
spring roll: স্প্রিং রোল (spriṁ rōla)
sprint: স্প্রিন্ট (sprinṭa)
square: চতুর্ভূজাকৃতির (caturbhūjākr̥tira), বর্গক্ষেত্র (bargakṣētra), এলাকা (ēlākā)
square meter: বর্গ মিটার (barga miṭāra)
squat: স্কোয়াট (skōẏāṭa)
squid: স্কুইড (sku'iḍa)
squirrel: কাঠবিড়ালী (kāṭhabiṛālī)
Sri Lanka: শ্রীলঙ্কা (śrīlaṅkā)
staff: কর্মী (karmī)
stage: মঞ্চ (mañca)
stairs: সিঁড়ি (sim̐ṛi)
stalk: বৃন্ত (br̥nta)
stamp: স্ট্যাম্প (sṭyāmpa)
stand: দাঁড়ানো (dām̐ṛānō)
stapler: স্ট্যাপলার (sṭyāpalāra)
star: তারা (tārā)
stare: তাকানো (tākānō)
starfish: তারামাছ (tārāmācha)
starter: স্টার্টার (sṭārṭāra)
state: রাজ্য (rājya)
steak: স্টেক (sṭēka)
steal: চুরি করা (curi karā)
steam train: বাষ্প রেল (bāṣpa rēla)
steel: ইস্পাত (ispāta)
steel beam: ইস্পাত দণ্ড (ispāta daṇḍa)
steep: খাড়া (khāṛā)
steering wheel: স্টিয়ারিং হুইল (sṭiẏāriṁ hu'ila)
stepdaughter: সৎ মেয়ে (saṯ mēẏē)
stepfather: সৎ বাবা (saṯ bābā)
stepmother: সৎ মা (saṯ mā)
stepson: সৎ ছেলে (saṯ chēlē)
stethoscope: স্টেথোস্কোপ (sṭēthōskōpa)
stewardess: বিমান বালা (bimāna bālā)

stockbroker: স্টক ব্রোকার (sṭaka brōkāra)
stock exchange: স্টক এক্সচেঞ্জ (sṭaka ēksacēñja)
stocking: স্টকিং (sṭakiṁ)
stomach: পাকস্থলী (pākasthalī)
stomach ache: পেট ব্যথা (pēṭa byathā)
stool: টুল (ṭula)
stopwatch: স্টপওয়াচ (sṭapa'ōẏāca)
stork: সারস (sārasa)
storm: ঝড় (jhaṛa)
straight: সোজা (sōjā)
straight line: সরলরেখা (saralarēkhā)
strange: অদ্ভুত (adbhuta)
strawberry: স্ট্রবেরি (sṭrabēri)
stream: খাঁড়ি (khām̐ṛi)
street food: রাস্তার খাবার (rāstāra khābāra)
street light: রাস্তার লাইট (rāstāra lā'iṭa)
stress: মানসিক চাপ (mānasika cāpa)
stretching: স্ট্রেচিং (sṭrēciṁ)
strict: কঠোর (kaṭhōra)
stroke: স্ট্রোক (sṭrōka)
strong: শক্তিশালী (śaktiśālī)
strontium: স্ট্রনসিয়াম (sṭranasiẏāma)
study: পড়াশোনা করা (paṛāśōnā karā)
stupid: নির্বোধ (nirbōdha)
submarine: ডুবোজাহাজ (ḍubōjāhāja)
subtraction: বিয়োগ (biẏōga)
suburb: শহরতলী (śaharatalī)
subway: পাতাল রেল (pātāla rēla)
Sudan: সুদান (sudāna)
suddenly: হঠাৎ (haṭhāt)
Sudoku: সুডোকু (suḍōku)
sugar: চিনি (cini)
sugar beet: সুগার বিট (sugāra biṭa)
sugar cane: আখ (ākha)
sugar melon: বাঙ্গি (bāṅgi)
suit: স্যুট (syuṭa)
sulphur: সালফার (sālaphāra)
summer: গ্রীষ্মকাল (grīṣmakāla)
sun: সূর্য (sūrya)
sunburn: রোদে পোড়া (rōdē pōṛā)
Sunday: রবিবার (rabibāra)
sunflower: সূর্যমুখী (sūryamukhī)
sunflower oil: সূর্যমুখীর তেল (sūryamukhīra tēla)
sunglasses: সানগ্লাস (sānaglāsa)
sun hat: রোদ টুপি (rōda ṭupi)
sunny: রৌদ্রজ্জ্বল (raudrajjbala)
sunscreen: সানক্রিম (sānakrima)
sunshine: রোদ (rōda)
supermarket: সুপারমার্কেট (supāramārkēṭa)
surfboard: সার্ফ বোর্ড (sārpha bōrḍa)
surfing: সার্ফিং (sārphiṁ)
surgeon: সার্জন (sārjana)
surgery: অস্ত্রোপচার (astrōpacāra)
Suriname: সুরিনাম (surināma)
surprised: বিস্মিত (bismita)
sushi: সুশি (suśi)
suspect: সন্দেহভাজন (sandēhabhājana)

suture: সেলাই (sēlā'i)
swallow: গেলা (gēlā)
swan: রাজহাঁস (rājahām̐sa)
Swaziland: সোয়াজিল্যান্ড (sōẏājilyānḍa)
sweatband: সোয়েটব্যান্ড (sōẏēṭabyānḍa)
sweater: সোয়েটার (sōẏēṭāra)
sweatpants: সোয়েটপ্যান্ট (sōẏēṭapyānṭa)
Sweden: সুইডেন (su'iḍēna)
sweet: মিষ্টি (miṣṭi)
sweet potato: মিষ্টি আলু (miṣṭi ālu)
swim: সাঁতার কাটা (sām̐tāra kāṭā)
swim cap: সুইমিং ক্যাপ (su'imiṁ kyāpa)
swim goggles: সুইমিং গগলস (su'imiṁ gagalasa)
swimming: সাঁতার (sām̐tāra)
swimming pool: সুইমিং পুল (su'imiṁ pula)
swimsuit: স্যুইমস্যুট (syu'imasyuṭa)
swim trunks: সুইমিং ট্রাঙ্কস (su'imiṁ ṭrāṅkasa)
swing: দোলনা (dōlanā)
Switzerland: সুইজারল্যান্ড (su'ijāralyānḍa)
symphony: সিম্ফনি (simphani)
synagogue: সিনাগগ (sināgaga)
synchronized swimming: সিনক্রোনাইজড সাঁতার (sinakrōnā'ijaḍa sām̐tāra)
Syria: সিরিয়া (siriẏā)
syringe: সিরিঞ্জ (siriñja)
São Tomé and Príncipe: সাঁউ তুমি ও প্রিন্সিপি (sām̐u tumi ō prinsipi)

T

T-shirt: টি-শার্ট (ṭi-śārṭa)
table: টেবিল (ṭēbila)
tablecloth: টেবিল ক্লথ (ṭēbila klatha)
table of contents: সূচিপত্র (sūcipatra)
table tennis: টেবিল টেনিস (ṭēbila ṭēnisa)
table tennis table: টেবিল টেনিস টেবিল (ṭēbila ṭēnisa ṭēbila)
taekwondo: তায়কোয়ান্দো (tāẏakōẏāndō)
tailor: দরজি (daraji)
Taiwan: তাইওয়ান (tā'i'ōẏāna)
Tajikistan: তাজিকিস্তান (tājikistāna)
take: নেওয়া (nē'ōẏā)
take a shower: স্নান করা (snāna karā)
take care: যত্ন নিও (yatna ni'ō)
talk: কথা বলা (kathā balā)
tall: লম্বা (lambā)
tambourine: খঞ্জনি (khañjani)
tampon: ট্যাম্পুন (ṭyāmpuna)
tandem: ট্যাণ্ডেম (ṭyānḍēma)
tangent: স্পর্শক (sparśaka)
tango: ট্যাঙ্গো (ṭyāṅgō)
tank: ট্যাংক (ṭyāṅka)
tantalum: ট্যান্টালাম (ṭyānṭālāma)
Tanzania: তানজানিয়া (tānajāniẏā)
tap: কল (kala)
tape measure: দৈর্ঘ্য পরিমাপের ফিতা (dairghya parimāpēra phitā), মাপার ফিতা (māpāra phitā)
tapir: টাপির (ṭāpira)
tap water: কলের পানি (kalēra pāni)
tar: আলকাতরা (ālakātarā)

tarantula: ট্যারান্টুলা (ṭyārānṭulā)
tattoo: উলকি (ulaki)
tax: কর (kara)
taxi: ট্যাক্সি (ṭyāksi)
taxi driver: ট্যাক্সি চালক (ṭyāksi cālaka)
tea: চা (cā)
teacher: শিক্ষক (śikṣaka)
teapot: চায়ের পাত্র (cāẏēra pātra)
technetium: টেকনিসিয়াম (ṭēkanisiẏāma)
telephone: টেলিফোন (ṭēliphōna)
telephone number: টেলিফোন নাম্বার (ṭēliphōna nāmbāra)
telescope: দূরবীন (dūrabīna)
tellurium: টেলুরিয়াম (ṭēluriẏāma)
temperature: তাপমাত্রা (tāpamātrā)
temple: কপালের পার্শ্বদেশ (kapālēra pārśbadēśa), মন্দির (mandira)
tendon: কণ্ডরা (kaṇḍarā)
tennis: টেনিস (ṭēnisa)
tennis ball: টেনিস বল (ṭēnisa bala)
tennis court: টেনিস কোর্ট (ṭēnisa kōrṭa)
tennis racket: টেনিস র‍্যাকেট (ṭēnisa rayākēṭa)
tent: তাঁবু (tām̐bu)
tequila: টেকিলা (ṭēkilā)
terbium: টারবিয়াম (ṭārabiẏāma)
term: মেয়াদ (mēẏāda)
termite: উইপোকা (u'ipōkā)
terrace: ছাদ (chāda)
territory: অধিকারক্ষেত্র (adhikārakṣētra)
testament: উইল (u'ila)
testicle: অণ্ডকোষ (aṇḍakōṣa)
Tetris: টেট্রিস (ṭēṭrisa)
text: পাঠ (pāṭha)
textbook: পাঠ্যপুস্তক (pāṭhyapustaka)
text message: টেক্সট মেসেজ (ṭēksaṭa mēsēja)
Thailand: থাইল্যান্ড (thā'ilyānḍa)
thallium: থ্যালিয়াম (thyāliẏāma)
Thanksgiving: থ্যাঙ্কসগিভিং (thyāṅkasagibhiṁ)
thank you: ধন্যবাদ (dhan'yabāda)
that: ওটা (ōṭā)
theatre: থিয়েটার (thiẏēṭāra)
The Bahamas: বাহামা দ্বীপপুঞ্জ (bāhāmā dbīpapuñja)
the day after tomorrow: আগামী পরশু (āgāmī paraśu)
the day before yesterday: গত পরশু (gata paraśu)
The Gambia: গাম্বিয়া (gāmbiẏā)
their company: তাদের কোম্পানি (tādēra kōmpāni)
theme park: থিম পার্ক (thima pārka)
then: তারপর (tārapara)
theory of relativity: আপেক্ষিক তত্ত্ব (āpēkṣika tattba)
there: সেখানে (sēkhānē)
thermal underwear: থার্মাল অন্তর্বাস (thārmāla antarbāsa)
thermos jug: থার্মাস জগ (thārmāsa jaga)
thesis: গবেষণামূলক প্রবন্ধ (gabēṣaṇāmūlaka prabandha)
The United States of America: মার্কিন যুক্তরাষ্ট্র (mārkina yuktarāṣṭra)
they: তারা (tārā)
thief: চোর (cōra)
think: চিন্তা করা (cintā karā)
third: তৃতীয় (tr̥tīẏa)
thirsty: তৃষ্ণার্ত (tr̥ṣṇārta)

this: এটা (ēṭā)
this month: এই মাস (ē'i māsa)
this week: এই সপ্তাহ (ē'i saptāha)
this year: এই বছর (ē'i bachara)
thong: থং (thaṁ)
thorium: থোরিয়াম (thōriẏāma)
threaten: হুমকি দেওয়া (humaki dē'ōẏā)
three quarters of an hour: এক ঘণ্টার তিন চতুর্থাংশ (ēka ghaṇṭāra tina caturthānśa)
thriller: রোমাঞ্চকর গল্প (rōmāñcakara galpa)
throttle: থ্রটল (thraṭala)
throw: ছুঁড়ে ফেলা (chum̐ṛē phēlā)
thulium: থুলিয়াম (thuliẏāma)
thumb: বুড়ো আঙ্গুল (buṛō āṅgula)
thunder: বজ্র (bajra)
thunderstorm: বজ্রবৃষ্টি (bajrabr̥ṣṭi)
Thursday: বৃহস্পতিবার (br̥haspatibāra)
thyme: থাইম (thā'ima)
ticket: টিকেট (ṭikēṭa)
ticket office: টিকিট অফিস (ṭikiṭa aphisa)
ticket vending machine: টিকেট ভেন্ডিং মেশিন (ṭikēṭa bhēnḍiṁ mēśina)
tidal wave: জলোচ্ছ্বাস (jalōcchbāsa)
tie: টাই (ṭā'i)
tiger: বাঘ (bāgha)
tile: টাইল (ṭā'ila)
timetable: সময়সূচী (samaẏasūcī)
tin: টিন (ṭina), টিনের কৌটা (ṭinēra kauṭā)
tip: বখশিশ (bakhaśiśa)
tired: ক্লান্ত (klānta)
tissue: টিস্যু (ṭisyu)
titanium: টাইটেনিয়াম (ṭā'iṭēniẏāma)
toaster: টোস্টার (ṭōsṭāra)
tobacco: তামাক (tāmāka)
today: আজ (āja)
toe: পায়ের আঙুল (pāẏēra āṅula)
tofu: টফু (ṭaphu)
together: একসাথে (ēkasāthē)
Togo: টোগো (ṭōgō)
toilet: টয়লেট (ṭaẏalēṭa)
toilet brush: টয়লেট ব্রাশ (ṭaẏalēṭa brāśa)
toilet paper: টয়লেট পেপার (ṭaẏalēṭa pēpāra)
toll: টোল (ṭōla)
tomasauce: টমেটো সস (ṭamēṭō sasa)
tomato: টমেটো (ṭamēṭō)
tomorrow: আগামীকাল (āgāmīkāla)
ton: টন (ṭana)
Tonga: টোঙ্গা (ṭōṅgā)
tongue: জিহ্বা (jihbā)
tooth: দাঁত (dām̐ta)
toothache: দাঁতের ব্যাথা (dām̐tēra byāthā)
toothbrush: টুথব্রাশ (ṭuthabrāśa)
toothpaste: টুথপেস্ট (ṭuthapēsṭa)
torch: টর্চ (ṭarca)
tornado: টর্নেডো (ṭarnēḍō)
tortoise: কচ্ছপ (kacchapa)
touch: স্পর্শ করা (sparśa karā)
tour guide: ভ্রমণ প্রদর্শক (bhramaṇa pradarśaka)
tourist attraction: পর্যটকদের আকর্ষণ (paryaṭakadēra ākarṣaṇa)

tourist guide: পর্যটক গাইড (paryaṭaka gā'iḍa)
tourist information: পর্যটন তথ্য (paryaṭana tathya)
towel: তোয়ালে (tōẏālē)
town hall: টাউন হল (ṭā'una hala)
toy shop: খেলনার দোকান (khēlanāra dōkāna)
track cycling: ট্র্যাক সাইক্লিং (ṭryāka sā'ikliṁ)
tracksuit: ট্র্যাকস্যুট (ṭryākasyuṭa)
tractor: ট্র্যাক্টর (ṭryākṭara)
traffic jam: যানজট (yānajaṭa)
traffic light: ট্রাফিক লাইট (ṭrāphika lā'iṭa)
trailer: ট্রেইলার (ṭrē'ilāra)
train: রেলগাড়ি (rēlagāṛi)
train driver: ট্রেন চালক (ṭrēna cālaka)
trainers: কেডস (kēḍasa)
train station: রেল স্টেশন (rēla sṭēśana)
tram: ট্রাম (ṭrāma)
trampoline: ট্রাম্পোলিন (ṭrāmpōlina)
trapezoid: ট্র্যাপিজয়েড (ṭryāpijaẏēḍa)
travel: ভ্রমণ করা (bhramaṇa karā)
travel agent: ট্রাভেল এজেন্ট (ṭrābhēla ējēnṭa)
treadmill: ট্রেডমিল (ṭrēḍamila)
tree: গাছ (gācha)
tree house: ট্রি হাউজ (ṭri hā'uja)
triangle: ট্রায়াঙ্গল (ṭrāẏāṅgala), ত্রিভুজ (tribhuja)
triathlon: ট্রায়াথলন (ṭrāẏāthalana)
Trinidad and Tobago: ত্রিনিদাদ ও টোবাগো (trinidāda ō ṭōbāgō)
triple jump: ট্রিপল জাম্প (ṭripala jāmpa)
triplets: ত্রয়ী (traẏī)
tripod: ট্রাইপড (ṭrā'ipaḍa)
trombone: পিতলের বড় বাঁশি (pitalēra baṛa bām̐śi)
tropics: গ্রীষ্মমণ্ডলীয় (grīṣmamaṇḍalīẏa)
trousers: ট্রাউজার (ṭrā'ujāra)
truffle: কন্দজাতীয় ছত্রাক (kandajātīẏa chatrāka)
trumpet: ট্রাম্পেট (ṭrāmpēṭa)
trunk: গাছের গুঁড়ি (gāchēra gum̐ṛi)
tuba: টুবা (ṭubā)
Tuesday: মঙ্গলবার (maṅgalabāra)
tulip: টিউলিপ (ṭi'ulipa)
tuna: টুনা (ṭunā)
tungsten: টাংস্টেন (ṭānsṭēna)
Tunisia: তিউনিসিয়া (ti'unisiẏā)
Turkey: তুরস্ক (turaska)
turkey: টার্কি (ṭārki), টার্কির মাংস (ṭārkira mānsa)
Turkmenistan: তুর্কমেনিস্তান (turkamēnistāna)
turnip cabbage: শালগম (śālagama)
turn left: বামে ঘুরুন (bāmē ghuruna)
turn off: বন্ধ করা (bandha karā)
turn on: চালু করা (cālu karā)
turn right: ডানে ঘুরুন (ḍānē ghuruna)
turtle: কচ্ছপ (kacchapa)
Tuvalu: টুভালু (ṭubhālu)
TV: টিভি (ṭibhi)
TV series: টিভি সিরিজ (ṭibhi sirija)
TV set: টিভি সেট (ṭibhi sēṭa)
tweezers: চিমটা (cimaṭā)
twins: যমজ (yamaja)
twisting: মোচড়ানো (mōcaṛānō)

two o'clock in the afternoon: দুপুর দুটো (dupura duṭō)
typhoon: টাইফুন (ṭā'iphuna)
tyre: টায়ার (ṭāẏāra)

U

Uganda: উগান্ডা (ugānḍā)
ugly: কুৎসিত (kuṯsita)
Ukraine: ইউক্রেন (i'ukrēna)
ukulele: ইউকুলেলে (i'ukulēlē)
ultrasound machine: আল্ট্রাসাউন্ড মেশিন (ālṭrāsā'unḍa mēśina)
umbrella: ছাতা (chātā)
uncle: কাকা/মামা (kākā/māmā)
underpants: আন্ডারপ্যান্ট (ānḍārapyānṭa)
underpass: আন্ডারপাস (ānḍārapāsa)
underscore: আন্ডারস্কোর (ānḍāraskōra)
undershirt: আন্ডারশার্ট (ānḍāraśārṭa)
unfair: অন্যায্য (an'yāyya)
uniform: ইউনিফর্ম (i'unipharma)
United Arab Emirates: সংযুক্ত আরব আমিরাত (sanyukta āraba āmirāta)
United Kingdom: যুক্তরাজ্য (yuktarājya)
university: বিশ্ববিদ্যালয় (biśbabidyālaẏa)
uranium: ইউরেনিয়াম (i'urēniẏāma)
Uranus: ইউরেনাস (i'urēnāsa)
url: ইউআরএল (i'u'āra'ēla)
urn: শবাধার (śabādhāra)
urology: ইউরোলজি (i'urōlaji)
Uruguay: উরুগুয়ে (uruguẏē)
USB stick: ইউএসবি স্টিক (i'u'ēsabi sṭika)
uterus: জরায়ু (jarāẏu)
utility knife: ব্যবহার্য ছুরি (byabahārya churi)
Uzbekistan: উজবেকিস্তান (ujabēkistāna)

V

vacuum: ভ্যাকুয়াম করা (bhyākuẏāma karā)
vacuum cleaner: ভ্যাকুয়াম ক্লিনার (bhyākuẏāma klināra)
vagina: যোনি (yōni)
valley: উপত্যকা (upatyakā)
vanadium: ভ্যানাডিয়াম (bhyānāḍiẏāma)
vanilla: ভ্যানিলা (bhyānilā)
vanilla sugar: ভ্যানিলা চিনি (bhyānilā cini)
Vanuatu: ভানুয়াটু (bhānuẏāṭu)
varnish: বার্নিশ (bārniśa)
vase: ফুলদানি (phuladāni)
Vatican City: ভ্যাটিকান সিটি (bhyāṭikāna siṭi)
veal: বাছুরের মাংস (bāchurēra mānsa)
vector: ভেক্টর (bhēkṭara)
vein: শিরা (śirā)
Venezuela: ভেনেজুয়েলা (bhēnējuẏēlā)
Venus: শুক্র (śukra)
vertebra: কশেরুকা (kaśērukā)
very: খুব (khuba)
vet: পশুচিকিৎসক (paśucikiṯsaka)
Viennese waltz: ভিয়েনা ওয়াল্টজ (bhiẏēnā ōẏālṭaja)

Vietnam: ভিয়েতনাম (bhiẏētanāma)
village: গ্রাম (grāma)
vinegar: ভিনেগার (bhinēgāra)
viola: ভায়োলা (bhāẏōlā)
violin: বেহালা (bēhālā)
virus: ভাইরাস (bhā'irāsa)
visa: ভিসা (bhisā)
visiting hours: সাক্ষাতের সময় (sākṣātēra samaẏa)
visitor: দর্শনার্থী (darśanārthī)
vitamin: ভিটামিন (bhiṭāmina)
vocational training: বৃত্তিমূলক প্রশিক্ষণ (br̥ttimūlaka praśikṣaṇa)
vodka: ভদকা (bhadakā)
voice message: ভয়েস মেসেজ (bhaẏēsa mēsēja)
volcano: আগ্নেয়গিরি (āgnēẏagiri)
volleyball: ভলিবল (bhalibala)
volt: ভোল্ট (bhōlṭa)
volume: আয়তন (āẏatana)
vomit: বমি করা (bami karā)
vote: ভোট দেওয়া (bhōṭa dē'ōẏā)

W

waffle: ওয়াফল (ōẏāphala)
waist: কোমর (kōmara)
wait: অপেক্ষা করা (apēkṣā karā)
waiter: ওয়েটার (ōẏēṭāra)
waiting room: বিশ্রামাগার (biśrāmāgāra)
walk: হাঁটা (hām̐ṭā)
walkie-talkie: ওয়াকি-টকি (ōẏāki-ṭaki)
wall: প্রাচীর (prācīra)
wallet: মানিব্যাগ (mānibyāga)
walnut: আখরোট (ākharōṭa)
walrus: সিন্ধুঘোটক (sindhughōṭaka)
waltz: ওয়াল্টজ (ōẏālṭaja)
wardrobe: ওয়্যারড্রোব (ōẏyāraḍrōba)
warehouse: গুদামঘর (gudāmaghara)
warm: উষ্ণ (uṣṇa)
warm-up: ওয়ার্ম-আপ (ōẏārma-āpa)
warn: সতর্ক করা (satarka karā)
warning light: সতর্কীকরণ আলো (satarkīkaraṇa ālō)
warranty: ওয়ারেন্টি (ōẏārēnṭi)
wash: ধোয়া (dhōẏā)
washing machine: ওয়াশিং মেশিন (ōẏāśiṁ mēśina)
washing powder: ওয়াশিং পাউডার (ōẏāśiṁ pā'uḍāra)
wasp: বোলতা (bōlatā)
watch: দেখা (dēkhā), ঘড়ি (ghaṛi)
water: পানি (pāni)
water bottle: পানির বোতল (pānira bōtala)
water can: সেচনী (sēcanī)
waterfall: জলপ্রপাত (jalaprapāta)
water melon: তরমুজ (taramuja)
water park: ওয়াটার পার্ক (ōẏāṭāra pārka)
water polo: ওয়াটার পোলো (ōẏāṭāra pōlō)
waterskiing: ওয়াটারস্কিইং (ōẏāṭāraski'iṁ)
water slide: ওয়াটার স্লাইড (ōẏāṭāra slā'iḍa)
watt: ওয়াট (ōẏāṭa)

we: আমরা (āmarā)
weak: দুর্বল (durbala)
webcam: ওয়েবক্যাম (ōẏēbakyāma)
website: ওয়েবসাইট (ōẏēbasā'iṭa)
wedding: বিবাহ (bibāha)
wedding cake: বিয়ের কেক (biẏēra kēka)
wedding dress: বিয়ের পোশাক (biẏēra pōśāka), বিবাহের পোশাক (bibāhēra pōśāka)
wedding ring: বিয়ের আংটি (biẏēra āṇṭi)
Wednesday: বুধবার (budhabāra)
weed: আগাছা (āgāchā)
week: সপ্তাহ (saptāha)
weightlifting: ভারোত্তোলন (bhārōttōlana)
welcome: স্বাগতম (sbāgatama)
well-behaved: ভদ্র (bhadra)
wellington boots: ওয়েলিংটন বুট (ōẏēliṇṭana buṭa)
west: পশ্চিম (paścima)
western film: পশ্চিমা সিনেমা (paścimā sinēmā)
wet: ভিজা (bhijā)
wetsuit: ওয়েটস্যুট (ōẏēṭasyuṭa)
whale: তিমি (timi)
what: কি (ki)
What's your name?: আপনার নাম কী? (āpanāra nāma kī?)
wheat: গম (gama)
wheelbarrow: ঠেলাগাড়ি (ṭhēlāgāṛi)
wheelchair: হুইল চেয়ার (hu'ila cēẏāra)
when: কখন (kakhana)
where: কোথায় (kōthāẏa)
Where is the toilet?: টয়লেটটি কোথায়? (ṭaẏalēṭaṭi kōthāẏa?)
which: কোনটা (kōnaṭā)
whip: চাবুক (cābuka)
whipped cream: হুইপড ক্রিম (hu'ipaḍa krima)
whiskey: হুইস্কি (hu'iski)
whisper: ফিসফিস করে কথা বলা (phisaphisa karē kathā balā)
white: সাদা (sādā)
white wine: সাদা ওয়াইন (sādā ōẏā'ina)
who: কে (kē)
why: কেন (kēna)
widow: বিধবা (bidhabā)
widower: বিপত্নীক (bipatnīka)
width: প্রস্থ (prastha)
wife: স্ত্রী (strī)
wig: পরচুলা (paraculā)
willow: উইলো (u'ilō)
win: জেতা (jētā)
wind: বাতাস (bātāsa)
wind farm: বায়ু খামার (bāẏu khāmāra)
window: জানলা (jānalā), জানালা (jānālā)
windpipe: শ্বাসনালী (śbāsanālī)
windscreen: গাড়ির সামনের কাঁচ (gāṛira sāmanēra kām̐ca)
windscreen wiper: উইন্ডস্ক্রীন ওয়াইপার (u'inḍaskrīna ōẏā'ipāra)
windsurfing: উইন্ডসার্ফিং (u'inḍasārphiṁ)
windy: ঝড়ো (jhaṛō)
wine: ওয়াইন (ōẏā'ina)
wing: ডানা (ḍānā)
wing mirror: উইং মিরর (u'iṁ mirara)
winter: শীতকাল (śītakāla)
wire: তার (tāra)

witness: সাক্ষী (sākṣī)
wolf: নেকড়ে (nēkaṛē)
woman: নারী (nārī)
womb: গর্ভ (garbha)
wooden beam: কাঠের দণ্ড (kāṭhēra daṇḍa)
wooden spoon: কাঠের চামচ (kāṭhēra cāmaca)
woodwork: কাঠের কাজ (kāṭhēra kāja)
wool: উল (ula)
work: কাজ করা (kāja karā)
workroom: কাজের ঘর (kājēra ghara)
world record: বিশ্বরেকর্ড (biśbarēkarḍa)
worried: চিন্তিত (cintita)
wound: ক্ষত (kṣata)
wrestling: কুস্তি (kusti)
wrinkle: বলিরেখা (balirēkhā)
wrist: কব্জি (kabji)
write: লেখা (lēkhā)
wrong: ভুল (bhula)

X

X-ray photograph: এক্স-রে ফটোগ্রাফ (ēksa-rē phaṭōgrāpha)
xenon: জেনন (jēnana)
xylophone: জাইলোফোন (jā'ilōphōna)

Y

yacht: ইয়ট (iẏaṭa)
yard: গজ (gaja)
year: বছর (bachara)
yeast: খামির (khāmira)
yellow: হলুদ (haluda)
Yemen: ইয়েমেন (iẏēmēna)
yen: ইয়েন (iẏēna)
yesterday: গতকাল (gatakāla)
yoga: যোগব্যায়াম (yōgabyāẏāma)
yoghurt: দই (da'i)
yolk: ডিমের কুসুম (ḍimēra kusuma)
you: তুমি (tumi), তোমরা (tōmarā)
young: তরুণ (taruṇa)
your cat: তোমার বিড়াল (tōmāra biṛāla)
your team: তোমার দল (tōmāra dala)
ytterbium: ইটারবিয়াম (iṭārabiẏāma)
yttrium: ইট্রিয়াম (iṭriẏāma)
yuan: ইউয়ান (i'uẏāna)

Z

Zambia: জাম্বিয়া (jāmbiẏā)
zebra: জেব্রা (jēbrā)
Zimbabwe: জিম্বাবুয়ে (jimbābuẏē)
zinc: দস্তা (dastā)
zip code: জিপ কোড (jipa kōḍa)
zipper: জিপার (jipāra)

zirconium: জিরকোনিয়াম (jirakōniẏāma)
zoo: চিড়িয়াখানা (ciṛiẏākhānā)

Bengali - English

A

abasara grahaṇa (অবসর গ্রহণ): retirement
abaśya'i (অবশ্যই): of course
abhidhāna (অভিধান): dictionary
abhighāta (অভিঘাত): concussion
abhinētā (অভিনেতা): actor
abhinētāra dala (অভিনেতার দল): cast
abhyāsa karā (অভ্যাস করা): to practice
abilambē (অবিলম্বে): immediately
adbhuta (অদ্ভুত): strange
adhikānśa (অধিকাংশ): most
adhikārakṣētra (অধিকারক্ষেত্র): territory
adhyāpaka (অধ্যাপক): professor
adhātu (অধাতু): non-metal
agabhīra (অগভীর): shallow
agn'yāśaẏa (অগ্ন্যাশয়): pancreas
agni nirbāpaka (অগ্নি নির্বাপক): fire extinguisher
aitihya (ঐতিহ্য): heritage
ajñāna ha'ōẏā (অজ্ঞান হওয়া): to faint
aksijēna (অক্সিজেন): oxygen
akṣara (অক্ষর): character
akṣānśa (অক্ষাংশ): latitude
akṭōbara (অক্টোবর): October
akṭōpāsa (অক্টোপাস): octopus
alasa (অলস): lazy
alpa (অল্প): few
an'yān'ya (অন্যান্য): other
an'yāyya (অন্যায্য): unfair
anakōlaji (অনকোলজি): oncology
andha (অন্ধ): blind
andhakāra (অন্ধকার): dark
aniẏana riṁ (অনিয়ন রিং): onion ring
antaraka phitā (অন্তরক ফিতা): insulating tape
antra (অন্ত্র): intestine
antyēṣṭikriẏā (অন্ত্যেষ্টিক্রিয়া): funeral
anucchēda (অনুচ্ছেদ): paragraph
anusaraṇa karā (অনুসরণ করা): to follow
anāmikā (অনামিকা): ring finger
anātha (অনাথ): orphan
anēka (অনেক): many
aparādhī (অপরাধী): criminal
aphisa (অফিস): office
apārēṭiṁ thiẏēṭāra (অপারেটিং থিয়েটার): operating theatre
apēkṣā karā (অপেক্ষা করা): to wait
apērā (অপেরা): opera
argāna (অর্গান): organ
arigyāmi (অরিগ্যামি): origami
arjana karā (অর্জন করা): to earn
arkēsṭrā (অর্কেস্ট্রা): orchestra
arthanīti (অর্থনীতি): economics
arthapradāna karā (অর্থপ্রদান করা): to pay
arthōpēḍikasa (অর্থোপেডিকস): orthopaedics

arśbarōga (অর্শ্বরোগ): hemorrhoid
asamiẏāma (অসমিয়াম): osmium
asthi majjā (অস্থি মজ্জা): bone marrow
asthira kṣaẏarōga (অস্থির ক্ষয়রোগ): caries
astrōpacāra (অস্ত্রোপচার): surgery
asustha (অসুস্থ): sick
asṭriẏā (অস্ট্রিয়া): Austria
asṭrēliẏā (অস্ট্রেলিয়া): Australia
asṭrēliẏāna phuṭabala (অস্ট্রেলিয়ান ফুটবল): Australian football
athabā (অথবা): or
atithi (অতিথি): guest
ayābhōkāḍō (অ্যাভোকাডো): avocado
ayājamā (অ্যাজমা): asthma
ayākarḍiẏana (অ্যাকর্ডিয়ন): accordion
ayākilisa ṭēnḍana (অ্যাকিলিস টেন্ডন): Achilles tendon
ayākuẏāriẏāma (অ্যাকুয়ারিয়াম): aquarium
ayākṭiniẏāma (অ্যাক্টিনিয়াম): actinium
ayāluminiẏāma (অ্যালুমিনিয়াম): aluminium
ayālārji (অ্যালার্জি): allergy
ayāmbulēnsa (অ্যাম্বুলেন্স): ambulance
ayāmpiẏāra (অ্যাম্পিয়ার): ampere
ayāmērisiẏāma (অ্যামেরিসিয়াম): americium
ayānḍōrā (অ্যান্ডোরা): Andorra
ayānṭibāẏōṭika (অ্যান্টিবায়োটিক): antibiotics
ayānṭiguẏā ō bārbuḍā (অ্যান্টিগুয়া ও বার্বুডা): Antigua and Barbuda
ayānṭimani (অ্যান্টিমনি): antimony
ayānṭi riṅkēla krima (অ্যান্টি রিংকেল ক্রিম): antiwrinkle cream
ayānṭisēpṭika (অ্যান্টিসেপ্টিক): antiseptic
ayāpa (অ্যাপ): app
ayāpaẏēnṭamēnṭa (অ্যাপয়েন্টমেন্ট): appointment
ayāpārṭamēnṭa (অ্যাপার্টমেন্ট): apartment
ayāpēnḍiksa (অ্যাপেন্ডিক্স): appendix
ayārōmāthērāpi (অ্যারোমাথেরাপি): aromatherapy
ayāsapirina (অ্যাসপিরিন): aspirin
ayāsṭēṭina (অ্যাস্টেটিন): astatine
ayāṅgōlā (অ্যাঙ্গোলা): Angola
añcala (অঞ্চল): region
aṅkana (অঙ্কন): drawing
aṇu (অণু): molecule
aṇubīkṣaṇa yantra (অণুবীক্ষণ যন্ত্র): microscope
aṇḍakōṣa (অণ্ডকোষ): testicle, scrotum
aṣṭabhuja (অষ্টভুজ): octagon

B

ba'i (বই): book
ba'iẏēra dōkāna (বইয়ের দোকান): bookshop
babaslē'i (ববস্লেই): bobsleigh
bachara (বছর): year
badhira (বধির): deaf
bahana karā (বহন করা): to carry
bahirbibhāgīẏa rōgī (বহির্বিভাগীয় রোগী): outpatient
baidyutika bālba (বৈদ্যুতিক বাল্ব): light bulb
baidyutika giṭāra (বৈদ্যুতিক গিটার): electric guitar
baidyutika istri (বৈদ্যুতিক ইস্ত্রি): electric iron
baidyutika śaka (বৈদ্যুতিক শক): electric shock

bajra (বজ্র): thunder
bajrabr̥ṣṭi (বজ্রবৃষ্টি): thunderstorm
bajrapāta (বজ্রপাত): lightning
bakhaśiśa (বখশিশ): tip
bakrarēkhā (বক্ররেখা): curve
baksiṁ glābha (বক্সিং গ্লাভ): boxing glove
baksiṁ riṁ (বক্সিং রিং): boxing ring
baktā (বক্তা): lecturer
bala (বল): force
balapēna (বলপেন): ball pen
balaruma nāca (বলরুম নাচ): Ballroom dance
balibhiẏā (বলিভিয়া): Bolivia
balirēkhā (বলিরেখা): wrinkle
bami bami bhāba (বমি বমি ভাব): nausea
bami karā (বমি করা): to vomit
ban'yā (বন্যা): flood
bana (বন): forest
bandara (বন্দর): harbour
bandha karā (বন্ধ করা): to close, to turn off
bandhu (বন্ধু): friend
bandhubhābāpanna (বন্ধুভাবাপন্ন): friendly
banduka (বন্দুক): gun
banēṭa (বনেট): bonnet
bara'i (বরই): plum
bara (বর): groom
barapha (বরফ): ice
barapha kaphi (বরফ কফি): iced coffee
bargakṣētra (বর্গক্ষেত্র): square
barga miṭāra (বর্গ মিটার): square meter
barjya jala śōdhanāgāra (বর্জ্য জল শোধনাগার): sewage plant
barśā nikṣēpa (বর্শা নিক্ষেপ): javelin throw
barṇa (বর্ণ): letter
barṇamālā (বর্ণমালা): alphabet
basaniẏā (বসনিয়া): Bosnia
basantakāla (বসন্তকাল): spring
basā (বসা): to sit
basāra ghara (বসার ঘর): living room
batasōẏānā (বতসোয়ানা): Botswana
baḍibilḍiṁ (বডিবিল্ডিং): bodybuilding
baḍi lōśana (বডি লোশন): body lotion
baṛa (বড়): big
baṛa bhā'i (বড় ভাই): big brother
baṛa bōna (বড় বোন): big sister
baṛadina (বড়দিন): Christmas
baṛa ha'ōẏā (বড় হওয়া): to grow
baṛi (বড়ি): pill
baẏāma (বয়াম): jar
bhadakā (ভদকা): vodka
bhadra (ভদ্র): well-behaved
bhagnānśa (ভগ্নাংশ): fraction
bhagāṅkura (ভগাঙ্কুর): clitoris
bhalibala (ভলিবল): volleyball
bharā (ভরা): full
bhautika sinēmā (ভৌতিক সিনেমা): horror movie
bhaẏēsa mēsēja (ভয়েস মেসেজ): voice message
bhijā (ভিজা): wet
bhinēgāra (ভিনেগার): vinegar

bhisā (ভিসা): visa
bhitarē (ভিতরে): inside
bhiṛēra samaẏa (ভিড়ের সময়): rush hour
bhiṭāmina (ভিটামিন): vitamin
bhiẏēnā ōẏālṭaja (ভিয়েনা ওয়াল্টজ): Viennese waltz
bhiẏētanāma (ভিয়েতনাম): Vietnam
bhramara (ভ্রমর): bumblebee
bhramaṇa karā (ভ্রমণ করা): to travel
bhramaṇa pradarśaka (ভ্রমণ প্রদর্শক): tour guide
bhru (ভ্রু): eyebrow
bhru pēnsila (ভ্রু পেন্সিল): eyebrow pencil
bhrūṇa (ভ্রূণ): foetus, embryo
bhula (ভুল): wrong
bhuṭāna (ভুটান): Bhutan
bhuṭṭā (ভুট্টা): corn
bhyākuẏāma karā (ভ্যাকুয়াম করা): to vacuum
bhyākuẏāma klināra (ভ্যাকুয়াম ক্লিনার): vacuum cleaner
bhyānilā (ভ্যানিলা): vanilla
bhyānilā cini (ভ্যানিলা চিনি): vanilla sugar
bhyānāḍiẏāma (ভ্যানাডিয়াম): vanadium
bhyāṭikāna siṭi (ভ্যাটিকান সিটি): Vatican City
bhā'ibōna (ভাইবোন): siblings
bhā'ijhi (ভাইঝি): niece
bhā'ipō (ভাইপো): nephew
bhā'irāsa (ভাইরাস): virus
bhāga (ভাগ): division
bhāga karē nē'ōẏā (ভাগ করে নেওয়া): to share
bhājā (ভাজা): to fry
bhājā nuḍalasa (ভাজা নুডলস): fried noodles
bhālabāsā (ভালবাসা): to love
bhāluka (ভালুক): bear
bhālō (ভালো): good
bhālōbāsā (ভালোবাসা): love
bhānuẏāṭu (ভানুয়াটু): Vanuatu
bhārata (ভারত): India
bhārata mahāsāgara (ভারত মহাসাগর): Indian Ocean
bhārī (ভারী): heavy
bhārōttōlana (ভারোত্তোলন): weightlifting
bhāṛā (ভাড়া): fare
bhāṣyakāra (ভাষ্যকার): commentator
bhāẏōlā (ভায়োলা): viola
bhēkṭara (ভেক্টর): vector
bhēnējuẏēlā (ভেনেজুয়েলা): Venezuela
bhēṛā (ভেড়া): sheep
bhēṛāra mānsa (ভেড়ার মাংস): lamb
bhōlṭa (ভোল্ট): volt
bhōm̐daṛa (ভোঁদড়): otter
bhōṭa dē'ōẏā (ভোট দেওয়া): to vote
bhūgōla (ভূগোল): geography
bhūmadhyasāgara (ভূমধ্যসাগর): Mediterranean Sea
bhūmikampa (ভূমিকম্প): earthquake
bhūmikā (ভূমিকা): preface
bhūtbaka (ভূত্বক): earth's crust
bhūṭṭāra tēla (ভুট্টার তেল): corn oil
biba (বিব): bib
bibhāga (বিভাগ): department
bibāha (বিবাহ): wedding

bibāhabicchēda (বিবাহবিচ্ছেদ): divorce
bibāhēra pōśāka (বিবাহের পোশাক): wedding dress
bichānā (বিছানা): bed
bicāraka (বিচারক): judge
bidhabā (বিধবা): widow
bidyuṯ lā'ina (বিদ্যুৎ লাইন): power line
bidyālaẏa (বিদ্যালয়): school
bidāẏa (বিদায়): bye bye
bihāra (বিহার): promenade
bijanēsa klāsa (বিজনেস ক্লাস): business class
bijanēsa kārḍa (বিজনেস কার্ড): business card
bijanēsa skula (বিজনেস স্কুল): business school
bijanēsa ḍināra (বিজনেস ডিনার): business dinner
bijñāna (বিজ্ঞান): science
bijñānī (বিজ্ঞানী): scientist
bijñāpana (বিজ্ঞাপন): advertisement
bikini (বিকিনি): bikini
bikraẏa (বিক্রয়): sales
bikraẏa karā (বিক্রয় করা): to sell
bikēla (বিকেল): afternoon
bila (বিল): bill
biliẏārḍa (বিলিয়ার্ড): billiards
bimāna (বিমান): plane
bimānabandara (বিমানবন্দর): airport
bimānabāhī yud'dhajāhāja (বিমানবাহী যুদ্ধজাহাজ): aircraft carrier
bimāna bālā (বিমান বালা): stewardess
biniẏōga (বিনিয়োগ): investment
bipatnīka (বিপত্নীক): widower
bipaṇana (বিপণন): marketing
biraktikara (বিরক্তিকর): boring
bisamātha (বিসমাথ): bismuth
biskuṭa (বিস্কুট): biscuit
bismita (বিস্মিত): surprised
biśbabidyālaẏa (বিশ্ববিদ্যালয়): university
biśbarēkarḍa (বিশ্বরেকর্ড): world record
biśrāma nē'ōẏā (বিশ্রাম নেওয়া): to rest
biśrāmāgāra (বিশ্রামাগার): waiting room
biśāla (বিশাল): huge
biṛāla (বিড়াল): cat
biṣakriẏā (বিষক্রিয়া): poisoning
biṣaẏabastu (বিষয়বস্তু): content
biṣubarēkhā (বিষুবরেখা): equator
biẏāra (বিয়ার): beer
biẏē karā (বিয়ে করা): to marry
biẏēra kēka (বিয়ের কেক): wedding cake
biẏēra pōśāka (বিয়ের পোশাক): wedding dress
biẏēra āṇṭi (বিয়ের আংটি): wedding ring
biẏōga (বিয়োগ): subtraction
blubēri (ব্লুবেরি): blueberry
bluja (ব্লুজ): blues
blyākabēri (ব্ল্যাকবেরি): blackberry
blyākabōrḍa (ব্ল্যাকবোর্ড): blackboard
blyāka ṭī (ব্ল্যাক টী): black tea
blējāra (ব্লেজার): blazer
brakali (ব্রকলি): broccoli
brija (ব্রিজ): bridge
briphakēsa (ব্রিফকেস): briefcase

brunē'i (ব্রুনেই): Brunei
bryānḍi (ব্র্যান্ডি): brandy
brā'ujāra (ব্রাউজার): browser
brā'uni (ব্রাউনি): brownie
brā (ব্রা): bra
brājila (ব্রাজিল): Brazil
brāsēlasa sprā'uṭa (ব্রাসেলস স্প্রাউট): Brussels sprouts
brāśa (ব্রাশ): brush
brēka (ব্রেক): brake
brēka lā'iṭa (ব্রেক লাইট): brake light
brēkaḍyānsa (ব্রেকড্যান্স): breakdance
brēsalēṭa (ব্রেসলেট): bracelet
brōca (ব্রোচ): brooch
brōmina (ব্রোমিন): bromine
brōñja padaka (ব্রোঞ্জ পদক): bronze medal
br̥d'dha (বৃদ্ধ): old
br̥hadantra (বৃহদন্ত্র): colon
br̥haspati (বৃহস্পতি): Jupiter
br̥haspatibāra (বৃহস্পতিবার): Thursday
br̥kka (বৃক্ক): kidney
br̥nta (বৃন্ত): stalk
br̥tta (বৃত্ত): circle
br̥tti (বৃত্তি): scholarship
br̥ttimūlaka praśikṣaṇa (বৃত্তিমূলক প্রশিক্ষণ): vocational training
br̥ttākāra (বৃত্তাকার): round
br̥ṣṭi (বৃষ্টি): rain
br̥ṣṭibahula (বৃষ্টিবহুল): rainy
budha (বুধ): Mercury
budhabāra (বুধবার): Wednesday
buka (বুক): chest
bukaśēlapha (বুকশেলফ): bookshelf
bukiṁ (বুকিং): booking
bukēra hāṛa (বুকের হাড়): breastbone
bulagēriẏā (বুলগেরিয়া): Bulgaria
bulēṭina bōrḍa (বুলেটিন বোর্ড): bulletin board
buphē (বুফে): buffet
burkinā phāsō (বুর্কিনা ফাসো): Burkina Faso
burunḍi (বুরুন্ডি): Burundi
buṛō āṅgula (বুড়ো আঙ্গুল): thumb
byabahārya churi (ব্যবহার্য ছুরি): utility knife
byabasthāpaka (ব্যবস্থাপক): manager
byabasāẏika bhramaṇa (ব্যবসায়িক ভ্রমণ): business trip
byartha ha'ōẏā (ব্যর্থ হওয়া): to fail
byasta (ব্যস্ত): busy
byaṅgacitra (ব্যঙ্গচিত্র): caricature
byāga (ব্যাগ): bag
byākagyāmana (ব্যাকগ্যামন): backgammon
byākapyāka (ব্যাকপ্যাক): backpack
byākaṭēriẏā (ব্যাকটেরিয়া): bacterium
byālakani (ব্যালকনি): balcony
byālē (ব্যালে): ballet
byālē jutā (ব্যালে জুতা): ballet shoes
byānḍēja (ব্যান্ডেজ): bandage
byāpāra nā (ব্যাপার না): doesn't matter
byāsārdha (ব্যাসার্ধ): radius
byāthānāśaka (ব্যাথানাশক): painkiller
byāḍaminṭana (ব্যাডমিন্টন): badminton

byāṅa (ব্যাঙ): frog
byāṅka ēkā'unṭa (ব্যাংক একাউন্ট): bank account
byāṅka ṭrānsaphāra (ব্যাংক ট্রান্সফার): bank transfer
byāṭa (ব্যাট): bat
byāṭāri (ব্যাটারি): battery
bā'icēra naukā (বাইচের নৌকা): rowing boat
bā'irē (বাইরে): outside
bā'isana (বাইসন): bison
bābalā (বাবলা): acacia
bābā (বাবা): father, dad
bāchurēra mānsa (বাছুরের মাংস): veal
bāduṛa (বাদুড়): bat
bādāma (বাদাম): almond, nut
bādāmī (বাদামী): brown
bādāmī cula (বাদামী চুল): brunette
bāgadatta (বাগদত্ত): fiancé
bāgadattā (বাগদত্তা): fiancée
bāgadāna (বাগদান): engagement
bāgadānēra ānṭi (বাগদানের আংটি): engagement ring
bāgha (বাঘ): tiger
bāgicā (বাগিচা): flower bed
bāgāna (বাগান): garden
bāharā'ina (বাহরাইন): Bahrain
bāhu (বাহু): arm
bāhāmā dbīpapuñja (বাহামা দ্বীপপুঞ্জ): The Bahamas
bājapākhi (বাজপাখি): falcon
bāji dharā (বাজি ধরা): to bet
bājāra (বাজার): market
bākaśaktihīna (বাকশক্তিহীন): mute
bālati (বালতি): bucket
bāli (বালি): sand
bāliśa (বালিশ): pillow
bāma (বাম): left
bāmpāra (বাম্পার): bumper
bāmē ghuruna (বামে ঘুরুন): turn left
bām̐cā (বাঁচা): to live
bām̐dha (বাঁধ): dam
bām̐dhākapi (বাঁধাকপি): cabbage
bām̐śa (বাঁশ): bamboo
bām̐śi (বাঁশি): flute
bānara (বানর): monkey
bānlādēśa (বাংলাদেশ): Bangladesh
bāra (বার): bar
bārabēla (বারবেল): barbell
bārakōḍa (বারকোড): bar code
bārakōḍa skyānāra (বারকোড স্ক্যানার): bar code scanner
bārbāḍōsa (বার্বাডোস): Barbados
bārca (বার্চ): birch
bārgāra (বার্গার): burger
bārkēliyāma (বার্কেলিয়াম): berkelium
bārmā (বার্মা): Burma
bārniśa (বার্নিশ): varnish
bārāndā (বারান্দা): corridor
bāsa (বাস): bus
bāsa cālaka (বাস চালক): bus driver
bāsa sṭapa (বাস স্টপ): bus stop
bāskēṭa (বাস্কেট): basket

bāskēṭabala (বাস্কেটবল): basketball
bātharuma (বাথরুম): bathroom
bātharuma cappala (বাথরুম চপ্পল): bathroom slippers
bātharōba (বাথরোব): bathrobe
bāthaṭāba (বাথটাব): bathtub
bāti (বাতি): lamp
bātighara (বাতিঘর): lighthouse
bātāsa (বাতাস): wind
bāñji jāmpiṁ (বাঞ্জি জাম্পিং): bungee jumping
bāṅgi (বাঙ্গি): sugar melon
bāṅka bēḍa (বাংক বেড): bunk bed
bāṛira kāja (বাড়ির কাজ): homework
bāṣpa rēla (বাষ্প রেল): steam train
bāṭi (বাটি): bowl
bāẏucāpa (বায়ুচাপ): air pressure
bāẏu khāmāra (বায়ু খামার): wind farm
bāẏumanḍala (বায়ুমণ্ডল): atmosphere
bāẏu pāmpa (বায়ু পাম্প): air pump
bāẏāthalana (বায়াথলন): biathlon
bē'ija (বেইজ): beige
bē'ijiṁ ḍāka (বেইজিং ডাক): Beijing duck
bēbi maniṭara (বেবি মনিটর): baby monitor
bēchē nē'ōẏā (বেছে নেওয়া): to choose
bēguna (বেগুন): aubergine
bēgunī (বেগুনী): purple
bēhālā (বেহালা): violin
bējamēnṭa (বেজমেন্ট): basement
bēka karā (বেক করা): to bake
bēkana (বেকন): bacon
bēkiṁ pā'uḍāra (বেকিং পাউডার): baking powder
bēlacā (বেলচা): shovel
bēlajiẏāma (বেলজিয়াম): Belgium
bēlija (বেলিজ): Belize
bēlāruśa (বেলারুশ): Belarus
bēlṭa (বেল্ট): belt
bēnina (বেনিন): Benin
bēriliẏāma (বেরিলিয়াম): beryllium
bēriẏāma (বেরিয়াম): barium
bēsabala (বেসবল): baseball
bēsabala kyāpa (বেসবল ক্যাপ): baseball cap
bēsabalēra dastānā (বেসবলের দস্তানা): mitt
bēsa giṭāra (বেস গিটার): bass guitar
bēsina (বেসিন): basin
bētana (বেতন): salary
bēñca (বেঞ্চ): bench
bēñca prēsa (বেঞ্চ প্রেস): bench press
bēḍasā'iḍa lyāmpa (বেডসাইড ল্যাম্প): bedside lamp
bēṛā (বেড়া): fence
bīca (বীচ): beech
bīca bhalibala (বীচ ভলিবল): beach volleyball
bīja (বীজ): seed
bīmā (বীমা): insurance
bīṇā (বীণা): harp
bōhariẏāma (বোহরিয়াম): bohrium
bōkā (বোকা): silly
bōlatā (বোলতা): wasp
bōliṁ (বোলিং): bowling

bōliṁ bala (বোলিং বল): bowling ball
bōnā ṭupi (বোনা টুপি): knit cap
bōrana (বোরন): boron
bōrḍa gēma (বোর্ড গেম): board game
bōtala (বোতল): bottle
bōtāma (বোতাম): button
bō ṭā'i (বো টাই): bow tie

C

caka (চক): chalk
cakalēṭa (চকলেট): chocolate
cakalēṭa krima (চকলেট ক্রিম): chocolate cream
calō bāṛi yā'i (চলো বাড়ি যাই): Let's go home
candragrahaṇa (চন্দ্রগ্রহণ): lunar eclipse
capasṭika (চপস্টিক): chopstick
capiṁ bōrḍa (চপিং বোর্ড): chopping board
cappala (চপ্পল): flip-flops, slippers
carbihīna mānsa (চর্বিহীন মাংস): lean meat
carbiyukta mānsa (চর্বিযুক্ত মাংস): fat meat
carmasāra (চর্মসার): skinny
caturbhūjākr̥tira (চতুর্ভূজাকৃতির): square
caturtha (চতুর্থ): fourth
caśamā (চশমা): glasses
caśamā bikrētā (চশমা বিক্রেতা): optician
caṛā (চড়া): to climb
chabi (ছবি): picture
chabira phrēma (ছবির ফ্রেম): picture frame
chabira ēlabāma (ছবির এলবাম): photo album
chaẏa talā (ছয় তলা): fifth floor
chidra karāra yantra (ছিদ্র করার যন্ত্র): hole puncher
chuli (ছুলি): freckles
chum̐ṛē phēlā (ছুঁড়ে ফেলা): to throw
churi (ছুরি): knife
churi-kām̐ṭā-cāmaca (ছুরি-কাঁটা-চামচ): cutlery
chutōra (ছুতোর): carpenter
chā'i (ছাই): ash
chāda (ছাদ): roof, terrace
chāda ṭāli (ছাদ টালি): roof tile
chāgala (ছাগল): goat
chām̐kani (ছাঁকনি): filter
chātrābāsa (ছাত্রাবাস): dorm room, hostel
chātā (ছাতা): umbrella
chāẏāpatha (ছায়াপথ): galaxy
chēda (ছেদ): intersection
chēlē (ছেলে): boy
chēlē bandhu (ছেলে বন্ধু): boyfriend
chōṭa (ছোট): small
chōṭa bhā'i (ছোট ভাই): little brother
chōṭa bōna (ছোট বোন): little sister
chōṭa kālō pōśāka (ছোট কালো পোশাক): little black dress
cikiṯsaka (চিকিৎসক): physician
cikēna nāgēṭa (চিকেন নাগেট): chicken nugget
cikēna u'insa (চিকেন উইংস): chicken wings
cili (চিলি): Chile
cilēkōṭhā (চিলেকোঠা): attic

cimani (চিমনি): chimney
cimaṭā (চিমটা): tweezers, pincers
cini (চিনি): sugar
cintita (চিন্তিত): worried
cintā karā (চিন্তা করা): to think
cintā karō nā (চিন্তা করো না): don't worry
cinābādāma (চিনাবাদাম): peanut
cinābādāma tēla (চিনাবাদাম তেল): peanut oil
cipasa (চিপস): chips
ciruni (চিরুনি): comb
citrakarma (চিত্রকর্ম): painting
citraśālā (চিত্রশালা): art gallery
citā (চিতা): cheetah
citābāgha (চিতাবাঘ): leopard
ciṛiẏākhānā (চিড়িয়াখানা): zoo
ciṭhi (চিঠি): letter
ciẏāraliḍāra (চিয়ারলিডার): cheerleader
ciẏārsa (চিয়ার্স): cheers
cu'iṅgāma (চুইংগাম): chewing gum
cula (চুল): hair
culēra jēla (চুলের জেল): hair gel
culēra klipa (চুলের ক্লিপ): barrette
cumbaka (চুম্বক): magnet
cumbana (চুম্বন): kiss
cumbana karā (চুম্বন করা): to kiss
cunāpāthara (চুনাপাথর): limestone
curi karā (চুরি করা): to steal
cuṣikāṭhi (চুষিকাঠি): soother
cyānēla (চ্যানেল): channel
cyāṭa (চ্যাট): chat
cā (চা): tea
cā-cā (চা-চা): cha-cha
cābi (চাবি): key
cābira chidra (চাবির ছিদ্র): keyhole
cābira riṁ (চাবির রিং): key chain
cābuka (চাবুক): whip
cāda (চাদ): Chad
cākati nikṣēpa (চাকতি নিক্ষেপ): discus throw
cāla (চাল): rice
cālu karā (চালু করা): to turn on
cālā (চালা): shed
cālāka (চালাক): clever
cāmaca (চামচ): spoon
cāmaṛāra jutā (চামড়ার জুতা): leather shoes
cām̐da (চাঁদ): moon
cāpa dē'ōẏā (চাপ দেওয়া): to press
cārukalā (চারুকলা): art
cāẏēra pātra (চায়ের পাত্র): teapot
cē'ina karāta (চেইন করাত): chainsaw
cēka (চেক): cheque
cēka-ina ḍēska (চেক-ইন ডেস্ক): check-in desk
cēka prajātantra (চেক প্রজাতন্ত্র): Czech Republic
cēkāra khēlā (চেকার খেলা): draughts
cēm̐cānō (চেঁচানো): to shout
cēri (চেরি): cherry
cēẏāra (চেয়ার): chair
cīja bārgāra (চীজ বার্গার): cheeseburger

cīja kēka (চীজ কেক): cheesecake
cīna (চীন): China
cīnā ōṣudha (চীনা ওষুধ): Chinese medicine
cōkha (চোখ): eye
cōkhēra maṇi (চোখের মণি): pupil
cōkhēra pāpaṛi (চোখের পাপড়ি): eyelashes
cōra (চোর): thief
cōẏālēra hāṛa (চোয়ালের হাড়): jawbone

D

da'i (দই): yoghurt, cream
dairghya parimāpēra phitā (দৈর্ঘ্য পরিমাপের ফিতা): tape measure
dakṣiṇa (দক্ষিণ): south
dakṣiṇa gōlārdha (দক্ষিণ গোলার্ধ): southern hemisphere
dakṣiṇa kōriẏā (দক্ষিণ কোরিয়া): South Korea
dakṣiṇa mēru (দক্ষিণ মেরু): South Pole
dakṣiṇa sudāna (দক্ষিণ সুদান): South Sudan
dakṣiṇa āphrikā (দক্ষিণ আফ্রিকা): South Africa
damakalakarmī (দমকলকর্মী): firefighters, firefighter
damakala kēndra (দমকল কেন্দ্র): fire station
damakala ṭrāka (দমকল ট্রাক): fire truck
danta cikiṯsaka (দন্ত চিকিৎসক): dentist
dara-kaṣākaṣi karā (দর-কষাকষি করা): bargain
daraji (দরজি): tailor
darajā (দরজা): door
darajāra hātala (দরজার হাতল): door handle
daridra (দরিদ্র): poor
darśana (দর্শন): philosophy
darśanārthī (দর্শনার্থী): visitor
dastā (দস্তা): zinc
dastānā (দস্তানা): glove
dauṛa (দৌড়): running
dauṛānō (দৌড়ানো): to run
daśaka (দশক): decade
daẏā karē (দয়া করে): please
dbitīẏa (দ্বিতীয়): second
dbitīẏa bējamēnṭa mējhē (দ্বিতীয় বেজমেন্ট মেঝে): second basement floor
dbīpa (দ্বীপ): island
dhamanī (ধমনী): artery
dhan'yabāda (ধন্যবাদ): thank you
dhaniẏā (ধনিয়া): coriander
dhanurbidyā (ধনুর্বিদ্যা): archery
dhanī (ধনী): rich
dhbansābaśēṣa (ধ্বংসাবশেষ): ruin
dhundula (ধুন্দুল): courgette
dhām̐dhā (ধাঁধা): puzzle
dhātrī (ধাত্রী): midwife
dhātu (ধাতু): metal
dhātukalpa (ধাতুকল্প): metalloid
dhēṛē im̐dura (ধেড়ে ইঁদুর): rat
dhīra (ধীর): slow
dhōẏā (ধোয়া): to wash
dhūmakētu (ধূমকেতু): comet
dhūmapāna karā (ধূমপান করা): to smoke
dhūsara (ধূসর): grey

dina (দিন): day
dinaṭi śubha hōka (দিনটি শুভ হোক): good day
diẏāśalā'i (দিয়াশলাই): match
druta (দ্রুত): quick
drāghimānśa (দ্রাঘিমাংশ): longitude
du'i talā (দুই তলা): first floor
dudha (দুধ): milk
dudha cā (দুধ চা): milk tea
dupura (দুপুর): noon
dupura duṭō (দুপুর দুটো): two o'clock in the afternoon
dupurēra khābāra (দুপুরের খাবার): lunch
durbala (দুর্বল): weak
durga (দুর্গ): castle
durghaṭanā (দুর্ঘটনা): accident
duḥkhita (দুঃখিত): sad, sorry
dābā (দাবা): chess
dādā (দাদা): grandfather
dādī (দাদী): grandmother
dāmī (দামী): expensive
dām̐ta (দাঁত): tooth
dām̐tēra brēsa (দাঁতের ব্রেস): dental brace
dām̐tēra byāthā (দাঁতের ব্যাথা): toothache
dām̐tēra philiṁ (দাঁতের ফিলিং): dental filling
dām̐ṛakāka (দাঁড়কাক): raven
dām̐ṛi (দাঁড়ি): full stop
dām̐ṛānō (দাঁড়ানো): to stand
dānādāra cini (দানাদার চিনি): granulated sugar
dārucini (দারুচিনি): cinnamon
dāruṇa (দারুণ): cool
dāṛi (দাড়ি): beard
dē'ōẏā (দেওয়া): to give
dēharakṣī (দেহরক্ষী): bodyguard
dēkhā (দেখা): to saw, to watch
dēkhā karā (দেখা করা): to meet
dēśa (দেশ): country
dīrgha lampha (দীর্ঘ লম্ফ): long jump
dōkānēra sahakārī (দোকানের সহকারী): shop assistant
dōlanā (দোলনা): swing
dōṣī (দোষী): guilty
dōẏēla (দোয়েল): magpie
dūrabīna (দূরবীন): telescope
dūrē (দূরে): far
dūtābāsa (দূতাবাস): embassy

G

gabhīra (গভীর): deep
gabēṣaṇā (গবেষণা): research
gabēṣaṇāmūlaka prabandha (গবেষণামূলক প্রবন্ধ): thesis
gaganacumbī aṭṭālikā (গগনচুম্বী অট্টালিকা): skyscraper
gaja (গজ): yard
galadā (গলদা): lobster
galapha (গলফ): golf
galapha bala (গলফ বল): golf ball
galapha klāba (গলফ ক্লাব): golf club
galapha kōrsa (গলফ কোর্স): golf course

gali (গলি): alley
galā byathā (গলা ব্যথা): sore throat
gama (গম): wheat
garama (গরম): hot
garama bātāsa bēluna (গরম বাতাস বেলুন): hot-air balloon
garama pānira bōtala (গরম পানির বোতল): hot-water bottle
garbha (গর্ভ): womb
garbhadhāraṇa parīkṣā (গর্ভধারণ পরীক্ষা): pregnancy test
garbhapāta (গর্ভপাত): miscarriage
garbita (গর্বিত): proud
garu (গরু): cow
garura mānsa (গরুর মাংস): beef
gata bachara (গত বছর): last year
gatakāla (গতকাল): yesterday
gata māsa (গত মাস): last month
gata paraśu (গত পরশু): the day before yesterday
gata saptāha (গত সপ্তাহ): last week
gatisīmā (গতিসীমা): speed limit
gaṇanā karā (গণনা করা): to count
gaṇatāntrika kaṅgō prajātantra (গণতান্ত্রিক কঙ্গো প্রজাতন্ত্র): Democratic Republic of the Congo
gaṇita (গণিত): mathematics
gaṇḍāra (গণ্ডার): rhino
gaṛānō (গড়ানো): to roll
ghanakṣētra (ঘনক্ষেত্র): cube
ghana miṭāra (ঘন মিটার): cubic meter
ghanṭā (ঘন্টা): hour
ghara (ঘর): house
gharē lāgānōra gācha (ঘরে লাগানোর গাছ): houseplant
gharēra cābi (ঘরের চাবি): room key
ghaṇṭā (ঘণ্টা): bell
ghaṛi (ঘড়ি): clock, watch
ghumānō (ঘুমানো): to sleep
ghumēra baṛi (ঘুমের বড়ি): sleeping pill
ghumēra māska (ঘুমের মাস্ক): sleeping mask
ghānā (ঘানা): Ghana
ghāsa (ঘাস): grass
ghāsaphaṛiṁ (ঘাসফড়িং): grasshopper
ghāṛa (ঘাড়): nape
ghāṛa (ঘাড়): neck
ghāṛa bakrabandhanī (ঘাড় বক্রবন্ধনী): neck brace
ghōla (ঘোল): buttermilk
ghōṛā (ঘোড়া): horse
gini (গিনি): Guinea
gini-bisā'u (গিনি-বিসাউ): Guinea-Bissau
ginipiga (গিনিপিগ): guinea pig
giragiṭi (গিরগিটি): chameleon
girikhāta (গিরিখাত): canyon
girjā (গির্জা): church
giṭāra (গিটার): guitar
giẏāra libhāra (গিয়ার লিভার): gear lever
giẏāra śiphaṭa (গিয়ার শিফট): gear shift
glyāḍi'ōlāsa (গ্ল্যাডিওলাস): gladiolus
glā'iḍāra (গ্লাইডার): glider
glāsa (গ্লাস): glass
graha (গ্রহ): planet
grahāṇu (গ্রহাণু): asteroid
granthāgārika (গ্রন্থাগারিক): librarian

grinahā'uja (গ্রিনহাউজ): greenhouse
grinalyānḍa (গ্রিনল্যান্ড): Greenland
grina ṭī (গ্রিন টী): green tea
grupa thērāpi (গ্রুপ থেরাপি): group therapy
grāma (গ্রাম): gram, village
grānā'iṭa (গ্রানাইট): granite
grāphā'iṭa (গ্রাফাইট): graphite
grēnāḍā (গ্রেনাডা): Grenada
grīsa (গ্রীস): Greece
grīṣmakāla (গ্রীষ্মকাল): summer
grīṣmamanḍalīẏa (গ্রীষ্মমণ্ডলীয়): tropics
gudāmaghara (গুদামঘর): warehouse
guhā (গুহা): cave
guli karā (গুলি করা): to shoot
gum̐ṛā (গুঁড়া): powder
gum̐ṛō dudha (গুঁড়ো দুধ): milk powder
guṇa (গুণ): multiplication
guẏātēmālā (গুয়াতেমালা): Guatemala
gyābana (গ্যাবন): Gabon
gyāliẏāma (গ্যালিয়াম): gallium
gyārēja (গ্যারেজ): garage
gyārējēra darajā (গ্যারেজের দরজা): garage door
gyāsa (গ্যাস): gas
gyāḍōliniẏāma (গ্যাডোলিনিয়াম): gadolinium
gācha (গাছ): tree
gāchēra gum̐ṛi (গাছের গুঁড়ি): trunk
gādhā (গাধা): donkey
gājara (গাজর): carrot
gāla (গাল): cheek
gāmbiẏā (গাম্বিয়া): The Gambia
gāna gā'ōẏā (গান গাওয়া): to sing
gān̄cila (গাংচিল): seagull
gāṛira sāmanēra kām̐ca (গাড়ির সামনের কাঁচ): windscreen
gāṛī (গাড়ী): car
gāṛī dhōẏā (গাড়ী ধোয়া): car wash
gāẏaka (গায়ক): singer
gāẏānā (গায়ানা): Guyana
gēlā (গেলা): to swallow
gītikabitā (গীতিকবিতা): lyrics
gōla (গোল): goal
gōlacakkara (গোলচক্কর): roundabout
gōlagāla (গোলগাল): chubby
gōlaka (গোলক): sphere
gōlāpa (গোলাপ): rose
gōlāpī (গোলাপী): pink
gōlāsa (গোলাস): goulash
gōsalēra tōẏālē (গোসলের তোয়ালে): bath towel
gōṛāli (গোড়ালি): heel, ankle
gōẏēndā (গোয়েন্দা): detective

H

haki sṭika (হকি স্টিক): hockey stick
halamiẏāma (হলমিয়াম): holmium
haluda (হলুদ): yellow
hanḍurāsa (হন্ডুরাস): Honduras

hara (হর): denominator
hariṇa (হরিণ): deer
hariṇēra mānsa (হরিণের মাংস): game
harna (হর্ন): horn
haṅkaṁ (হংকং): Hong Kong
haṭa cakalēṭa (হট চকলেট): hot chocolate
haṭa paṭa (হট পট): hot pot
haṭaḍaga (হটডগ): hot dog
haṭhāt̤ (হঠাৎ): suddenly
hila (হিল): heel
hiliẏāma (হিলিয়াম): helium
himabāha (হিমবাহ): glacier
himālaẏa (হিমালয়): Himalayas
hisāba karā (হিসাব করা): to calculate
hisābarakṣaka (হিসাবরক্ষক): accountant
hisābarakṣaṇa (হিসাবরক্ষণ): accounting
hiṭiṁ (হিটিং): heating
hrada (হ্রদ): lake
hr̥t̤piṇḍa (হৃৎপিণ্ড): heart
hu'ila cēẏāra (হুইল চেয়ার): wheelchair
hu'ipaḍa krima (হুইপড ক্রিম): whipped cream
hu'iski (হুইস্কি): whiskey
humaki dē'ōẏā (হুমকি দেওয়া): to threaten
hyājēla nāṭa (হ্যাজেল নাট): hazelnut
hyālō'ina (হ্যালোইন): Halloween
hyālō (হ্যালো): hello
hyāma (হ্যাম): ham
hyāmabārgāra (হ্যামবার্গার): hamburger
hyāmasṭāra (হ্যামস্টার): hamster
hyānḍabala (হ্যান্ডবল): handball
hyānḍa brēka (হ্যান্ড ব্রেক): hand brake
hyāsiẏāma (হ্যাসিয়াম): hassium
hā'i (হাই): hi
hā'i hila (হাই হিল): high heels
hā'ikiṁ (হাইকিং): hiking
hā'ikiṁ buṭa (হাইকিং বুট): hiking boots
hā'iphēna (হাইফেন): hyphen
hā'iti (হাইতি): Haiti
hā'iḍryānṭa (হাইড্র্যান্ট): hydrant
hā'iḍrōjēna (হাইড্রোজেন): hydrogen
hā'iḍrōthērāpi (হাইড্রোথেরাপি): hydrotherapy
hā'ōẏā'i miṭhā'i (হাওয়াই মিঠাই): candy floss
hālakā (হালকা): light
hāma (হাম): measles
hāmāguṛi dē'ōẏā (হামাগুড়ি দেওয়া): to crawl
hām̐sa (হাঁস): duck
hām̐ṭu (হাঁটু): knee
hām̐ṭura hāṛa (হাঁটুর হাড়): kneecap
hām̐ṭā (হাঁটা): to walk
hāphaniẏāma (হাফনিয়াম): hafnium
hāra (হার): necklace
hāramōnikā (হারমোনিকা): harmonica
hārikēna (হারিকেন): hurricane
hārā (হারা): to lose
hārḍa ḍrā'ibha (হার্ড ড্রাইভ): hard drive
hārḍēlasa (হার্ডেলস): hurdles
hārṭa ayāṭāka (হার্ট অ্যাটাক): heart attack

hāsapātāla (হাসপাতাল): hospital
hāsyakara (হাস্যকর): funny
hāta (হাত): hand
hātabyāga (হাতব্যাগ): handbag
hātakaṛā (হাতকড়া): handcuff
hāti (হাতি): elephant
hātuṛi (হাতুড়ি): hammer
hātuṛi mārā (হাতুড়ি মারা): to hammer
hātuṛi nikṣēpa (হাতুড়ি নিক্ষেপ): hammer throw
hātā (হাতা): ladle, sleeve
hātē-bāhita mālapatra (হাতে-বাহিত মালপত্র): carry-on luggage
hātēra karāta (হাতের করাত): handsaw
hātēra nakha (হাতের নখ): fingernail
hātēra tālu (হাতের তালু): palm
hāṅara (হাঙর): shark
hāṅgēri (হাঙ্গেরি): Hungary
hāṛa (হাড়): bone
hāṛa bhāṅā (হাড় ভাঙা): fracture
hēbhi mēṭāla saṅgīta (হেভি মেটাল সঙ্গীত): heavy metal
hēja (হেজ): hedge
hēlamēṭa (হেলমেট): helmet
hēlikapṭāra (হেলিকপ্টার): helicopter
hēẏāra sṭrē'iṭanāra (হেয়ার স্ট্রেইটনার): hair straightener
hēẏāra ḍrāẏāra (হেয়ার ড্রায়ার): hairdryer
hīrā (হীরা): diamond
hōmi'ōpyāthi (হোমিওপ্যাথি): homoeopathy
hōṭēla (হোটেল): hotel

I

i'u'āra'ēla (ইউআরএল): url
i'u'ēsabi sṭika (ইউএসবি স্টিক): USB stick
i'ukrēna (ইউক্রেন): Ukraine
i'ukulēlē (ইউকুলেলে): ukulele
i'ukyālipṭāsa gācha (ইউক্যালিপ্টাস গাছ): eucalyptus
i'unipharma (ইউনিফর্ম): uniform
i'urēniẏāma (ইউরেনিয়াম): uranium
i'urēnāsa (ইউরেনাস): Uranus
i'urō (ইউরো): euro
i'urōlaji (ইউরোলজি): urology
i'urōpiẏāma (ইউরোপিয়াম): europium
i'uẏāna (ইউয়ান): yuan
i-mē'ila (ই-মেইল): e-mail
i-mē'ila ṭhikānā (ই-মেইল ঠিকানা): e-mail address
ikuẏēḍara (ইকুয়েডর): Ecuador
ikōnami klāsa (ইকোনমি ক্লাস): economy class
ikōẏēṭōriẏāla gini (ইকোয়েটোরিয়াল গিনি): Equatorial Guinea
ilāsṭika byānḍa (ইলাস্টিক ব্যান্ড): scrunchy
ilēkaṭrana (ইলেকট্রন): electron
ilēkaṭriśiẏāna (ইলেকট্রিশিয়ান): electrician
im̐dura (ইঁদুর): mouse
inabaksa (ইনবক্স): inbox
inahēlāra (ইনহেলার): inhaler
inaphi'uśana (ইনফিউশন): infusion
inasulina (ইনসুলিন): insulin
inasṭyānṭa nuḍulasa (ইনস্ট্যান্ট নুডুলস): instant noodles

inaṭēnasibha kēẏāra i'uniṭa (ইনটেনসিভ কেয়ার ইউনিট): intensive care unit
indōnēśiẏā (ইন্দোনেশিয়া): Indonesia
inrēji (ইংরেজি): English
insaṭyānṭa kyāmērā (ইন্সট্যান্ট ক্যামেরা): instant camera
inḍiẏāma (ইন্ডিয়াম): indium
iritriẏā (ইরিত্রিয়া): Eritrea
iriḍiẏāma (ইরিডিয়াম): iridium
irāka (ইরাক): Iraq
irāna (ইরান): Iran
isarāẏēla (ইসরায়েল): Israel
ispāta (ইস্পাত): steel
ispāta danḍa (ইস্পাত দণ্ড): steel beam
istri karā (ইস্ত্রি করা): to iron
istri karāra ṭēbila (ইস্ত্রি করার টেবিল): ironing table
isṭāra (ইস্টার): Easter
ithi'ōpiẏā (ইথিওপিয়া): Ethiopia
itihāsa (ইতিহাস): history
itimadhyē (ইতিমধ্যে): already
itāli (ইতালি): Italy
iñci (ইঞ্চি): inch
iñjina (ইঞ্জিন): engine
iñjina ruma (ইঞ্জিন রুম): engine room
iṭa (ইট): brick
iṭriẏāma (ইট্রিয়াম): yttrium
iṭārabiẏāma (ইটারবিয়াম): ytterbium
iẏaṭa (ইয়ট): yacht
iẏāraphōna (ইয়ারফোন): earphone
iẏāraplāga (ইয়ারপ্লাগ): earplug
iẏēmēna (ইয়েমেন): Yemen
iẏēna (ইয়েন): yen

J

jagiṁ brā (জগিং ব্রা): jogging bra
jalabasanta (জলবসন্ত): chickenpox
jalabidyuṯ śakti kēndra (জলবিদ্যুৎ শক্তি কেন্দ্র): hydroelectric power station
jalahastī (জলহস্তী): hippo
jalakhābāra (জলখাবার): snack
jalaprapāta (জলপ্রপাত): waterfall
jalapā'i (জলপাই): olive
jalapā'i tēla (জলপাই তেল): olive oil
jalābhūmi (জলাভূমি): marsh
jalōcchbāsa (জলোচ্ছ্বাস): tidal wave
jamidāra (জমিদার): landlord
jamāṭabirōdhī tarala (জমাটবিরোধী তরল): antifreeze fluid
janma (জন্ম): birth
janmadina (জন্মদিন): birthday
janmadinēra kēka (জন্মদিনের কেক): birthday cake
janmadinēra pārṭi (জন্মদিনের পার্টি): birthday party
janmaniẏantraka ōṣudha (জন্মনিয়ন্ত্রক ওষুধ): birth control pill
janma sanada (জন্ম সনদ): birth certificate
jardāna (জর্দান): Jordan
jarimānā (জরিমানা): fine
jarjiẏā (জর্জিয়া): Georgia
jaruri abasthā (জরুরি অবস্থা): emergency
jarurī bahirgamana (জরুরী বহির্গমন): emergency exit

jarurī bibhāga (জরুরী বিভাগ): emergency room
jarāẏu (জরায়ু): uterus
jbara (জ্বর): fever
jbarēra thārmōmiṭāra (জ্বরের থার্মোমিটার): fever thermometer
jbālāmukha (জ্বালামুখ): crater
jhaṛa (ঝড়): storm
jhaṛō (ঝড়ো): windy
jhim̐jhim̐ pōkā (ঝিঁঝিঁ পোকা): cricket
jhumakō latā (ঝুমকো লতা): buttercup
jhuṛi (ঝুড়ি): basket
jhāla (ঝাল): hot
jhāṛu (ঝাড়ু): broom
jhōpa (ঝোপ): bush
jibrālṭāra (জিব্রাল্টার): Gibraltar
jibuti (জিবুতি): Djibouti
jihbā (জিহ্বা): tongue
jijñāsā karā (জিজ্ঞাসা করা): to ask
jima (জিম): gym
jiman'yāsṭikasa (জিমন্যাস্টিকস): gymnastics
jimbābuẏē (জিম্বাবুয়ে): Zimbabwe
jina (জিন): gin, saddle
jinsa (জিন্স): jeans
jipa kōḍa (জিপ কোড): zip code
jipi'ēsa (জিপিএস): GPS
jipāra (জিপার): zipper
jirakōniẏāma (জিরকোনিয়াম): zirconium
jirāpha (জিরাফ): giraffe
julā'i (জুলাই): July
juna (জুন): June
juniẏara skula (জুনিয়র স্কুল): junior school
juri (জুরি): jury
jutāra tali (জুতার তলি): sole
jutāra tāka (জুতার তাক): shoe cabinet
juḍō (জুডো): judo
juẏā khēlā (জুয়া খেলা): to gamble
jyāja (জ্যাজ): jazz
jyāka (জ্যাক): jack
jyākēṭa (জ্যাকেট): jacket
jyāma (জ্যাম): jam
jyāmiti (জ্যামিতি): geometry
jyāmā'ikā (জ্যামাইকা): Jamaica
jā'ibha (জাইভ): jive
jā'ilōphōna (জাইলোফোন): xylophone
jā'u (জাউ): porridge
jādughara (জাদুঘর): museum
jāhāja (জাহাজ): ship
jājima (জাজিম): mattress
jāla (জাল): net
jāmbiẏā (জাম্বিয়া): Zambia
jāmburā (জাম্বুরা): grapefruit
jāmātā (জামাতা): son-in-law
jānalā (জানলা): window
jānuẏāri (জানুয়ারি): January
jānā (জানা): to know
jānālā (জানালা): window
jāpāna (জাপান): Japan
jāpāni mada (জাপানি মদ): sake

jāpānīja (জাপানীজ): Japanese
jārmāna (জার্মান): German
jārmāni (জার্মানি): Germany
jārmēniẏāma (জার্মেনিয়াম): germanium
jārsi (জার্সি): jersey
jātīẏa udyāna (জাতীয় উদ্যান): national park
jāẏaphala (জায়ফল): nutmeg
jēbrā (জেব্রা): zebra
jēliphiśa (জেলিফিশ): jellyfish
jēlā (জেলা): district
jēlē (জেলে): fisherman
jēnana (জেনন): xenon
jēnārēṭara (জেনারেটর): generator
jētā (জেতা): to win
jēḍa (জেড): jade
jēṭa ski (জেট স্কি): jet ski
jēṭi (জেটি): pier
jībabijñāna (জীববিজ্ঞান): biology
jōrē (জোরে): loud

K

kabara (কবর): grave
kabarasthāna (কবরস্থান): cemetery
kabji (কব্জি): wrist
kabutara (কবুতর): pigeon
kacchapa (কচ্ছপ): turtle, tortoise
kakapiṭa (ককপিট): cockpit
kakaṭēla (ককটেল): cocktail
kakhana (কখন): when
kala (কল): tap
kalama (কলম): pen
kalambiẏā (কলম্বিয়া): Colombia
kalpabijñāna (কল্পবিজ্ঞান): science fiction
kalā (কলা): banana
kalāra (কলার): collar
kalēra mistri (কলের মিস্ত্রি): plumber
kalēra pāni (কলের পানি): tap water
kama (কম): less
kamalā (কমলা): orange
kamalāra rasa (কমলার রস): orange juice
kambala (কম্বল): blanket
kambā'ina hārbhēsṭāra (কম্বাইন হার্ভেস্টার): combine harvester
kambōḍiẏā (কম্বোডিয়া): Cambodia
kamika ba'i (কমিক বই): comic book
kampāsa (কম্পাস): compass
kamā (কমা): comma
kamēḍi (কমেডি): comedy
kamōrōsa (কমোরোস): Comoros
kan'yā (কন্যা): daughter
kanasilāra (কনসিলার): concealer
kanasārṭa (কনসার্ট): concert
kanaḍama (কনডম): condom
kandajātīẏa chatrāka (কন্দজাতীয় ছত্রাক): truffle
kaniṣṭhā (কনিষ্ঠা): little finger
kanu'i (কনুই): elbow

kanē (কনে): bride
kanḍākṭara (কন্ডাক্টর): conductor
kanṭrōla ṭā'ōẏāra (কন্ট্রোল টাওয়ার): control tower
kanṭākṭa lēnsa (কন্টাক্ট লেন্স): contact lens
kanṭē'ināra (কন্টেইনার): container
kaphi (কফি): coffee
kaphi mēśina (কফি মেশিন): coffee machine
kaphina (কফিন): coffin
kaphi ṭēbila (কফি টেবিল): coffee table
kapi karā (কপি করা): to copy
kapāla (কপাল): forehead
kapālēra pārśbadēśa (কপালের পার্শ্বদেশ): temple
kara (কর): tax
kariḍōra (করিডোর): aisle
karkaskru (কর্কস্ক্রু): corkscrew
karmacārī (কর্মচারী): employee
karmī (কর্মী): staff
karāta (করাত): saw
karṇa (কর্ণ): diagonal
kasā'i (কসাই): butcher
kasōbhō (কসোভো): Kosovo
kata? (কত?): how much?
katagulō? (কতগুলো?): how many?
kathā balā (কথা বলা): to talk
kautuka (কৌতুক): joke
kaśērukā (কশেরুকা): vertebra
kaṅgō prajātantra (কঙ্গো প্রজাতন্ত্র): Republic of the Congo
kaṅkriṭa (কংক্রিট): concrete
kaṅkriṭa miksāra (কংক্রিট মিক্সার): concrete mixer
kaṅkāla (কঙ্কাল): skeleton
kanḍarā (কণ্ডরা): tendon
kanṭhāsthi (কণ্ঠাস্থি): collarbone
kaṛā'i (কড়াই): pan
kaṭhina (কঠিন): difficult, hard, solid
kaṭhōra (কঠোর): strict
kaẏalā (কয়লা): coal
khabara (খবর): news
khanaka (খনক): excavator
khanakhana śabda (খনখন শব্দ): rattle
khanana karā (খনন করা): to dig
kharagōśa (খরগোশ): rabbit
khañjani (খঞ্জনি): tambourine
khaṛa jbara (খড় জ্বর): hay fever
khaṛakhaṛi (খড়খড়ি): blind
khim̐ca (খিঁচ): cramp
khuba (খুব): very
khuśaki (খুশকি): dandruff
khā'ōẏā (খাওয়া): to eat
khā'ōẏānō (খাওয়ানো): to feed
khādyanālī (খাদ্যনালী): oesophagus
khādyaśasya (খাদ্যশস্য): cereal
khāli (খালি): empty
khāli sthāna (খালি স্থান): space
khāma (খাম): envelope
khāmira (খামির): yeast
khāmāra (খামার): farm
khām̐ṛi (খাঁড়ি): stream

khārāpa (খারাপ): bad
khāṛā (খাড়া): steep
khāṛā bām̐dha (খাড়া বাঁধ): cliff
khāṭō (খাটো): short
khējura (খেজুর): date
khēlanāra dōkāna (খেলনার দোকান): toy shop
khēlā (খেলা): to play
khēlāra māṭha (খেলার মাঠ): sports ground, playground
khēlāra sarañjāmēra dōkāna (খেলার সরঞ্জামের দোকান): sports shop
khōdā'i karā (খোদাই করা): sculpting
khōla (খোল): shell
khōlā (খোলা): to open
khōm̐jā (খোঁজা): to find
khōsā (খোসা): peel
ki'u'i (কিউই): kiwi
ki'u (কিউ): cue
ki'ubā (কিউবা): Cuba
ki'uriẏāma (কিউরিয়াম): curium
ki (কি): what
kibhābē (কিভাবে): how
kilōgrāma (কিলোগ্রাম): kilogram
kintu (কিন্তু): but
kinḍāragārṭēna (কিন্ডারগার্টেন): kindergarten
kinḍāragārṭēna śikṣaka (কিন্ডারগার্টেন শিক্ষক): kindergarten teacher
kiragijastāna (কিরগিজস্তান): Kyrgyzstan
kiribāti (কিরিবাতি): Kiribati
kiśamiśa (কিশমিশ): currant, raisin
klinika (ক্লিনিক): clinic
klināra (ক্লিনার): cleaner
klipabōrḍa (ক্লিপবোর্ড): clipboard
klipha ḍā'ibhiṁ (ক্লিফ ডাইভিং): cliff diving
klā'imbiṁ (ক্লাইম্বিং): climbing
klāca (ক্লাচ): clutch
klānta (ক্লান্ত): tired
klāsika gāṛī (ক্লাসিক গাড়ী): classic car
klēpha (ক্লেফ): clef
klōbhāra (ক্লোভার): clover
klōrina (ক্লোরিন): chlorine
krasa'ōẏārḍa (ক্রসওয়ার্ড): crosswords
krasa-kānṭri ski'iṁ (ক্রস-কান্ট্রি স্কিইং): cross-country skiing
krasa ṭrē'ināra (ক্রস ট্রেইনার): cross trainer
kraẏa karā (ক্রয় করা): to buy
kraẏasyānṭa (ক্রয়স্যান্ট): croissant
krikēṭa (ক্রিকেট): cricket
krima (ক্রিম): cream
kripṭana (ক্রিপ্টন): krypton
krud'dha (ক্রুদ্ধ): angry
kryānabēri (ক্র্যানবেরি): cranberry
krāca (ক্রাচ): crutch
krēna (ক্রেন): crane
krēna ṭrāka (ক্রেন ট্রাক): crane truck
krēpa (ক্রেপ): crêpe
krētā (ক্রেতা): customer
krēḍiṭa kārḍa (ক্রেডিট কার্ড): credit card
krōmiẏāma (ক্রোমিয়াম): chromium
krōna (ক্রোন): krone
krōẏēśiẏā (ক্রোয়েশিয়া): Croatia

kr̥ṣaka (কৃষক): farmer
kr̥ṣṇa gahbara (কৃষ্ণ গহ্বর): black hole
kr̥ṣṇa sāgara (কৃষ্ণ সাগর): Black Sea
ku'ikasṭēpa (কুইকস্টেপ): quickstep
kuka dbīpapuñja (কুক দ্বীপপুঞ্জ): Cook Islands
kuki (কুকি): cookie
kukura (কুকুর): dog
kukurēra ghara (কুকুরের ঘর): kennel
kukāra (কুকার): cooker
kukāra huḍa (কুকার হুড): cooker hood
kumaṛā (কুমড়া): pumpkin
kumira (কুমির): crocodile
kusti (কুস্তি): wrestling
kuṛāla (কুড়াল): axe
kuṯsita (কুৎসিত): ugly
kuẏāśā (কুয়াশা): fog
kuẏāśācchanna (কুয়াশাচ্ছন্ন): foggy
kuẏēta (কুয়েত): Kuwait
kyābala kāra (ক্যাবল কার): cable car
kyākaṭāsa (ক্যাকটাস): cactus
kyālasiẏāma (ক্যালসিয়াম): calcium
kyālasā'iṭa (ক্যালসাইট): calcite
kyāliphōrniẏāma (ক্যালিফোর্নিয়াম): californium
kyālēnḍāra (ক্যালেন্ডার): calendar
kyāmakarḍāra (ক্যামকর্ডার): camcorder
kyāmpa phāẏāra (ক্যাম্প ফায়ার): campfire
kyāmpiṁ (ক্যাম্পিং): camping
kyāmpiṁ sā'iṭa (ক্যাম্পিং সাইট): camping site
kyāmēruna (ক্যামেরুন): Cameroon
kyāmērā (ক্যামেরা): camera
kyāmērā apārēṭara (ক্যামেরা অপারেটর): camera operator
kyānsāra (ক্যান্সার): cancer
kyānōẏiṁ (ক্যানোয়িং): canoeing
kyānḍi (ক্যান্ডি): candy
kyānṭina (ক্যান্টিন): canteen
kyāpasula (ক্যাপসুল): capsule
kyāpṭēna (ক্যাপ্টেন): captain
kyārāmēla (ক্যারামেল): caramel
kyārāṭē (ক্যারাটে): karate
kyāsinō (ক্যাসিনো): casino
kyāthēḍrāla (ক্যাথেড্রাল): cathedral
kyāthēṭāra (ক্যাথেটার): catheter
kyāśa mēśina (ক্যাশ মেশিন): cash machine
kyāśa rējisṭāra (ক্যাশ রেজিস্টার): cash register
kyāśiẏāra (ক্যাশিয়ার): cashier
kyāḍamiẏāma (ক্যাডমিয়াম): cadmium
kyāṅgāru (ক্যাঙ্গারু): kangaroo
kā'irōpryākṭara (কাইরোপ্র্যাক্টর): chiropractor
kābāba (কাবাব): barbecue, kebab
kāchē (কাছে): close
kādāmāṭi (কাদামাটি): clay
kāja (কাজ): job
kāja karā (কাজ করা): to work
kājubādāma (কাজুবাদাম): cashew
kājākhastāna (কাজাখস্তান): Kazakhstan
kājēra ghara (কাজের ঘর): workroom
kāka (কাক): crow

kākā/māmā (কাকা/মামা): uncle
kālaśitē (কালশিটে): bruise
kāli (কালি): ink
kālō (কালো): black
kāmaṛa (কামড়): bite
kāmaṛānō (কামড়ানো): to bite
kām̐ci (কাঁচি): scissors
kām̐cā (কাঁচা): raw
kām̐cā marica (কাঁচা মরিচ): chili
kām̐dha (কাঁধ): shoulder
kām̐dhēra hāṛa (কাঁধের হাড়): shoulder blade
kām̐dā (কাঁদা): to cry
kām̐kaṛā (কাঁকড়া): crab
kām̐kaṛābichā (কাঁকড়াবিছা): scorpion
kām̐pā (কাঁপা): to shiver
kām̐ṭhāla (কাঁঠাল): jackfruit
kām̐ṭācuẏā (কাঁটাচুয়া): hedgehog
kām̐ṭācāmaca (কাঁটাচামচ): fork
kāna (কান): ear
kānaṭhuṭi (কানঠুটি): flamingo
kānāḍā (কানাডা): Canada
kānēra dula (কানের দুল): earring
kāpa (কাপ): cup
kāpaṛa (কাপড়): fabric
kāpaṛa āṭakānōra klipa (কাপড় আটকানোর ক্লিপ): peg
kāphēlā (কাফেলা): caravan
kāpācinō (কাপাচিনো): cappuccino
kārakhānā (কারখানা): factory
kāra rēsiṁ (কার রেসিং): car racing
kāraṇa (কারণ): because
kārbana (কার্বন): carbon
kārbana manōksā'iḍa (কার্বন মনোক্সাইড): carbon monoxide
kārbana ḍā'i aksā'iḍa (কার্বন ডাই অক্সাইড): carbon dioxide
kārliṁ (কার্লিং): curling
kārliṁ āẏarana (কার্লিং আয়রন): curling iron
kārpēṭa (কার্পেট): carpet
kārāgāra (কারাগার): prison
kārḍa gēma (কার্ড গেম): card game
kārḍi'ōlaji (কার্ডিওলজি): cardiology
kārḍigāna (কার্ডিগান): cardigan
kārṭa rēsiṁ (কার্ট রেসিং): kart
kārṭuna (কার্টুন): cartoon
kāsṭa (কাস্ট): cast
kāsṭārḍa (কাস্টার্ড): custard
kātāra (কাতার): Qatar
kāśi (কাশি): cough
kāśira sirāpa (কাশির সিরাপ): cough syrup
kāṭhabiṛālī (কাঠবিড়ালী): squirrel
kāṭhēra bānśibiśēṣa (কাঠের বাঁশিবিশেষ): bassoon
kāṭhēra cāmaca (কাঠের চামচ): wooden spoon
kāṭhēra daṇḍa (কাঠের দণ্ড): wooden beam
kāṭhēra kāja (কাঠের কাজ): woodwork
kāṭā (কাটা): to cut
kē'imyāna dbīpapuñja (কেইম্যান দ্বীপপুঞ্জ): Cayman Islands
kē'u'i nā (কেউই না): none
kē (কে): who
kēbina (কেবিন): cabin

kēka (কেক): cake
kēm̐ṭē sāpha kām̐ci (কেঁটে সাফ কাঁচি): loppers
kēna (কেন): why
kēndrīẏa bāṇijya kēndra (কেন্দ্রীয় বাণিজ্য কেন্দ্র): central business district (CBD)
kēniẏā (কেনিয়া): Kenya
kēpa bhārdē (কেপ ভার্দে): Cape Verde
kēsa (কেস): case
kēḍasa (কেডস): trainers
kēṭalaḍrāma (কেটলড্রাম): kettledrum
kēṭali (কেটলি): kettle
kībōrḍa (কীবোর্ড): keyboard
kōbālṭa (কোবাল্ট): cobalt
kōca (কোচ): coach
kōka (কোক): coke
kōlana (কোলন): colon
kōmara (কোমর): waist
kōm̐kaṛā (কোঁকড়া): curly
kōna'ō cintā karabēna nā (কোনও চিন্তা করবেন না): no worries
kōnaṭā (কোনটা): which
kōpārnisiẏāma (কোপার্নিসিয়াম): copernicium
kōsṭā rikā (কোস্টা রিকা): Costa Rica
kōthāẏa (কোথায়): where
kōṇa (কোণ): angle
kōṇaka (কোণক): cone
kōṭa (কোট): coat
kōẏālā (কোয়ালা): koala
kōẏārṭaja (কোয়ার্টজ): quartz
kṣata (ক্ষত): wound
kṣudhārta (ক্ষুধার্ত): hungry
kṣudrāntra (ক্ষুদ্রান্ত্র): small intestine
kṣētraphala (ক্ষেত্রফল): area

L

laba (লব): numerator
labaṇa (লবণ): salt
labhyānśa (লভ্যাংশ): dividend
labi (লবি): lobby
lambā (লম্বা): long, tall
lana mōẏāra (লন মোয়ার): lawn mower
lanḍri (লন্ড্রি): laundry
lanḍri jhuṛi (লন্ড্রি ঝুড়ি): laundry basket
lari (লরি): lorry
lari cālaka (লরি চালক): lorry driver
larēnasiẏāma (লরেনসিয়াম): lawrencium
laṛā'i karā (লড়াই করা): to fight
li'uja (লিউজ): luge
libhāramōriẏāma (লিভারমোরিয়াম): livermorium
libiẏā (লিবিয়া): Libya
licu (লিচু): lychee
licēnasṭē'ina (লিচেনস্টেইন): Liechtenstein
likyuẏara (লিকুয়র): liqueur
limōjina (লিমোজিন): limousine
lipa bāma (লিপ বাম): lip balm
lipa glasa (লিপ গ্লস): lip gloss
lipasṭika (লিপস্টিক): lipstick

liphalēṭa (লিফলেট): leaflet
lipi (লিপি): script
lithiẏāma (লিথিয়াম): lithium
lithuẏāniẏā (লিথুয়ানিয়া): Lithuania
liṅga (লিঙ্গ): gender
liṭāra (লিটার): liter
lubrikyānṭa (লুব্রিক্যান্ট): lubricant
luksēmabārga (লুক্সেমবার্গ): Luxembourg
lukānō (লুকানো): to hide
luphē nē'ōẏā (লুফে নেওয়া): to catch
luṭēsiẏāma (লুটেসিয়াম): lutetium
lyākrōsa (ল্যাক্রোস): lacrosse
lyānthānāma (ল্যান্থানাম): lanthanum
lyāpaṭapa (ল্যাপটপ): laptop
lyāṭina (ল্যাটিন): Latin
lyāṭina nāca (ল্যাটিন নাচ): Latin dance
lā'ibrēri (লাইব্রেরি): library
lā'ibēriẏā (লাইবেরিয়া): Liberia
lā'ipha baẏā (লাইফ বয়া): life buoy
lā'ipha bōṭa (লাইফ বোট): lifeboat
lā'iphagārḍa (লাইফগার্ড): lifeguard
lā'ipha jyākēṭa (লাইফ জ্যাকেট): life jacket
lā'iṭa su'ica (লাইট সুইচ): light switch
lā'iṭāra (লাইটার): lighter
lā'uḍaspīkāra (লাউডস্পীকার): loudspeaker
lā'ōsa (লাওস): Laos
lābhā (লাভা): lava
lāgēja (লাগেজ): luggage
lājuka (লাজুক): shy
lājāniẏā (লাজানিয়া): lasagne
lāla (লাল): red
lālacē cula (লালচে চুল): ginger
lāla pānḍā (লাল পান্ডা): red panda
lāla ōẏā'ina (লাল ওয়াইন): red wine
lāmā (লামা): llama
lāphānō (লাফানো): to jump
lārca (লার্চ): larch
lāthi mārā (লাথি মারা): to kick
lāṭabhiẏā (লাটভিয়া): Latvia
lēbu (লেবু): lemon
lēbānana (লেবানন): Lebanon
lēga prēsa (লেগ প্রেস): leg press
lēginsa (লেগিংস): leggings
lēkacāra (লেকচার): lecture
lēkacāra thiẏēṭāra (লেকচার থিয়েটার): lecture theatre
lēkhaka (লেখক): author
lēkhā (লেখা): to write
lēmana grāsa (লেমন গ্রাস): lemongrass
lēmura (লেমুর): lemur
lēmōnēḍa (লেমোনেড): lemonade
lēsōthō (লেসোথো): Lesotho
lēḍibārḍa (লেডিবার্ড): ladybird
lēṭusa (লেটুস): lettuce
lōbhī (লোভী): greedy
lōhita sāgara (লোহিত সাগর): Red Sea
lōhā (লোহা): iron
lōka saṅgīta (লোক সঙ্গীত): folk music

lōkasāna (লোকসান): loss
lōkōmōṭibha (লোকোমোটিভ): locomotive

M

ma'i (মই): ladder
madhu (মধু): honey
madhucandrimā (মধুচন্দ্রিমা): honeymoon
madhyacchadā (মধ্যচ্ছদা): diaphragm
madhyamā (মধ্যমা): middle finger
madhyarātri (মধ্যরাত্রি): midnight
madhya āphrikāna prajātantra (মধ্য আফ্রিকান প্রজাতন্ত্র): Central African Republic
madēra dōkānī (মদের দোকানী): barkeeper
mahilādēra antarbāsa (মহিলাদের অন্তর্বাস): lingerie
mahiṣa (মহিষ): buffalo
mahābyabasthāpaka (মহাব্যবস্থাপক): general manager
mahādēśa (মহাদেশ): continent
mahākāśagāmī yāna (মহাকাশগামী যান): space shuttle
mahānagara (মহানগর): metropolis
mahāsāgara (মহাসাগর): ocean
maladbāra (মলদ্বার): anus
maladōbhā (মলদোভা): Moldova
malibaḍēnāma (মলিবডেনাম): molybdenum
manda (মন্দ): evil
mandira (মন্দির): temple
mandirā (মন্দিরা): cymbals
mantrī (মন্ত্রী): minister
manōpali (মনোপলি): Monopoly
manōrēla (মনোরেল): monorail
manōrōgabidyā (মনোরোগবিদ্যা): psychiatry
manṭasērāṭa (মন্টসেরাট): Montserrat
manṭinigrō (মন্টিনিগ্রো): Montenegro
marakkō (মরক্কো): Morocco
maraṇa (মরণ): death
marica (মরিচ): pepper
maricēra gum̐ṛā (মরিচের গুঁড়া): paprika
mariśāsa (মরিশাস): Mauritius
marubhūmi (মরুভূমি): desert
marā (মরা): to die
masajida (মসজিদ): mosque
mastiṣka (মস্তিষ্ক): brain
matha (মথ): moth
maumāchi (মৌমাছি): bee
mauri (মৌরি): fennel
mauritāniẏā (মৌরিতানিয়া): Mauritania
mausumi bāẏu (মৌসুমি বায়ু): monsoon
mañca (মঞ্চ): stage
maśā (মশা): mosquito
maḍēla (মডেল): model
maṅgala (মঙ্গল): Mars
maṅgalabāra (মঙ্গলবার): Tuesday
maṅgōliẏā (মঙ্গোলিয়া): Mongolia
maṭaraśum̐ṭi (মটরশুঁটি): pea
maẏadā (ময়দা): flour
maẏadāra āṭhā (ময়দার আঠা): gluten
maẏalāra jhuṛi (ময়লার ঝুড়ি): garbage bin

mayūra (ময়ূর): peacock
miksāra (মিক্সার): mixer
mililiṭāra (মিলিলিটার): milliliter
milimiṭāra (মিলিমিটার): millimeter
milka śēka (মিল্ক শেক): milkshake
minibāra (মিনিবার): minibar
minibāsa (মিনিবাস): minibus
miniṭa (মিনিট): minute
mirakyāṭa (মিরক্যাট): meerkat
mistri (মিস্ত্রি): mechanic
mithēna (মিথেন): methane
miśara (মিশর): Egypt
miṣṭi (মিষ্টি): sweet
miṣṭi ālu (মিষ্টি আলু): sweet potato
miṭabala (মিটবল): meatball
miṭāra (মিটার): meter
mr̥gīrōga (মৃগীরোগ): epilepsy
mr̥tadēha (মৃতদেহ): corpse
mr̥tśilpa (মৃৎশিল্প): pottery
mudrā (মুদ্রা): coin
mukha (মুখ): mouth
muktōra mālā (মুক্তোর মালা): pearl necklace
mukuṭa (মুকুট): crown
munāphā (মুনাফা): profit
muphati (মুফতি): mufti
muragi (মুরগি): chicken
muragira chānā (মুরগির ছানা): chick
muragira mānsa (মুরগির মাংস): chicken
muragīra rōsṭa (মুরগীর রোস্ট): roast chicken
musali (মুসলি): muesli
muṣṭi (মুষ্টি): fist
muṣṭiyud'dha (মুষ্টিযুদ্ধ): boxing
myāgamā (ম্যাগমা): magma
myāganēsiẏāma (ম্যাগনেসিয়াম): magnesium
myāganēṭika rēsōn'yānsa imējiṁ (ম্যাগনেটিক রেসোন্যান্স ইমেজিং): magnetic resonance imaging
myāgājina (ম্যাগাজিন): magazine
myākā'ō (ম্যাকাও): Macao
myānahōlēra ḍhākanā (ম্যানহোলের ঢাকনা): manhole cover
myāniki'ura (ম্যানিকিউর): manicure
myānikina (ম্যানিকিন): mannequin
myānḍārina (ম্যান্ডারিন): Mandarin
myāpala (ম্যাপল): maple
myāpala sirāpa (ম্যাপল সিরাপ): maple syrup
myārāthana (ম্যারাথন): marathon
myāsāja (ম্যাসাজ): massage
myāsēḍōniẏā (ম্যাসেডোনিয়া): Macedonia
myāṅgānija (ম্যাঙ্গানিজ): manganese
mā'igrēna (মাইগ্রেন): migraine
mā'ikrō'ōẏēbha (মাইক্রোওয়েভ): microwave
mā'ikrōnēśiẏā (মাইক্রোনেশিয়া): Micronesia
mā'ila (মাইল): mile
mā'iṭanēriẏāma (মাইটনেরিয়াম): meitnerium
mā'unṭēna bā'ikiṁ (মাউন্টেন বাইকিং): mountain biking
mā'usa (মাউস): mouse
mā'uthagārḍa (মাউথগার্ড): mouthguard
mā (মা): mother, mum
mā-bābā (মা-বাবা): parents

mācha (মাছ): fish
mācha dharā (মাছ ধরা): to fish
mācha dharāra naukā (মাছ ধরার নৌকা): fishing boat
mācha ēbaṁ cipasa (মাছ এবং চিপস): fish and chips
māchi (মাছি): fly
māchēra bājāra (মাছের বাজার): fish market
māchēra kām̐ṭā (মাছের কাঁটা): fishbone
mācāna (মাচান): scaffolding
mādhyākarṣaṇa (মাধ্যাকর্ষণ): gravity
mādāgāskāra (মাদাগাস্কার): Madagascar
mākaṛasā (মাকড়সা): spider
mākhana (মাখন): butter
mālabāhī bimāna (মালবাহী বিমান): cargo aircraft
mālabāhī jāhāja (মালবাহী জাহাজ): container ship
mālabāhī ṭrēna (মালবাহী ট্রেন): freight train
māladbīpa (মালদ্বীপ): Maldives
mālaẏēśiẏā (মালয়েশিয়া): Malaysia
māli (মালি): Mali
mālā'u'i (মালাউই): Malawi
mālī (মালী): gardener
mālṭā (মাল্টা): Malta
māmpasa (মাম্পস): mumps
mānaba sampada (মানব সম্পদ): human resources
mānacitra (মানচিত্র): map
mānasika cāpa (মানসিক চাপ): stress
mānibyāga (মানিব্যাগ): wallet
mānsa (মাংস): meat
mānsēra kimā (মাংসের কিমা): minced meat
māpha karabēna (মাফ করবেন): excuse me
māphina (মাফিন): muffin
māpāra phitā (মাপার ফিতা): tape measure
mārajōrāma (মারজোরাম): marjoram
mārca (মার্চ): March
mārjita (মার্জিত): sober
mārkina yuktarāṣṭra (মার্কিন যুক্তরাষ্ট্র): The United States of America
mārśamyālō (মার্শম্যালো): marshmallow
mārśāla dbīpapuñja (মার্শাল দ্বীপপুঞ্জ): Marshall Islands
mārṭini (মার্টিনি): martini
māsa (মাস): month
māsakārā (মাসকারা): mascara
māsi (মাসি): aunt
māstula (মাস্তুল): mast
māsāja karā (মাসাজ করা): to give a massage
māsṭārsa (মাস্টার্স): master
māthā (মাথা): head
māthā byāthā (মাথা ব্যাথা): headache
māthāra khuli (মাথার খুলি): skull
māthāẏa āghāta (মাথায় আঘাত): head injury
mātāla (মাতাল): drunk
māśaruma (মাশরুম): mushroom
māṭi (মাটি): soil
mē (মে): May
mēgha (মেঘ): cloud
mēghalā (মেঘলা): cloudy
mējhē (মেঝে): floor
mēksikō (মেক্সিকো): Mexico
mēlā prāṅgaṇa (মেলা প্রাঙ্গণ): fairground

mēnu (মেনু): menu
mēnḍēlēbhiẏāma (মেন্ডেলেভিয়াম): mendelevium
mēru (মেরু): pole
mēru bhāluka (মেরু ভালুক): polar bear
mērudaṇḍa (মেরুদণ্ড): spine
mērujyōti (মেরুজ্যোতি): aurora
mērē phēlā (মেরে ফেলা): to kill
mēḍiṭēśana (মেডিটেশন): meditation
mēẏanēja (মেয়নেজ): mayonnaise
mēẏāda (মেয়াদ): term
mēẏāda uttīrṇēra tārikha (মেয়াদ উত্তীর্ণের তারিখ): expiry date
mēẏē (মেয়ে): girl
mēẏē bandhu (মেয়ে বন্ধু): girlfriend
mōbā'ila phōna (মোবাইল ফোন): mobile phone
mōcaṛānō (মোচড়ানো): twisting
mōcā (মোচা): mocha
mōjā (মোজা): sock
mōjāmbika (মোজাম্বিক): Mozambique
mōjārēlā (মোজারেলা): mozzarella
mōmabāti (মোমবাতি): candle
mōnākō (মোনাকো): Monaco
mōraga (মোরগ): cockerel
mōṭara'ōẏē (মোটরওয়ে): motorway
mōṭara (মোটর): motor
mōṭarasā'ikēla (মোটরসাইকেল): motorcycle
mōṭarasā'ikēla rēsiṁ (মোটরসাইকেল রেসিং): motorcycle racing
mōṭōkrasa (মোটোক্রস): motocross
mūlā (মূলা): radish
mūtrāśaẏa (মূত্রাশয়): bladder

N

n'yugāṭa (ন্যুগাট): nougat
n'yāsāla sprē (ন্যাসাল স্প্রে): nasal spray
n'yāyya (ন্যায্য): fair
nababarṣa (নববর্ষ): New Year
nabajātaka (নবজাতক): infant
nabhēmbara (নভেম্বর): November
nadī (নদী): river
nakala dām̐ta (নকল দাঁত): dental prostheses
nakhakāṭā kām̐ci (নখকাটা কাঁচি): nail scissors
nalakhāgaṛā (নলখাগড়া): reed
nara'ōẏē (নরওয়ে): Norway
narama (নরম): soft
narama khēlanā (নরম খেলনা): cuddly toy
narḍika kambā'inḍa (নর্ডিক কম্বাইন্ড): Nordic combined
natuna (নতুন): new
ni'ujilyānḍa (নিউজিল্যান্ড): New Zealand
ni'u kyāliḍōniẏā (নিউ ক্যালিডোনিয়া): New Caledonia
ni'uṭrana (নিউট্রন): neutron
ni'uẏē (নিউয়ে): Niue
ni'ōḍimiẏāma (নিওডিমিয়াম): neodymium
nicatalā (নিচতলা): ground floor
nicu (নিচু): low
nicē (নিচে): below
nikārāguẏā (নিকারাগুয়া): Nicaragua

nikēla (নিকেল): nickel
nirbōdha (নির্বোধ): stupid
nirmāṇa sā'iṭa (নির্মাণ সাইট): construction site
nirmāṇa śramika (নির্মাণ শ্রমিক): construction worker
nirāpada (নিরাপদ): safe
nirāpattā caśamā (নিরাপত্তা চশমা): safety glasses
nirāpattā kyāmērā (নিরাপত্তা ক্যামেরা): security camera
nirāpattā rakṣī (নিরাপত্তা রক্ষী): security guard
nitamba (নিতম্ব): bottom
niṛāni (নিড়ানি): hoe
niṣkāśana nala (নিষ্কাশন নল): exhaust pipe
niṭōla (নিটোল): plump
niẏana (নিয়ন): neon
niẏōgakartā (নিয়োগকর্তা): employer
nr̥tyaśilpī (নৃত্যশিল্পী): dancer
nuḍala (নুডল): noodle
nā'ijāra (নাইজার): Niger
nā'ijēriẏā (নাইজেরিয়া): Nigeria
nā'ilana (নাইলন): nylon
nā'iṭa klāba (নাইট ক্লাব): night club
nā'iṭa ṭēbila (নাইট টেবিল): night table
nā'iṭi (নাইটি): nightie
nā'iṭrōjēna (নাইট্রোজেন): nitrogen
nā'uru (নাউরু): Nauru
nā (না): not
nābhi (নাভি): belly button
nāca (নাচ): dancing
nācēra jutā (নাচের জুতা): dancing shoes
nācōsa (নাচোস): nachos
nāgaradōlā (নাগরদোলা): carousel
nāka (নাক): nose
nāka diẏē rakta paṛā (নাক দিয়ে রক্ত পড়া): nosebleed
nākēra hāṛa (নাকের হাড়): nasal bone
nāmibiẏā (নামিবিয়া): Namibia
nānā (নানা): grandfather
nānī (নানী): grandmother
nāpita (নাপিত): hairdresser
nārakēla (নারকেল): coconut
nārsa (নার্স): nurse
nārī (নারী): woman
nāsārandhra (নাসারন্ধ্র): nostril
nātanī (নাতনী): granddaughter
nāti (নাতি): grandson
nātī-nātanī (নাতী-নাতনী): grandchild
nāśapāti (নাশপাতি): pear
nāṛi (নাড়ি): pulse
nāṭaka (নাটক): play
nāẏōbiẏāma (নায়োবিয়াম): niobium
nē'ila bārniśa rimubhāra (নেইল বার্নিশ রিমুভার): nail varnish remover
nē'ila klipāra (নেইল ক্লিপার): nail clipper
nē'ila paliśa (নেইল পলিশ): nail polish
nē'ila phā'ila (নেইল ফাইল): nail file
nē'ōẏā (নেওয়া): to take
nēdāralyānḍasa (নেদারল্যান্ডস): Netherlands
nēgaliji (নেগলিজি): negligee
nēkaṛē (নেকড়ে): wolf
nēpacuna (নেপচুন): Neptune

nēpacuniẏāma (নেপচুনিয়াম): neptunium
nēpāla (নেপাল): Nepal
nēṭa'ōẏārka (নেটওয়ার্ক): network
nīla (নীল): blue
nīraba (নীরব): silent
nōbēliẏāma (নোবেলিয়াম): nobelium
nōnatā (নোনতা): salty
nōnrā (নোংরা): dirty
nōṅgara (নোঙ্গর): anchor
nōṭa (নোট): note
nōṭaba'i (নোটবই): notebook

P

pabitra (পবিত্র): holy
pachanda karā (পছন্দ করা): to like
padaka (পদক): medal
padma ruṭa (পদ্ম রুট): lotus root
padārthabijñāna (পদার্থবিজ্ঞান): physics
padārthabijñānī (পদার্থবিজ্ঞানী): physicist
pakēṭa (পকেট): pocket
paliẏēsṭāra (পলিয়েস্টার): polyester
palāṇḍu (পলাণ্ডু): leek
panira (পনির): cheese
paniṭē'ila (পনিটেইল): ponytail
papa (পপ): pop
papakarna (পপকর্ন): popcorn
paraculā (পরচুলা): wig
paramāṇu (পরমাণু): atom
parbata (পর্বত): mountain
parbatamālā (পর্বতমালা): mountain range
parbatārōhaṇa (পর্বতারোহণ): mountaineering
pardā (পর্দা): curtain, screen
paricālaka (পরিচালক): director, conductor
parimāpa karā (পরিমাপ করা): to measure
parimāṇa (পরিমাণ): amount
pariṣkāra (পরিষ্কার): clean
pariṣkāra karā (পরিষ্কার করা): to clean
partugāla (পর্তুগাল): Portugal
paryaṭakadēra ākarṣaṇa (পর্যটকদের আকর্ষণ): tourist attraction
paryaṭaka gā'iḍa (পর্যটক গাইড): tourist guide
paryaṭana tathya (পর্যটন তথ্য): tourist information
paryāẏa sāraṇi (পর্যায় সারণি): periodic table
parāmarśakārī (পরামর্শকারী): consultant
parē dēkhā habē (পরে দেখা হবে): see you later
parēra bachara (পরের বছর): next year
parēra māsa (পরের মাস): next month
parēra saptāha (পরের সপ্তাহ): next week
parīkṣā (পরীক্ষা): exam
parīkṣāgāra (পরীক্ষাগার): laboratory
patha (পথ): avenue
pathacārī pārāpāra (পথচারী পারাপার): pedestrian crossing
pathacārī ēlākā (পথচারী এলাকা): pedestrian area
patitā (পতিতা): prostitute
paśamēra kōṭabiśēṣa (পশমের কোটবিশেষ): anorak
paścima (পশ্চিম): west

paścimā sinēmā (পশ্চিমা সিনেমা): western film
paśucikiṯsaka (পশুচিকিৎসক): vet
paṛā (পড়া): to read
paṛāra ghara (পড়ার ঘর): reading room
paṛāśōnā karā (পড়াশোনা করা): to study
paṛē yā'ōẏā (পড়ে যাওয়া): to fall
paṭāsiẏāma (পটাসিয়াম): potassium
paṭēṭō ōẏējēsa (পটেটো ওয়েজেস): potato wedges
phakalyānḍa dbīpapuñja (ফকল্যান্ড দ্বীপপুঞ্জ): Falkland Islands
phala (ফল): result
phala byabasāẏī (ফল ব্যবসায়ী): fruit merchant
phalēra bīci (ফলের বীচি): pit
phalēra sālāda (ফলের সালাদ): fruit salad
pharkaliphaṭa ṭrāka (ফর্কলিফট ট্রাক): forklift truck
pharmulā ōẏāna (ফর্মুলা ওয়ান): Formula 1
pharāsi (ফরাসি): French
pharāsi śiṅā (ফরাসি শিঙা): French horn
phasapharāsa (ফসফরাস): phosphorus
phaṛiṁ (ফড়িং): dragonfly
phaṭōgrāphāra (ফটোগ্রাফার): photographer
phigāra skēṭiṁ (ফিগার স্কেটিং): figure skating
phiji'ōthērāpi (ফিজিওথেরাপি): physiotherapy
phiji'ōthērāpisṭa (ফিজিওথেরাপিস্ট): physiotherapist
phiji (ফিজি): Fiji
philipā'ina (ফিলিপাইন): Philippines
philistina (ফিলিস্তিন): Palestine
philḍa haki (ফিল্ড হকি): field hockey
phina (ফিন): fin
phinalyānḍa (ফিনল্যান্ড): Finland
phisaphisa karē kathā balā (ফিসফিস করে কথা বলা): to whisper
phitā (ফিতা): lace
phlipa cārṭa (ফ্লিপ চার্ট): flip chart
phlu (ফ্লু): flu
phlurina (ফ্লুরিন): fluorine
phlyāśa (ফ্ল্যাশ): flash
phlyāṭa skrina (ফ্ল্যাট স্ক্রিন): flat screen
phlērōbhiẏāma (ফ্লেরোভিয়াম): flerovium
phrija (ফ্রিজ): fridge
phrijāra (ফ্রিজার): freezer
phrisṭā'ila ski'iṁ (ফ্রিস্টাইল স্কিইং): freestyle skiing
phruṭa gāma (ফ্রুট গাম): fruit gum
phrā'iḍa rā'isa (ফ্রাইড রাইস): fried rice
phrā'iḍa sasēja (ফ্রাইড সসেজ): fried sausage
phrānsa (ফ্রান্স): France
phrānsiẏāma (ফ্রান্সিয়াম): francium
phrēñca palinēśiẏā (ফ্রেঞ্চ পলিনেশিয়া): French Polynesia
phrēñca phrā'i (ফ্রেঞ্চ ফ্রাই): French fries
phula (ফুল): flower
phula bikrētā (ফুল বিক্রেতা): florist
phuladāni (ফুলদানি): vase
phulakapi (ফুলকপি): cauliflower
phulēra madhu (ফুলের মধু): nectar
phulēra pātra (ফুলের পাত্র): flower pot
phusakuṛi (ফুসকুড়ি): rash
phusaphusa (ফুসফুস): lung
phuṭa (ফুট): foot
phuṭabala (ফুটবল): football

phuṭabala buṭa (ফুটবল বুট): football boots
phuṭabala sṭēḍiẏāma (ফুটবল স্টেডিয়াম): football stadium
phuṭapātha (ফুটপাথ): pavement
phyāksa (ফ্যাক্স): fax
phyākāśē (ফ্যাকাশে): pale
phyārō dbīpapuñja (ফ্যারো দ্বীপপুঞ্জ): Faroe Islands
phā'ila (ফাইল): file
phā'unḍēśana (ফাউন্ডেশন): foundation
phānēla (ফানেল): funnel
phārmiẏāma (ফার্মিয়াম): fermium
phārmāsisṭa (ফার্মাসিস্ট): pharmacist
phārmēsi (ফার্মেসি): pharmacy
phārēnahā'iṭa (ফারেনহাইট): Fahrenheit
phārṇa (ফার্ণ): fern
phāẏāra ēlārma (ফায়ার এলার্ম): fire alarm
phēbruẏāri (ফেব্রুয়ারি): February
phēnsiṁ (ফেন্সিং): fencing
phēri (ফেরি): ferry
phēsa krima (ফেস ক্রিম): face cream
phēsa māska (ফেস মাস্ক): face mask
phēsa pā'uḍāra (ফেস পাউডার): face powder
phēsiẏāla ṭōnāra (ফেসিয়াল টোনার): facial toner
phēṁ śyu'i (ফেং শ্যুই): feng shui
phēṭā (ফেটা): feta
phōlḍāra (ফোল্ডার): folder
phōna karā (ফোন করা): to call
phōẏārā (ফোয়ারা): fountain
pi'ē'icaḍi (পিএইচডি): PhD
pica (পিচ): asphalt
picapharka (পিচফর্ক): pitchfork
pichanē (পিছনে): back
pichanēra mirara (পিছনের মিরর): rear mirror
pichanēra ṭrāṅka (পিছনের ট্রাঙ্ক): rear trunk
pijā (পিজা): pizza
pikanika (পিকনিক): picnic
pim̐paṛā (পিঁপড়া): ant
pināṭa bāṭāra (পিনাট বাটার): peanut butter
pipēṭa (পিপেট): pipette
pipīlikābhōjī prāṇī (পিপীলিকাভোজী প্রাণী): ant-eater
pirāmiḍa (পিরামিড): pyramid
pitalēra baṛa bām̐śi (পিতলের বড় বাঁশি): trombone
pittathali (পিত্তথলি): gall bladder
piṭha (পিঠ): back
piẏānō (পিয়ানো): piano
pluṭō (প্লুটো): Pluto
pluṭōniẏāma (প্লুটোনিয়াম): plutonium
plyāṭapharma (প্ল্যাটফর্ম): platform
plāga (প্লাগ): plug
plāsṭika (প্লাস্টিক): plastic
plāsṭika byāga (প্লাস্টিক ব্যাগ): plastic bag
plāsṭāra (প্লাস্টার): plaster
plāṭināma (প্লাটিনাম): platinum
plēṭa (প্লেট): plate
plīhā (প্লীহা): spleen
prabandha (প্রবন্ধ): article, essay
prabāla prācīra (প্রবাল প্রাচীর): coral reef
pracārapatra (প্রচারপত্র): flyer

pradhānamantrī (প্রধানমন্ত্রী): prime minister
pradāna karā (প্রদান করা): to deliver
pradēśa (প্রদেশ): province
prajāpati (প্রজাপতি): butterfly
prajēkṭara (প্রজেক্টর): projector
prakauśalī (প্রকৌশলী): engineer
prakāśaka (প্রকাশক): publisher
pramāṇa (প্রমাণ): evidence
pramōda tarī (প্রমোদ তরী): cruise ship
prasaba (প্রসব): delivery
prasiki'uṭara (প্রসিকিউটর): prosecutor
prastha (প্রস্থ): width
prasthāna (প্রস্থান): departure
prathama (প্রথম): first
prathama bējamēnṭa mējhē (প্রথম বেজমেন্ট মেঝে): first basement floor
prathama śrēṇī (প্রথম শ্রেণী): first class
prati (প্রতি): every
pratibādī (প্রতিবাদী): defendant
pratibēdaka (প্রতিবেদক): reporter
pratibēśī (প্রতিবেশী): neighbour
pratihata karā (প্রতিহত করা): to defend
pratikr̥ti (প্রতিকৃতি): portrait
praśasta (প্রশস্ত): broad
praśnabōdhaka cihna (প্রশ্নবোধক চিহ্ন): question mark
praśānta mahāsāgara (প্রশান্ত মহাসাগর): Pacific Ocean
prinṭa karā (প্রিন্ট করা): to print
prinṭāra (প্রিন্টার): printer
prācīra (প্রাচীর): wall
prārthanā karā (প্রার্থনা করা): to pray
prāthamika bidyālaẏa (প্রাথমিক বিদ্যালয়): primary school
prāẏa'i (প্রায়ই): often
prējēnṭēśana (প্রেজেন্টেশন): presentation
prēma rōga (প্রেম রোগ): lovesickness
prēsi'ōḍimiẏāma (প্রেসিওডিমিয়াম): praseodymium
prēẏiṁ myānṭisa (প্রেয়িং ম্যান্টিস): praying mantis
prōgrāmāra (প্রোগ্রামার): programmer
prōmēthiẏāma (প্রোমেথিয়াম): promethium
prōsṭēṭa (প্রোস্টেট): prostate
prōṭana (প্রোটন): proton
prōṭēkṭiniẏāma (প্রোটেক্টিনিয়াম): protactinium
pr̥thibī (পৃথিবী): earth
pr̥thibīra kēndra (পৃথিবীর কেন্দ্র): earth's core
pudinā (পুদিনা): mint
pukura (পুকুর): pond
puliśa (পুলিশ): police, policeman
puliśēra gāṛi (পুলিশের গাড়ি): police car
puliśēra lāṭhi (পুলিশের লাঠি): baton
puruṣa (পুরুষ): man
purātana (পুরাতন): old
purōhita (পুরোহিত): priest
putra (পুত্র): son
putrabadhu (পুত্রবধু): daughter-in-law
putula (পুতুল): doll
putulēra bāṛī (পুতুলের বাড়ী): dollhouse
puśa-āpa (পুশ-আপ): push-up
puśacēẏāra (পুশচেয়ার): pushchair
puḍiṁ (পুডিং): pudding

puṣpa (পুষ্প): blossom
puṭṭi churi (পুট্টি ছুরি): putty
puẏērtō rikō (পুয়ের্তো রিকো): Puerto Rico
pyākēja (প্যাকেজ): package
pyālāḍiẏāma (প্যালাডিয়াম): palladium
pyālēṭa (প্যালেট): palette, pallet
pyānakēka (প্যানকেক): pancake
pyānṭi (প্যান্টি): panties
pyānṭihōsa (প্যান্টিহোস): pantyhose
pyānṭi lā'ināra (প্যান্টি লাইনার): panty liner
pyārāguẏē (প্যারাগুয়ে): Paraguay
pyārāsala (প্যারাসল): parasol
pyārāsuṭiṁ (প্যারাসুটিং): parachuting
pyārāśuṭa (প্যারাশুট): parachute
pyāthōlaji (প্যাথোলজি): pathology
pā'i (পাই): pie
pā'ilaṭa (পাইলট): pilot
pā'ilēṭasa (পাইলেটস): Pilates
pā'ina (পাইন): pine
pā'unḍa (পাউন্ড): pound
pā'uruṭi (পাউরুটি): bread
pā'uḍāra pāpha (পাউডার পাফ): powder puff
pā'ōẏāra ā'uṭalēṭa (পাওয়ার আউটলেট): power outlet
pā (পা): leg, foot
pāgala (পাগল): crazy
pāhāṛa (পাহাড়): hill
pāka (পাক): puck
pākasthalī (পাকস্থলী): stomach
pākhā (পাখা): fan
pākistāna (পাকিস্তান): Pakistan
pāla (পাল): sail
pālatōlā naukā (পালতোলা নৌকা): sailing boat
pālaṁ śāka (পালং শাক): spinach
pāllā (পাল্লা): scale
pālā'u (পালাউ): Palau
pām̐jara (পাঁজর): rib
pāna karā (পান করা): to drink
pāni (পানি): water
pānira bōtala (পানির বোতল): water bottle
pānira pā'ipa (পানির পাইপ): hose
pānāmā (পানামা): Panama
pānḍā (পান্ডা): panda
pāpaṛi (পাপড়ি): petal
pāpuẏā ni'u gini (পাপুয়া নিউ গিনি): Papua New Guinea
pārada (পারদ): mercury
pāramāṇabika saṅkhyā (পারমাণবিক সংখ্যা): atomic number
pāramāṇabika śakti kēndra (পারমাণবিক শক্তি কেন্দ্র): nuclear power plant
pāribārika chabi (পারিবারিক ছবি): family picture
pāribārika thērāpi (পারিবারিক থেরাপি): family therapy
pārka (পার্ক): park
pārkiṁ (পার্কিং): car park
pārkiṁ miṭāra (পার্কিং মিটার): parking meter
pārmēsāna (পার্মেসান): parmesan
pārsēla (পার্সেল): parcel
pārśba pratikriẏā (পার্শ্ব প্রতিক্রিয়া): side effect
pāsa'ōẏārḍa (পাসওয়ার্ড): password
pāsapōrṭa (পাসপোর্ট): passport

pātalā (পাতলা): slim
pātilēbu (পাতিলেবু): lime
pātra (পাত্র): pot
pātā (পাতা): leaf
pātāla rēla (পাতাল রেল): subway
pāśē (পাশে): beside
pāṅka (পাঙ্ক): punk
pāṭha (পাঠ): text, lesson
pāṭhyapustaka (পাঠ্যপুস্তক): textbook
pāṭīgaṇita (পাটীগণিত): arithmetic
pāẏajāmā (পায়জামা): pyjamas
pāẏēra āṅula (পায়ের আঙুল): toe
pēchanēra lā'iṭa (পেছনের লাইট): rear light
pēchanēra āsana (পেছনের আসন): back seat
pēlikyāna (পেলিক্যান): pelican
pēm̐cā (পেঁচা): owl
pēm̐pē (পেঁপে): papaya
pēm̐ẏāja (পেঁয়াজ): onion
pēm̐ẏājajātīẏa gācha (পেঁয়াজজাতীয় গাছ): chive
pēnsila (পেন্সিল): pencil
pēnsila baksa (পেন্সিল বক্স): pencil case
pēnsila śārpanāra (পেন্সিল শার্পনার): pencil sharpener
pēpāra klipa (পেপার ক্লিপ): paperclip
pēru (পেরু): Peru
pērēka (পেরেক): nail
pēstā bādāma (পেস্তা বাদাম): pistachio
pēśī (পেশী): muscle
pēḍiki'ura (পেডিকিউর): pedicure
pēṅgu'ina (পেঙ্গুইন): penguin
pēṭa (পেট): belly
pēṭa byathā (পেট ব্যথা): stomach ache
pēṭrala (পেট্রল): petrol
pēṭri ḍiśa (পেট্রি ডিশ): Petri dish
pēṭrōla sṭēśana (পেট্রোল স্টেশন): petrol station
pīca (পীচ): peach
pōkā (পোকা): bug
pōkāra (পোকার): poker
pōkā tāṛānōra auṣadha (পোকা তাড়ানোর ঔষধ): insect repellent
pōla bhalṭa (পোল ভল্ট): pole vault
pōlyānḍa (পোল্যান্ড): Poland
pōlō (পোলো): polo
pōlōniẏāma (পোলোনিয়াম): polonium
pōlō śārṭa (পোলো শার্ট): polo shirt
pōrṭaphōli'ō (পোর্টফোলিও): portfolio
pōsṭakārḍa (পোস্টকার্ড): postcard
pōśāka (পোশাক): dress
pōśāka paribartanēra ghara (পোশাক পরিবর্তনের ঘর): changing room
pōśākēra māpa (পোশাকের মাপ): dress size
pōṛā (পোড়া): burn
pōṛānō (পোড়ানো): to burn
pōṣā prāṇīra dōkāna (পোষা প্রাণীর দোকান): pet shop
pūrba (পূর্ব): east
pūrba timura (পূর্ব তিমুর): East Timor
pūrṇa (পূর্ণ): full

R

rabibāra (রবিবার): Sunday
raka (রক): rock
raka ēna rōla (রক এন রোল): rock 'n' roll
rakiṁ cēẏāra (রকিং চেয়ার): rocking chair
rakta parīkṣā (রক্ত পরীক্ষা): blood test
raktākta (রক্তাক্ত): bloody
rakēṭa (রকেট): rocket
ramajāna (রমজান): Ramadan
rambasa (রম্বস): rhombus
rambaẏēḍa (রম্বয়েড): rhomboid
randhanu (রংধনু): rainbow
ranṭajēniẏāma (রন্টজেনিয়াম): roentgenium
rasuna (রসুন): garlic
rasālō (রসালো): juicy
rasāẏana (রসায়ন): chemistry
rasāẏanabida (রসায়নবিদ): chemist
raudrajjbala (রৌদ্রজ্জ্বল): sunny
raupya padaka (রৌপ্য পদক): silver medal
raṁ (রং): paint
raṁ karā (রং করা): dyed
raṁ pēnsila (রং পেন্সিল): coloured pencil
raṅa karā (রঙ করা): to paint
raṅa lāgānōra rōlāra (রঙ লাগানোর রোলার): inking roller
rayākuna (র‍্যাকুন): raccoon
rayānḍama ayāksēsa mēmōri (rayāma) (র‍্যান্ডম অ্যাক্সেস মেমোরি (র‍্যাম)): random access memory (RAM)
rayāli rēsiṁ (র‍্যালি রেসিং): rally racing
rayāpa (র‍্যাপ): rap
rayāphaṭiṁ (র‍্যাফটিং): rafting
rayāḍana (র‍্যাডন): radon
ridamika jiman'yāsṭikasa (রিদমিক জিমন্যাস্টিকস): rhythmic gymnastics
rimōṭa kanṭrōla (রিমোট কন্ট্রোল): remote control
risā'ikēla bina (রিসাইকেল বিন): recycle bin
risēpaśanisṭa (রিসেপশনিস্ট): receptionist
riẏēla ēsṭēṭa ējēnṭa (রিয়েল এস্টেট এজেন্ট): real-estate agent
rubi (রুবি): ruby
rubiḍiẏāma (রুবিডিয়াম): rubidium
ruma nambara (রুম নম্বর): room number
ruma sārbhisa (রুম সার্ভিস): room service
ruthēniẏāma (রুথেনিয়াম): ruthenium
ruẏānḍā (রুয়ান্ডা): Rwanda
rā'isa kukāra (রাইস কুকার): rice cooker
rā'isariṣā tēla (রাইসরিষা তেল): rapeseed oil
rā'uṭāra (রাউটার): router
rābbi (রাব্বি): rabbi
rābāra (রাবার): rubber
rābāra byānḍa (রাবার ব্যান্ড): rubber band
rābāra sṭyāmpa (রাবার স্ট্যাম্প): rubber stamp
rābārēra naukā (রাবারের নৌকা): rubber boat
rādāraphōrḍiẏāma (রাদারফোর্ডিয়াম): rutherfordium
rāgabi (রাগবি): rugby
rājadhānī (রাজধানী): capital
rājahām̐sa (রাজহাঁস): goose, swan
rājanīti (রাজনীতি): politics
rājanītibida (রাজনীতিবিদ): politician
rājya (রাজ্য): state

rākhā (রাখা): to put
rāma (রাম): rum
rāmbā (রাম্বা): rumba
rāmēna (রামেন): ramen
rām̐dhuni (রাঁধুনি): cook
rām̐dā (রাঁদা): smoothing plane
rāna'ōẏē (রানওয়ে): runway
rānnāghara (রান্নাঘর): kitchen
rānnā karā (রান্না করা): to cook
rāspabēri (রাস্পবেরি): raspberry
rāstā (রাস্তা): road
rāstāra khābāra (রাস্তার খাবার): street food
rāstāra lā'iṭa (রাস্তার লাইট): street light
rāsāẏanika bikriẏā (রাসায়নিক বিক্রিয়া): chemical reaction
rāsāẏanika gaṭhana (রাসায়নিক গঠন): chemical structure
rāsāẏanika yauga (রাসায়নিক যৌগ): chemical compound
rāta (রাত): night
rāta ēkaṭā (রাত একটা): one o'clock in the morning
rātēra khābāra (রাতের খাবার): dinner
rāśiẏā (রাশিয়া): Russia
rāḍāra (রাডার): radar
rāṣṭrapati (রাষ্ট্রপতি): president
rē'inakōṭa (রেইনকোট): raincoat
rē'inapharēsṭa (রেইনফরেস্ট): rainforest
rēgē (রেগে): reggae
rējara (রেজর): razor
rējara blēḍa (রেজর ব্লেড): razor blade
rēka (রেক): rake
rēkarḍa plēẏāra (রেকর্ড প্লেয়ার): record player
rēlagāṛi (রেলগাড়ি): train
rēla sṭēśana (রেল স্টেশন): train station
rēla ṭryāka (রেল ট্র্যাক): railtrack
rēniẏāma (রেনিয়াম): rhenium
rēphāri (রেফারি): referee
rēsiṁ sā'ikēla (রেসিং সাইকেল): racing bicycle
rēstōrā (রেস্তোরা): restaurant
rēti (রেতি): file
rēḍi'ō (রেডিও): radio
rēḍi'ōlaji (রেডিওলজি): radiology
rēḍiẏāma (রেডিয়াম): radium
rēḍiẏēṭara (রেডিয়েটর): radiator
rōbaṭa (রোবট): robot
rōda (রোদ): sunshine
rōda ṭupi (রোদ টুপি): sun hat
rōdē pōṛā (রোদে পোড়া): sunburn
rōgī (রোগী): patient
rōjamēri (রোজমেরি): rosemary
rōlāra kōsṭāra (রোলার কোস্টার): roller coaster
rōlāra skēṭiṁ (রোলার স্কেটিং): roller skating
rōmāniẏā (রোমানিয়া): Romania
rōmāñcakara galpa (রোমাঞ্চকর গল্প): thriller
rōḍa rōlāra (রোড রোলার): road roller
rōḍiẏāma (রোডিয়াম): rhodium
rōẏiṁ (রোয়িং): rowing
r̥ṇa (ঋণ): loan

S

saba (সব): all
sabasamaẏa (সবসময়): always
sabhā kakṣa (সভা কক্ষ): meeting room
sabhāpati (সভাপতি): chairman
sabuja (সবুজ): green
sabuja pēm̐ẏāja (সবুজ পেঁয়াজ): spring onion
sabā'i (সবাই): everybody
saciba (সচিব): secretary
sadasya (সদস্য): member
sadasyapada (সদস্যপদ): membership
sahaja (সহজ): easy
sahakarmī (সহকর্মী): colleague
sahakārī (সহকারী): assistant
sahasrābda (সহস্রাব্দ): millennium
saikata (সৈকত): beach
sainika (সৈনিক): soldier
sakāla (সকাল): morning
sakālēra nāstā (সকালের নাস্তা): breakfast
salōmana dbīpapuñja (সলোমন দ্বীপপুঞ্জ): Solomon Islands
sam'mōhana (সম্মোহন): hypnosis
samakōṇa (সমকোণ): right angle
samatala (সমতল): flat
samaẏasūcī (সময়সূচী): timetable
sambādabāhī patra (সংবাদবাহী পত্র): newsletter
sambādapatra (সংবাদপত্র): newspaper
sambāda upasthāpaka (সংবাদ উপস্থাপক): anchor
sambāhaka (সংবাহক): masseur
samudra-śaibāla (সমুদ্র-শৈবাল): seaweed
samīkaraṇa (সমীকরণ): equation
sandhyā (সন্ধ্যা): evening
sandhāna karā (সন্ধান করা): to look for
sandēhabhājana (সন্দেহভাজন): suspect
sann'yāsinī (সন্ন্যাসিনী): nun
sann'yāsī (সন্ন্যাসী): monk
sanrakṣaṇa (সংরক্ষণ): reservation
sanyukta āraba āmirāta (সংযুক্ত আরব আমিরাত): United Arab Emirates
saptāha (সপ্তাহ): week
saralarēkhā (সরলরেখা): straight line
sariṣā (সরিষা): mustard
sastā (সস্তা): cheap
sasēja (সসেজ): sausage
satarka karā (সতর্ক করা): to warn
satarkīkaraṇa ālō (সতর্কীকরণ আলো): warning light
satyi'i (সত্যিই): really
saudi āraba (সৌদি আরব): Saudi Arabia
saura pyānēla (সৌর প্যানেল): solar panel
sañcaẏa (সঞ্চয়): savings
saṅkramaṇa (সংক্রমণ): infection
saṅkucita karā (সঙ্কুচিত করা): to shrink
saṅkēta (সংকেত): signal
saṅkīrṇa (সংকীর্ণ): narrow
saṭhika (সঠিক): correct
saṯ bābā (সৎ বাবা): stepfather
saṯ chēlē (সৎ ছেলে): stepson
saṯ mā (সৎ মা): stepmother

sat̲ mēẏē (সৎ মেয়ে): stepdaughter
saẏā (সয়া): soy
saẏādudha (সয়াদুধ): soy milk
sbapna dēkhā (স্বপ্ন দেখা): to dream
sbargadūta (স্বর্গদূত): angel
sbarṇakāra (স্বর্ণকার): jeweller
sbarṇakēśī (স্বর্ণকেশী): blond
sbarṇapadaka (স্বর্ণপদক): gold medal
sbarṇa rūpāra cēẏē dāmi (স্বর্ণ রূপার চেয়ে দামি): Gold is more expensive than silver
sbaẏaṅkriẏa (স্বয়ংক্রিয়): automatic
sbāgatama (স্বাগতম): welcome
sbākṣara (স্বাক্ষর): signature
sbāmī (স্বামী): husband
sid'dha (সিদ্ধ): boiled
sid'dha ḍima (সিদ্ধ ডিম): boiled egg
sigāra (সিগার): cigar
sigārēṭa (সিগারেট): cigarette
sijiẏāma (সিজিয়াম): caesium
sijāriẏāna (সিজারিয়ান): cesarean
sila (সিল): seal
silabhāra (সিলভার): silver
silikana (সিলিকন): silicon
silinḍāra (সিলিন্ডার): cylinder
siliṁ (সিলিং): ceiling
silka (সিল্ক): silk
simphani (সিম্ফনি): symphony
simēnṭa (সিমেন্ট): cement
simēnṭa miksāra (সিমেন্ট মিক্সার): cement mixer
sim̐ṛi (সিঁড়ি): stairs
sinakrōnā'ijaḍa sām̐tāra (সিনক্রোনাইজড সাঁতার): synchronized swimming
sindhughōṭaka (সিন্ধুঘোটক): walrus
sinduka (সিন্দুক): safe
sinha (সিংহ): lion
sināgaga (সিনাগগ): synagogue
sinēmā (সিনেমা): cinema
siriñja (সিরিঞ্জ): syringe
siriẏā (সিরিয়া): Syria
siriẏāma (সিরিয়াম): cerium
siḍi plēẏāra (সিডি প্লেয়ার): CD player
siḍāra (সিডার): cider
siṅgāpura (সিঙ্গাপুর): Singapore
siṅgēla ruma (সিঙ্গেল রুম): single room
siṅka (সিঙ্ক): sink
siṭa-āpasa (সিট-আপস): sit-ups
siṭabēlṭa (সিটবেল্ট): seatbelt
siṭi skyānāra (সিটি স্ক্যানার): CT scanner
siẏērā li'ōna (সিয়েরা লিওন): Sierra Leone
ski'iṁ (স্কিইং): skiing
ski (স্কি): ski
ski jāmpiṁ (স্কি জাম্পিং): ski jumping
ski pōla (স্কি পোল): ski pole
ski risōrṭa (স্কি রিসোর্ট): ski resort
ski syuṭa (স্কি স্যুট): ski suit
skrala bāra (স্ক্রল বার): scrollbar
skru rēñca (স্ক্রু রেঞ্চ): screw wrench
skru ḍrā'ibhāra (স্ক্রু ড্রাইভার): screwdriver
sku'iḍa (স্কুইড): squid

skula byāga (স্কুল ব্যাগ): schoolbag
skulabāsa (স্কুলবাস): school bus
skula i'unipharma (স্কুল ইউনিফর্ম): school uniform
skulaprāṅgaṇa (স্কুলপ্রাঙ্গণ): schoolyard
skuṭāra (স্কুটার): motor scooter
skyāna karā (স্ক্যান করা): to scan
skyānāra (স্ক্যানার): scanner
skyānḍiẏāma (স্ক্যান্ডিয়াম): scandium
skālapēla (স্কালপেল): scalpel
skārpha (স্কার্ফ): scarf
skārṭa (স্কার্ট): skirt
skēla (স্কেল): ruler
skēliṭana (স্কেলিটন): skeleton
skēṭa bōrḍiṁ (স্কেট বোর্ডিং): skateboarding
skēṭasa (স্কেটস): skates
skōẏāṭa (স্কোয়াট): squat
slipiṁ byāga (স্লিপিং ব্যাগ): sleeping bag
slā'iḍa (স্লাইড): slide
slēja (স্লেজ): sledge
slōbhākiẏā (স্লোভাকিয়া): Slovakia
slōbhēniẏā (স্লোভেনিয়া): Slovenia
smita hāsā (স্মিত হাসা): to smile
smr̥tistambha (স্মৃতিস্তম্ভ): monument
smudi (স্মুদি): smoothie
smāraka sāmagrī (স্মারক সামগ্রী): souvenir
smārṭaphōna (স্মার্টফোন): smartphone
smōka ḍiṭēkṭara (স্মোক ডিটেক্টর): smoke detector
snukāra (স্নুকার): snooker
snukāra ṭēbila (স্নুকার টেবিল): snooker table
snāna karā (স্নান করা): to take a shower
snātaka (স্নাতক): graduation, bachelor
snātaka samābartana (স্নাতক সমাবর্তন): graduation ceremony
snāẏu (স্নায়ু): nerve
snāẏubijñāna (স্নায়ুবিজ্ঞান): neurology
snēẏāra ḍrāma (স্নেয়ার ড্রাম): snare drum
snōbōrḍiṁ (স্নোবোর্ডিং): snowboarding
snōmōbā'ila (স্নোমোবাইল): snowmobile
sparśaka (স্পর্শক): tangent
sparśa karā (স্পর্শ করা): to touch
spañja (স্পঞ্জ): sponge
spiriṭa lēbhēla (স্পিরিট লেভেল): spirit level
sprinṭa (স্প্রিন্ট): sprint
spriṁ rōla (স্প্রিং রোল): spring roll
sprē (স্প্রে): spray
spyāghēṭi (স্প্যাঘেটি): spaghetti
spyāniśa (স্প্যানিশ): Spanish
spārkaliṁ ōẏā'ina (স্পার্কলিং ওয়াইন): sparkling wine
spēna (স্পেন): Spain
spēsa syuṭa (স্পেস স্যুট): space suit
spēsa sṭēśana (স্পেস স্টেশন): space station
spīḍa skēṭiṁ (স্পীড স্কেটিং): speed skating
spīḍōmiṭāra (স্পীডোমিটার): speedometer
stana (স্তন): bosom
stanēra bōm̐ṭā (স্তনের বোঁটা): nipple
sthapati (স্থপতি): architect
strī (স্ত্রী): wife
strīrōgabidyā (স্ত্রীরোগবিদ্যা): gynaecology

su'i (সুই): needle
su'ijāralyāṇḍa (সুইজারল্যান্ড): Switzerland
su'imiṁ gagalasa (সুইমিং গগলস): swim goggles
su'imiṁ kyāpa (সুইমিং ক্যাপ): swim cap
su'imiṁ pula (সুইমিং পুল): swimming pool
su'imiṁ ṭrāṅkasa (সুইমিং ট্রাঙ্কস): swim trunks
su'iḍēna (সুইডেন): Sweden
suda (সুদ): interest
sudarśana (সুদর্শন): handsome
sudāna (সুদান): Sudan
sugandhi (সুগন্ধি): perfume
sugāra biṭa (সুগার বিট): sugar beet
sukhī (সুখী): happy
sundara (সুন্দর): beautiful
supāramārkēṭa (সুপারমার্কেট): supermarket
sura (সুর): melody, note
surakāra (সুরকার): musician
surināma (সুরিনাম): Suriname
sustha (সুস্থ): healthy
suśi (সুশি): sushi
suḍōku (সুডোকু): Sudoku
suṣumnā kāṇḍa (সুষুম্না কাণ্ড): spinal cord
syu'imasyuṭa (স্যুইমস্যুট): swimsuit
syupa (স্যুপ): soup
syuṭa (স্যুট): suit
syāksōphōna (স্যাক্সোফোন): saxophone
syālamana mācha (স্যালমন মাছ): salmon
syāniṭāri ṭā'ōẏēla (স্যানিটারি টাওয়েল): sanitary towel
syānḍa'u'ica (স্যান্ডউইচ): sandwich
syānḍabaksa (স্যান্ডবক্স): sandbox
syānḍēla (স্যান্ডেল): sandals
syāphāẏāra (স্যাফায়ার): sapphire
syāṭēlā'iṭa ḍiśa (স্যাটেলাইট ডিশ): satellite dish
sā'ikliṁ (সাইক্লিং): cycling
sā'ikēla (সাইকেল): bicycle
sā'ikō ayānālā'isisa (সাইকো অ্যানালাইসিস): psychoanalysis
sā'ikōthērāpi (সাইকোথেরাপি): psychotherapy
sā'iprāsa (সাইপ্রাস): Cyprus
sā'irēna (সাইরেন): siren
sā'iḍa ḍiśa (সাইড ডিশ): side dish
sā'iḍa ḍōra (সাইড ডোর): side door
sā'unā (সাউনা): sauna
sābāna (সাবান): soap
sādā (সাদা): white
sādā ōẏā'ina (সাদা ওয়াইন): white wine
sāgara (সাগর): sea
sāhasī (সাহসী): brave
sāhitya (সাহিত্য): literature
sāhārā (সাহারা): Sahara
sāhāyya karā (সাহায্য করা): to help
sākṣātēra samaẏa (সাক্ষাতের সময়): visiting hours
sākṣī (সাক্ষী): witness
sālaphāra (সালফার): sulphur
sālasā (সালসা): salsa
sālāda (সালাদ): salad
sālāmi (সালামি): salami
sāmanē (সামনে): front

sāmanēra darajā (সামনের দরজা): front door
sāmanēra lā'iṭa (সামনের লাইট): front light
sāmanēra āsana (সামনের আসন): front seat
sāmbā (সাম্বা): samba
sāmbādika (সাংবাদিক): journalist
sāmājika mādhyama (সামাজিক মাধ্যম): social media
sāmāriẏāma (সামারিয়াম): samarium
sāmōẏā (সামোয়া): Samoa
sām̐tāra (সাঁতার): swimming
sām̐tāra kāṭā (সাঁতার কাটা): to swim
sām̐u tumi ō prinsipi (সাঁউ তুমি ও প্রিন্সিপি): São Tomé and Príncipe
sām̐ṭā (সাঁটা): to fix
sānaglāsa (সানগ্লাস): sunglasses
sānakrima (সানক্রিম): sunscreen
sāna mārinō (সান মারিনো): San Marino
sāndhya pōśāka (সান্ধ্য পোশাক): evening dress
sānā'i (সানাই): clarinet
sāpa (সাপ): snake
sārasa (সারস): stork
sārbhāra (সার্ভার): server
sārbiẏā (সার্বিয়া): Serbia
sāri (সারি): row
sārjana (সার্জন): surgeon
sārkiṭa ṭrēniṁ (সার্কিট ট্রেনিং): circuit training
sārpha bōrḍa (সার্ফ বোর্ড): surfboard
sārphiṁ (সার্ফিং): surfing
sārḍina mācha (সার্ডিন মাছ): sardine
sē'iliṁ (সেইলিং): sailing
sē (সে): he, she
sēcanī (সেচনী): water can
sēd'dha karā (সেদ্ধ করা): to boil
sēd'dha śima (সেদ্ধ শিম): baked beans
sēkhānē (সেখানে): there
sēksi (সেক্সি): sexy
sēkēnḍa (সেকেন্ড): second
sēkēnḍa hyānḍa dōkāna (সেকেন্ড হ্যান্ড দোকান): second-hand shop
sēlā'i (সেলাই): suture
sēlā'i mēśina (সেলাই মেশিন): sewing machine
sēlāri (সেলারি): celery
sēlēniẏāma (সেলেনিয়াম): selenium
sēlō (সেলো): cello
sēmikōlana (সেমিকোলন): semicolon
sēnēgāla (সেনেগাল): Senegal
sēnṭa bhinasēnṭa ō grēnāḍā'ina dbīpapuñja (সেন্ট ভিনসেন্ট ও গ্রেনাডাইন দ্বীপপুঞ্জ): Saint Vincent and the Grenadines
sēnṭa kiṭsa ō nēbhisa (সেন্ট কিট্স ও নেভিস): Saint Kitts and Nevis
sēnṭa lusiẏā (সেন্ট লুসিয়া): Saint Lucia
sēnṭigrēḍa (সেন্টিগ্রেড): centigrade
sēnṭimiṭāra (সেন্টিমিটার): centimeter
sēnṭrāla prasēsiṁ i'uniṭa (sipi'i'u) (সেন্ট্রাল প্রসেসিং ইউনিট (সিপিইউ)): central processing unit (CPU)
sēpṭēmbara (সেপ্টেম্বর): September
sēśēla (সেশেল): Seychelles
sībōrjiẏāma (সীবোর্জিয়াম): seaborgium
sī harsa (সী হর্স): sea horse
sī lāẏana (সী লায়ন): sea lion
sīphuḍa (সীফুড): seafood
sīsā (সীসা): lead

sīṭa (সীট): seat
sōjā (সোজা): straight
sōjā yā'ō (সোজা যাও): go straight
sōmabāra (সোমবার): Monday
sōmāliẏā (সোমালিয়া): Somalia
sōnā (সোনা): gold
sōphā (সোফা): sofa
sōḍiẏāma (সোডিয়াম): sodium
sōḍā (সোডা): soda
sōẏājilyānḍa (সোয়াজিল্যান্ড): Swaziland
sōẏēṭabyānḍa (সোয়েটব্যান্ড): sweatband
sōẏēṭapyānṭa (সোয়েটপ্যান্ট): sweatpants
sōẏēṭāra (সোয়েটার): sweater
sūcipatra (সূচিপত্র): table of contents
sūrya (সূর্য): sun
sūryagrahaṇa (সূর্যগ্রহণ): solar eclipse
sūryamukhī (সূর্যমুখী): sunflower
sūryamukhīra tēla (সূর্যমুখীর তেল): sunflower oil
sṭaka brōkāra (স্টক ব্রোকার): stockbroker
sṭaka ēksacēñja (স্টক এক্সচেঞ্জ): stock exchange
sṭakiṁ (স্টকিং): stocking
sṭapa'ōẏāca (স্টপওয়াচ): stopwatch
sṭiẏāriṁ hu'ila (স্টিয়ারিং হুইল): steering wheel
sṭrabēri (স্ট্রবেরি): strawberry
sṭranasiẏāma (স্ট্রনসিয়াম): strontium
sṭrēciṁ (স্ট্রেচিং): stretching
sṭrōka (স্ট্রোক): stroke
sṭyāmpa (স্ট্যাম্প): stamp
sṭyāpalāra (স্ট্যাপলার): stapler
sṭārṭāra (স্টার্টার): starter
sṭēka (স্টেক): steak
sṭēthōskōpa (স্টেথোস্কোপ): stethoscope

T

tarakāri (তরকারি): curry
tarala (তরল): fluid
taramuja (তরমুজ): water melon
tarjanī (তর্জনী): index finger
tarka karā (তর্ক করা): to argue
taruṇa (তরুণ): young
taruṇāsthi (তরুণাস্থি): cartilage
tathya prayukti (তথ্য প্রযুক্তি): IT
thaṁ (থং): thong
thima pārka (থিম পার্ক): theme park
thiẏēṭāra (থিয়েটার): theatre
thraṭala (থ্রটল): throttle
thuliẏāma (থুলিয়াম): thulium
thutani (থুতনি): chin
thutu phēlā (থুতু ফেলা): to spit
thyāliẏāma (থ্যালিয়াম): thallium
thyāṅkasagibhiṁ (থ্যাঙ্কসগিভিং): Thanksgiving
thā'ilyānḍa (থাইল্যান্ড): Thailand
thā'ima (থাইম): thyme
thānā (থানা): police station
thārmāla antarbāsa (থার্মাল অন্তর্বাস): thermal underwear

thārmāsa jaga (থার্মাস জগ): thermos jug
thōriẏāma (থোরিয়াম): thorium
ti'unisiẏā (তিউনিসিয়া): Tunisia
timi (তিমি): whale
traẏī (ত্রয়ী): triplets
tribhuja (ত্রিভুজ): triangle
trinidāda ō ṭōbāgō (ত্রিনিদাদ ও টোবাগো): Trinidad and Tobago
tr̥tīẏa (তৃতীয়): third
tr̥ṣṇārta (তৃষ্ণার্ত): thirsty
tulasī (তুলসী): basil
tuli (তুলি): brush
tulā (তুলা): cotton
tumi (তুমি): you
tumi ki āmākē bhālōbāsō? (তুমি কি আমাকে ভালোবাসো?): Do you love me?
tumi kēmana āchō? (তুমি কেমন আছো?): How are you?
tumi ṭhika āchō? (তুমি ঠিক আছো?): Are you ok?
turaska (তুরস্ক): Turkey
turkamēnistāna (তুর্কমেনিস্তান): Turkmenistan
tutō bhā'i (তুতো ভাই): cousin
tutō bōna (তুতো বোন): cousin
tuṣāra (তুষার): snow
tā'i'ōẏāna (তাইওয়ান): Taiwan
tādēra kōmpāni (তাদের কোম্পানি): their company
tājikistāna (তাজিকিস্তান): Tajikistan
tāka (তাক): shelf
tākānō (তাকানো): to stare
tāla gācha (তাল গাছ): palm tree
tālābandha karā (তালাবন্ধ করা): to lock
tāmā (তামা): copper
tāmāka (তামাক): tobacco
tām̐bu (তাঁবু): tent
tānajāniẏā (তানজানিয়া): Tanzania
tāpamātrā (তাপমাত্রা): temperature
tāra (তার): wire, cable
tāra gāṛi (তার গাড়ি): his car
tārapara (তারপর): then
tāra pōśāka (তার পোশাক): her dress
tārā (তারা): star, they
tārāmācha (তারামাছ): starfish
tāẏakōẏāndō (তায়কোয়ান্দো): taekwondo
tēla (তেল): oil
tēla raṁ (তেল রং): oil paint
tēla raṅēra pēnsila (তেল রঙের পেন্সিল): oil pastel
tōmarā (তোমরা): you
tōmāra biṛāla (তোমার বিড়াল): your cat
tōmāra dala (তোমার দল): your team
tōẏālē (তোয়ালে): towel

U

u'ila (উইল): testament
u'ilō (উইলো): willow
u'inḍaskrīna ōẏā'ipāra (উইন্ডস্ক্রীন ওয়াইপার): windscreen wiper
u'inḍasārphiṁ (উইন্ডসার্ফিং): windsurfing
u'ipōkā (উইপোকা): termite
u'iṁ mirara (উইং মিরর): wing mirror

ucca bidyālaẏa (উচ্চ বিদ্যালয়): high school
ucca gatira ṭrēna (উচ্চ গতির ট্রেন): high-speed train
ucca lampha (উচ্চ লম্ফ): high jump
uccarabē hāsā (উচ্চরবে হাসা): to laugh
ucca raktacāpa (উচ্চ রক্তচাপ): high blood pressure
uccatā (উচ্চতা): height
uccāṅga saṅgīta (উচ্চাঙ্গ সংগীত): classical music
ucu (উচু): high
ud'dhr̥ta karā (উদ্ধৃত করা): to quote
ud'dhāra karā (উদ্ধার করা): to rescue
udayāpana karā (উদযাপন করা): to celebrate
udbhida udyāna (উদ্ভিদ উদ্যান): botanic garden
udyōktā (উদ্যোক্তা): entrepreneur
udāra (উদার): generous
ugānḍā (উগান্ডা): Uganda
ujabēkistāna (উজবেকিস্তান): Uzbekistan
ula (উল): wool
ulaki (উলকি): tattoo
ulkā (উল্কা): meteorite
upabhōga karā (উপভোগ করা): to enjoy
upabr̥tta (উপবৃত্ত): ellipse
upadbīpa (উপদ্বীপ): peninsula
upagraha (উপগ্রহ): satellite
upahāra (উপহার): present
upakūla (উপকূল): shore, coast
upan'yāsa (উপন্যাস): novel
upanibēśa (উপনিবেশ): colony
uparē (উপরে): above
uparē tōlā (উপরে তোলা): to lift
upasthāpaka (উপস্থাপক): host
upatyakā (উপত্যকা): valley
uruguẏē (উরুগুয়ে): Uruguay
uttara (উত্তর): north
uttara dē'ōẏā (উত্তর দেওয়া): to answer
uttara gōlārdha (উত্তর গোলার্ধ): northern hemisphere
uttara kōriẏā (উত্তর কোরিয়া): North Korea
uttara mēru (উত্তর মেরু): North Pole
uttarādhikārī (উত্তরাধিকারী): heir
uṣṇa (উষ্ণ): warm
uṣṇaprasrabaṇa (উষ্ণপ্রস্রবণ): geyser
uṭa (উট): camel
uṭapākhī (উটপাখী): ostrich

Y

yadi'ō (যদিও): although
yadi (যদি): if
yakr̥t̲ (যকৃৎ): liver
yamaja (যমজ): twins
yatna ni'ō (যত্ন নিও): take care
yauna sahabāsa (যৌন সহবাস): sex
yaṣṭimadhu (যষ্টিমধু): liquorice
yuktarājya (যুক্তরাজ্য): United Kingdom
yānajaṭa (যানজট): traffic jam
yōga (যোগ): addition
yōgabyāẏāma (যোগব্যায়াম): yoga

yōni (যোনি): vagina

@

ā'ibhari kōsṭa (আইভরি কোস্ট): Ivory Coast
ā'ikana (আইকন): icon
ā'ilā'ināra (আইলাইনার): eyeliner
ā'ina (আইন): law
ā'inajībī (আইনজীবী): lawyer
ā'inasṭā'iniẏāma (আইনস্টাইনিয়াম): einsteinium
ā'inī bibhāga (আইনী বিভাগ): legal department
ā'iriśa (আইরিশ): iris
ā'isa haki (আইস হকি): ice hockey
ā'isa klā'imbiṁ (আইস ক্লাইম্বিং): ice climbing
ā'isakrima (আইসক্রিম): ice cream
ā'isalyānḍa (আইসল্যান্ড): Iceland
ā'isa riṅka (আইস রিঙ্ক): ice rink
ā'isa skēṭiṁ (আইস স্কেটিং): ice skating
ā'isōṭōpa (আইসোটোপ): isotope
ā'i śyāḍō (আই শ্যাডো): eye shadow
ā'unsa (আউন্স): ounce
ābāra (আবার): again
ācaraṇa thērāpi (আচরণ থেরাপি): behaviour therapy
ādha ghanṭā (আধ ঘণ্টা): half an hour
ādhunika pēnṭāthalana (আধুনিক পেন্টাথলন): modern pentathlon
ādā (আদা): ginger
ādālata (আদালত): court
āgamana (আগমন): arrival
āgasṭa (আগস্ট): August
āghāta (আঘাত): injury
āghāta karā (আঘাত করা): to injure, to hit
āgnēẏagiri (আগ্নেয়গিরি): volcano
āguna (আগুন): fire
āgāchā (আগাছা): weed
āgāmīkāla (আগামীকাল): tomorrow
āgāmī paraśu (আগামী পরশু): the day after tomorrow
āja (আজ): today
ājārabā'ijāna (আজারবাইজান): Azerbaijan
ākarṣaṇīẏa (আকর্ষণীয়): cute
ākha (আখ): sugar cane
ākharōṭa (আখরোট): walnut
ākramaṇa karā (আক্রমণ করা): to attack
ākupāñcāra (আকুপাংচার): acupuncture
ākāśagaṅgā (আকাশগঙ্গা): Milky Way
ālabēniẏā (আলবেনিয়া): Albania
ālajēriẏā (আলজেরিয়া): Algeria
ālakātarā (আলকাতরা): tar
ālamāri (আলমারি): cupboard
ālu (আলু): potato
ālu bhartā (আলু ভর্তা): mashed potatoes
ālura sālāda (আলুর সালাদ): potato salad
ālō (আলো): light
ālṭrāsā'unḍa mēśina (আল্ট্রাসাউন্ড মেশিন): ultrasound machine
āma (আম): mango
āmarā (আমরা): we
āmi (আমি): I

āmi bujhatē pārachi nā (আমি বুঝতে পারছি না): I don't understand
āmi jāni (আমি জানি): I know
āmi jāni nā (আমি জানি না): I don't know
āmi tōmākē bhālōbāsi (আমি তোমাকে ভালোবাসি): I love you
āmi tōmākē misa kari (আমি তোমাকে মিস করি): I miss you
āmi tōmākē pachanda kari (আমি তোমাকে পছন্দ করি): I like you
āmi ārō cā'i (আমি আরো চাই): I want more
āmi ēkamata (আমি একমত): I agree
āmi ēṭā cā'i (আমি এটা চাই): I want this
āmi ēṭā pachanda kari nā (আমি এটা পছন্দ করি না): I don't like this
āmādēra bāṛi (আমাদের বাড়ি): our home
āmājana (আমাজন): Amazon
āmāra kukura (আমার কুকুর): my dog
āmāra sāthē āsō (আমার সাথে আসো): Come with me
āmāra ēkaṭi kukura āchē (আমার একটি কুকুর আছে): I have a dog
āmāra ēṭā darakāra (আমার এটা দরকার): I need this
āmērikāna phuṭabala (আমেরিকান ফুটবল): American football, football
āmērikāna sāmōẏā (আমেরিকান সামোয়া): American Samoa
ām̐caṛā (আঁচড়া): grater
āndija (আন্দিজ): Andes
ānārasa (আনারস): pineapple
ānḍārapyānṭa (আন্ডারপ্যান্ট): underpants
ānḍārapāsa (আন্ডারপাস): underpass
ānḍāraskōra (আন্ডারস্কোর): underscore
ānḍāraśārṭa (আন্ডারশার্ট): undershirt
āpani ki āmākē sāhāyya karatē pārēna? (আপনি কি আমাকে সাহায্য করতে পারেন?): Can you help me?
āpanāra nāma kī? (আপনার নাম কী?): What's your name?
āphagānistāna (আফগানিস্তান): Afghanistan
āphaṭāra śēbha (আফটার শেভ): aftershave
āpēkṣika tattba (আপেক্ষিক তত্ত্ব): theory of relativity
āpēla (আপেল): apple
āpēla pā'i (আপেল পাই): apple pie
āpēlēra rasa (আপেলের রস): apple juice
ārabiẏāma (আরবিয়াম): erbium
ārabī (আরবী): Arabic
ārdratā (আর্দ্রতা): humidity
ārgana (আর্গন): argon
ārjēnṭinā (আর্জেন্টিনা): Argentina
ārmēniẏā (আর্মেনিয়া): Armenia
ārsēnika (আর্সেনিক): arsenic
ārubā (আরুবা): Aruba
ārāma karō (আরাম করো): relax
ārō (আরো): more
ārṭicōka (আর্টিচোক): artichoke
āsabābapatrēra dōkāna (আসবাবপত্রের দোকান): furniture store
āsalē (আসলে): actually
āsā (আসা): to come
āścaryabōdhaka cihna (আশ্চর্যবোধক চিহ্ন): exclamation mark
āṅula (আঙুল): finger
āṅulēra chāpa (আঙুলের ছাপ): fingerprint
āṅura (আঙুর): grape
āṇṭi (আংটি): ring
āṭalānṭika mahāsāgara (আটলান্টিক মহাসাগর): Atlantic Ocean
āṭhā (আঠা): glue
āṭhālō ṭēpa (আঠালো টেপ): adhesive tape
āẏana (আয়ন): ion
āẏanā (আয়না): mirror

āẏatakṣētra (আয়তক্ষেত্র): rectangle
āẏatana (আয়তন): volume
āẏāralyāṇḍa (আয়ারল্যান্ড): Ireland
āẏōḍina (আয়োডিন): iodine
ē'i bachara (এই বছর): this year
ē'i māsa (এই মাস): this month
ē'i saptāha (এই সপ্তাহ): this week
ēbaṁ (এবং): and
ēka ghanṭāra ēka caturthānśa (এক ঘন্টার এক চতুর্থাংশ): quarter of an hour
ēka ghaṇṭāra tina caturthānśa (এক ঘণ্টার তিন চতুর্থাংশ): three quarters of an hour
ēkajimā (একজিমা): eczema
ēkamukhī rāstā (একমুখী রাস্তা): one-way street
ēkasāthē (একসাথে): together
ēkhana (এখন): now
ēkhānē (এখানে): here
ēksa-rē phaṭōgrāpha (এক্স-রে ফটোগ্রাফ): X-ray photograph
ēksārasā'ija bā'ika (এক্সারসাইজ বাইক): exercise bike
ēkā'unṭa nāmbāra (একাউন্ট নাম্বার): account number
ēkākī (একাকী): lonely
ēlaka (এলক): elk
ēla sālabhādōra (এল সালভাদোর): El Salvador
ēlibhēṭara (এলিভেটর): elevator
ēlākā (এলাকা): square
ēlārma ghaṛi (এলার্ম ঘড়ি): alarm clock
ēmapithri plēẏāra (এমপিথ্রি প্লেয়ার): MP3 player
ēnḍōkrinōlaji (এন্ডোক্রিনোলজি): endocrinology
ēpisi'ōṭami (এপিসিওটমি): episiotomy
ēprikaṭa (এপ্রিকট): apricot
ēprila (এপ্রিল): April
ērōbikasa (এরোবিকস): aerobics
ēsaprēsō (এসপ্রেসো): espresso
ēstōniẏā (এস্তোনিয়া): Estonia
ēṭā (এটা): this
ēṭāra dāma kata? (এটার দাম কত?): How much is this?
ēẏārabyāga (এয়ারব্যাগ): airbag
ēẏāra kanḍiśanāra (এয়ার কন্ডিশনার): air conditioner
ēẏāralā'ina (এয়ারলাইন): airline
ēẏāra myāṭrēsa (এয়ার ম্যাট্রেস): air mattress
ēẏāra ṭrāphika kanṭrōlāra (এয়ার ট্রাফিক কন্ট্রোলার): air traffic controller
īgala (ঈগল): eagle
ōbhārapāsa (ওভারপাস): overpass
ōbhēna (ওভেন): oven
ōbō (ওবো): oboe
ōjana bāṛā (ওজন বাড়া): to gain weight
ōjana kamā (ওজন কমা): to lose weight
ōka (ওক): oak
ōmāna (ওমান): Oman
ōpāla (ওপাল): opal
ōrēgānō (ওরেগানো): oregano
ōṛā (ওড়া): to fly
ōṭa (ওট): oat
ōṭamila (ওটমিল): oatmeal
ōṭā (ওটা): that
ōẏyāraḍrōba (ওয়্যারড্রোব): wardrobe
ōẏā'ina (ওয়াইন): wine
ōẏāki-ṭaki (ওয়াকি-টকি): walkie-talkie
ōẏālṭaja (ওয়াল্টজ): waltz

ōẏāphala (ওয়াফল): waffle
ōẏārma-āpa (ওয়ার্ম-আপ): warm-up
ōẏārēnṭi (ওয়ারেন্টি): warranty
ōẏāśiṁ mēśina (ওয়াশিং মেশিন): washing machine
ōẏāśiṁ pā'uḍāra (ওয়াশিং পাউডার): washing powder
ōẏāṭa (ওয়াট): watt
ōẏāṭāra pārka (ওয়াটার পার্ক): water park
ōẏāṭāra pōlō (ওয়াটার পোলো): water polo
ōẏāṭāraski'iṁ (ওয়াটারস্কিইং): waterskiing
ōẏāṭāra slā'iḍa (ওয়াটার স্লাইড): water slide
ōẏēbakyāma (ওয়েবক্যাম): webcam
ōẏēbasā'iṭa (ওয়েবসাইট): website
ōẏēlinṭana buṭa (ওয়েলিংটন বুট): wellington boots
ōẏēṭasyuṭa (ওয়েটস্যুট): wetsuit
ōẏēṭāra (ওয়েটার): waiter
śabādhāra (শবাধার): urn
śaharatalī (শহরতলী): suburb
śaka śōṣaka (শক শোষক): shock absorber
śakti (শক্তি): power
śaktibardhaka pānīẏa (শক্তিবর্ধক পানীয়): energy drink
śaktiśālī (শক্তিশালী): strong
śani (শনি): Saturn
śanibāra (শনিবার): Saturday
śapiṁ bāskēṭa (শপিং বাস্কেট): shopping basket
śapiṁ kārṭa (শপিং কার্ট): shopping cart
śapiṁ mala (শপিং মল): shopping mall
śaraṯkāla (শরৎকাল): autumn
śarṭasa (শর্টস): shorts
śarṭa ṭryāka (শর্ট ট্র্যাক): short track
śasā (শসা): cucumber
śatābdī (শতাব্দী): century
śaṭa puṭa (শট পুট): shot put
śbaśura (শ্বশুর): father-in-law
śbaśura ō śāśuṛi (শ্বশুর ও শাশুড়ি): parents-in-law
śbāsa-praśbāsa yantra (শ্বাস-প্রশ্বাস যন্ত্র): respiratory machine
śbāsanālī (শ্বাসনালী): windpipe
śbāsa nē'ōẏā (শ্বাস নেওয়া): to breathe
śika (শিক): skewer
śikala (শিকল): chain
śikaṛa (শিকড়): root
śikāri timi (শিকারি তিমি): killer whale
śikṣaka (শিক্ষক): teacher
śikṣānabisa (শিক্ষানবিস): intern
śikṣānabiśa (শিক্ষানবিশ): apprentice
śilpāñcala (শিল্পাঞ্চল): industrial district
śilpī (শিল্পী): artist
śilā (শিলা): rock
śima (শিম): bean
śina pyāḍa (শিন প্যাড): shinpad
śirā (শিরা): vein
śirōnāma (শিরোনাম): heading
śiśna (শিশ্ন): penis
śiśu (শিশু): child, baby
śiśudēra ghara (শিশুদের ঘর): nursery
śiśura bōtala (শিশুর বোতল): baby bottle
śiśu rōga cikiṯsā (শিশু রোগ চিকিৎসা): paediatrics
śiśu āsana (শিশু আসন): child seat

śiẏāla (শিয়াল): fox
śrīlaṅkā (শ্রীলঙ্কা): Sri Lanka
śrōtā (শ্রোতা): audience
śrōṇīcakra (শ্রোণীচক্র): pelvis
śubha bidāẏa (শুভ বিদায়): good bye
śukanō karā (শুকনো করা): to dry
śukanō phala (শুকনো ফল): dried fruit
śukra (শুক্র): Venus
śukrabāra (শুক্রবার): Friday
śukrāṇu (শুক্রাণু): sperm
śulaphā (শুলফা): dill
śulka bibhāga (শুল্ক বিভাগ): customs
śum̐ẏāpōkā (শুঁয়াপোকা): caterpillar
śuṣka (শুষ্ক): dry
śuṣka cini (শুষ্ক চিনি): icing sugar
śuẏē thākā (শুয়ে থাকা): to lie
śuẏōrēra rōsṭa (শুয়োরের রোস্ট): roast pork
śyuṭiṁ (শ্যুটিং): shooting
śyāmpu (শ্যাম্পু): shampoo
śyāmpēna (শ্যাম্পেন): champagne
śā'ōẏāra (শাওয়ার): shower
śā'ōẏāra jēla (শাওয়ার জেল): shower gel
śā'ōẏāra kyāpa (শাওয়ার ক্যাপ): shower cap
śā'ōẏāra kārṭēna (শাওয়ার কার্টেন): shower curtain
śākhā (শাখা): branch
śālagama (শালগম): turnip cabbage
śālā (শালা): brother-in-law
śālī (শালী): sister-in-law
śāmuka (শামুক): snail
śānta (শান্ত): quiet
śārīrika śikṣā (শারীরিক শিক্ষা): physical education
śārṭa (শার্ট): shirt
śāśuṛi (শাশুড়ি): mother-in-law
śāṭalakaka (শাটলকক): shuttlecock
śēbhiṁ phōma (শেভিং ফোম): shaving foam
śēbhāra (শেভার): shaver
śēẏāra (শেয়ার): share
śēẏārēra dāma (শেয়ারের দাম): share price
śītakāla (শীতকাল): winter
śōbāra ghara (শোবার ঘর): bedroom
śō jāmpiṁ (শো জাম্পিং): show jumping
śōm̐kā (শোঁকা): to smell
śōnā (শোনা): to listen
śūkara (শূকর): pig
śūkara chānā (শূকর ছানা): piglet
śūkarēra mānsa (শূকরের মাংস): pork
ūrdhakamā (ঊর্ধকমা): apostrophe
ḍalaphina (ডলফিন): dolphin
ḍalāra (ডলার): dollar
ḍhāla (ঢাল): slope
ḍhēm̐ṛasa (ঢেঁড়স): okra
ḍi'ōḍēnāma (ডিওডেনাম): duodenum
ḍibhiḍi plēẏāra (ডিভিডি প্লেয়ার): DVD player
ḍigrī (ডিগ্রী): degree
ḍijiṭāla kyāmērā (ডিজিটাল ক্যামেরা): digital camera
ḍijā'ināra (ডিজাইনার): designer
ḍijē (ডিজে): DJ

ḍijēla (ডিজেল): diesel
ḍima (ডিম): egg
ḍima bhunā (ডিম ভুনা): scrambled eggs
ḍima sāma (ডিম সাম): dim sum
ḍimbanālī (ডিম্বনালী): oviduct
ḍimbāśaẏa (ডিম্বাশয়): ovary
ḍimbāṇu (ডিম্বাণু): ovum
ḍimēra kusuma (ডিমের কুসুম): yolk
ḍimēra sādā anśa (ডিমের সাদা অংশ): egg white
ḍiplōmā (ডিপ্লোমা): diploma
ḍisprōsiẏāma (ডিস্প্রোসিয়াম): dysprosium
ḍisēmbara (ডিসেম্বর): December
ḍiśa'ōẏāśāra (ডিশওয়াশার): dishwasher
ḍiṅgi naukā (ডিঙ্গি নৌকা): canoe
ḍraẏāra (ড্রয়ার): drawer
ḍrila karā (ড্রিল করা): to drill
ḍriliṁ mēśina (ড্রিলিং মেশিন): drilling machine
ḍrāmasa (ড্রামস): drums
ḍrēḍalaka (ড্রেডলক): dreadlocks
ḍubaniẏāma (ডুবনিয়াম): dubnium
ḍubōjāhāja (ডুবোজাহাজ): submarine
ḍumura (ডুমুর): fig
ḍyānḍēliẏana (ড্যান্ডেলিয়ন): dandelion
ḍyāphōḍila (ড্যাফোডিল): daffodil
ḍyāśabōrḍa (ড্যাশবোর্ড): dashboard
ḍā'ibhiṁ (ডাইভিং): diving
ḍā'ibhiṁ māska (ডাইভিং মাস্ক): diving mask
ḍā'inōsara (ডাইনোসর): dinosaur
ḍābala bēja (ডাবল বেজ): double bass
ḍābala ruma (ডাবল রুম): double room
ḍākabāksa (ডাকবাক্স): mailbox
ḍākaghara (ডাকঘর): post office
ḍākapiẏana (ডাকপিয়ন): postman
ḍāktāra (ডাক্তার): doctor
ḍāmbēla (ডাম্বেল): dumbbell
ḍāmpaliṁ (ডাম্পলিং): dumpling
ḍāna (ডান): right
ḍānā (ডানা): wing
ḍānē ghuruna (ডানে ঘুরুন): turn right
ḍārmasṭēṭiẏāma (ডার্মস্টেটিয়াম): darmstadtium
ḍārmāṭōlaji (ডার্মাটোলজি): dermatology
ḍārṭa (ডার্ট): darts
ḍāṭābēja (ডাটাবেজ): database
ḍāẏariẏā (ডায়রিয়া): diarrhea
ḍāẏābēṭisa (ডায়াবেটিস): diabetes
ḍāẏāpāra (ডায়াপার): diaper
ḍāẏēri (ডায়েরি): diary
ḍē'iji (ডেইজি): daisy
ḍējārṭa (ডেজার্ট): dessert
ḍēka (ডেক): deck
ḍēka cēẏāra (ডেক চেয়ার): deck chair
ḍēnamārka (ডেনমার্ক): Denmark
ḍēsimiṭāra (ডেসিমিটার): decimeter
ḍēska (ডেস্ক): desk
ḍōja (ডোজ): dosage
ḍōminikā (ডোমিনিকা): Dominica
ḍōminikāna prajātantra (ডোমিনিকান প্রজাতন্ত্র): Dominican Republic

ḍōminō (ডোমিনো): dominoes
ḍōnāṭa (ডোনাট): doughnut
ṣaṛabhuja (ষড়ভুজ): hexagon
ṣām̐ṛa (ষাঁড়): bull
ṭaka (টক): sour
ṭaka da'i (টক দই): sour cream
ṭamēṭō (টমেটো): tomato
ṭamēṭō sasa (টমেটো সস): tomato sauce
ṭana (টন): ton
ṭaphu (টফু): tofu
ṭarca (টর্চ): torch
ṭarnēḍō (টর্নেডো): tornado
ṭaẏalēṭa (টয়লেট): toilet
ṭaẏalēṭa brāśa (টয়লেট ব্রাশ): toilet brush
ṭaẏalēṭa pēpāra (টয়লেট পেপার): toilet paper
ṭaẏalēṭaṭi kōthāẏa? (টয়লেটটি কোথায়?): Where is the toilet?
ṭhika āchē (ঠিক আছে): ok
ṭhikānā (ঠিকানা): address
ṭhānḍā (ঠান্ডা): cold
ṭhēlā (ঠেলা): to push
ṭhēlāgāṛi (ঠেলাগাড়ি): wheelbarrow
ṭhōm̐ṭa (ঠোঁট): lip
ṭi'ulipa (টিউলিপ): tulip
ṭi-śārṭa (টি-শার্ট): T-shirt
ṭibhi (টিভি): TV
ṭibhi sirija (টিভি সিরিজ): TV series
ṭibhi sēṭa (টিভি সেট): TV set
ṭikaṭiki (টিকটিকি): lizard, gecko
ṭikiṭa aphisa (টিকিট অফিস): ticket office
ṭikēṭa (টিকেট): ticket
ṭikēṭa bhēnḍiṁ mēśina (টিকেট ভেন্ডিং মেশিন): ticket vending machine
ṭina (টিন): tin
ṭinēra kauṭā (টিনের কৌটা): tin
ṭisyu (টিস্যু): tissue
ṭiẏā (টিয়া): parrot
ṭri hā'uja (ট্রি হাউজ): tree house
ṭripala jāmpa (ট্রিপল জাম্প): triple jump
ṭryākasyuṭa (ট্র্যাকস্যুট): tracksuit
ṭryāka sā'ikliṁ (ট্র্যাক সাইক্লিং): track cycling
ṭryākṭara (ট্র্যাক্টর): tractor
ṭryāpijaẏēḍa (ট্র্যাপিজয়েড): trapezoid
ṭrā'ipaḍa (ট্রাইপড): tripod
ṭrā'ujāra (ট্রাউজার): trousers
ṭrābhēla ējēnṭa (ট্রাভেল এজেন্ট): travel agent
ṭrāma (ট্রাম): tram
ṭrāmpēṭa (ট্রাম্পেট): trumpet
ṭrāmpōlina (ট্রাম্পোলিন): trampoline
ṭrāphika lā'iṭa (ট্রাফিক লাইট): traffic light
ṭrāẏāthalana (ট্রায়াথলন): triathlon
ṭrāẏāṅgala (ট্রায়াঙ্গল): triangle
ṭrē'ilāra (ট্রেইলার): trailer
ṭrēna cālaka (ট্রেন চালক): train driver
ṭrēḍamila (ট্রেডমিল): treadmill
ṭubhālu (টুভালু): Tuvalu
ṭubā (টুবা): tuba
ṭula (টুল): stool
ṭunā (টুনা): tuna

ṭupi (টুপি): hat
ṭuthabrāśa (টুথব্রাশ): toothbrush
ṭuthapēsṭa (টুথপেস্ট): toothpaste
ṭyāksi (ট্যাক্সি): taxi
ṭyāksi cālaka (ট্যাক্সি চালক): taxi driver
ṭyāmpuna (ট্যাম্পুন): tampon
ṭyānṭālāma (ট্যান্টালাম): tantalum
ṭyārānṭulā (ট্যারান্টুলা): tarantula
ṭyāṅgō (ট্যাঙ্গো): tango
ṭyāṅka (ট্যাংক): tank
ṭyānḍēma (ট্যাণ্ডেম): tandem
ṭā'i (টাই): tie
ṭā'ila (টাইল): tile
ṭā'iphuna (টাইফুন): typhoon
ṭā'iṭēniẏāma (টাইটেনিয়াম): titanium
ṭā'una hala (টাউন হল): town hall
ṭāka māthā (টাক মাথা): bald head
ṭākā (টাকা): money
ṭākāra thali (টাকার থলি): purse
ṭānsṭēna (টাংস্টেন): tungsten
ṭānā (টানা): to pull
ṭāpira (টাপির): tapir
ṭārabiẏāma (টারবিয়াম): terbium
ṭārki (টার্কি): turkey
ṭārkira mānsa (টার্কির মাংস): turkey
ṭāẏāra (টায়ার): tyre
ṭēbila (টেবিল): table
ṭēbila klatha (টেবিল ক্লথ): tablecloth
ṭēbila ṭēnisa (টেবিল টেনিস): table tennis
ṭēbila ṭēnisa ṭēbila (টেবিল টেনিস টেবিল): table tennis table
ṭēkanisiẏāma (টেকনিসিয়াম): technetium
ṭēkilā (টেকিলা): tequila
ṭēksaṭa mēsēja (টেক্সট মেসেজ): text message
ṭēliphōna (টেলিফোন): telephone
ṭēliphōna nāmbāra (টেলিফোন নাম্বার): telephone number
ṭēluriẏāma (টেলুরিয়াম): tellurium
ṭēnisa (টেনিস): tennis
ṭēnisa bala (টেনিস বল): tennis ball
ṭēnisa kōrṭa (টেনিস কোর্ট): tennis court
ṭēnisa rayākēṭa (টেনিস র‍্যাকেট): tennis racket
ṭēṭrisa (টেট্রিস): Tetris
ṭōgō (টোগো): Togo
ṭōla (টোল): dimple, toll
ṭōsṭāra (টোস্টার): toaster
ṭōṅgā (টোঙ্গা): Tonga

Printed in Great Britain
by Amazon

23308503R00139